愈孫古韻分部研究

外一種

趙永磊 著

上海教育出版社
SHANGHAI EDUCATIONAL
PUBLISHING HOUSE

序　　一

　　從清代顧炎武開始,上古音研究走向科學道路,代有成果。從事上古音研究,必須認真閱讀顧炎武以來的上古音研究著作。這不僅是上古音研究教學和科研的歷史形成的,而且也是科學精神和正確的科研程式的必然要求。曾經有一位前輩跟我說:他原來招收了一位研究生,前輩問這位研究生,將來研究的方向是什麼?該研究生躊躇滿志地回答說:想研究上古音。前輩問:你看過《古韻標準》《六書音均表》這些書沒有?回答說:沒有。前輩諄諄告誡這位研究生:連這些書都沒有看,研究什麼上古音呢?如果你喜歡上古音研究,那麼回去好好讀讀這些著作吧!前輩的話語重心長,是經驗之談。現如今,有沒有對清代古音學著作束書不觀而侈談上古音的學者呢?有。棄清代古音學著作於不觀,這樣弄出來的上古音構擬必然成爲無根之談,是科學的上古音研究必須堅決摒棄的做派。要讀懂顧炎武以來的這些著作,一要知人論世,瞭解著作產生背景方方面面的週邊知識;二要深入著作本身,透徹理解著作者的起承轉合,行文各層次的內容實質,並且順次將不同古音學家的著作從學術史的角度細加比較,切忌淺嘗輒止。

　　人們在閱讀王念孫(1744—1832)的上古音著作時,常常感到不滿足,因爲原來一直沒有見到他有關上古韻部研究的完整著作,早先人們見到的是他兒子王引之《經義述聞》卷三十一的"古韻廿一部"條,這一條是將王念孫《與李方伯書》收進去,還有江有誥《音學十書》所載《王石臞先生來書》《石臞先生復書》,能使人一窺王念孫古韻分部涯略。王念孫是清代古音學大家,非常注重發明,他看到段玉裁《六書音均表》以後,覺得很多地方段玉裁已著先鞭,於是就沒有刊佈自己的古音研究著作,以致後人很難完全瞭解他古韻研究的全貌。上個世紀初葉，人們從王念孫的後人處得到王氏不少遺稿，其中就有上古音方面的相當多內容。就我本人說，自然是非常希望將這部分的內容全部刊佈出來，它的價值不僅僅是學術史上的，而且對上古音研究本身都有極大幫助。我看了羅振玉《高郵王氏遺書》中的《毛詩群經楚辭古韻譜》卷上、卷下，陸宗達《王石臞先生〈韻譜〉〈合韻譜〉遺稿跋》《王石臞先生〈韻譜〉〈合韻譜〉遺稿後記》，深感王念孫對於先秦到西漢的韻文下過極深、極細的功夫，獨到之處甚多，很多押韻材料至今都沒有人看出來，他都注意到了。

王念孫享有高壽，一輩子筆耕不輟，他的遺稿撰成於不同時間，很不容易確定遺稿的具體內容哪個寫作在前、哪個在後，具體寫成於何時；他對於古韻分部和上古聲調的見解不無變化，董理起來很不容易，按照遺稿撰成的時間先後排序，是難度極大的研究工作。趙永磊《王念孫古韻分部研究（外一種）》較爲詳細地比較不同手稿，針對各手稿之間古韻分部的參差，希望從王念孫古音研究的時間早晚的角度提出自己對王氏手稿撰成時間的先後排序，以及基於此排序的研究心得和假設，有獨到見解，能自圓其說，對瞭解王念孫的古韻分部有幫助。在《經義述聞》等王念孫、王引之父子的訓詁著作中，王引之的具體貢獻問題有多少，這些年來海內外聚訟紛紜，本書比較相關著述及不同版本，也提出了自己的看法，深化了既往的研究，有參考價值。《王念孫古韻分部研究（外一種）》中的一些觀點跟我的看法不一定相同，但這項研究反映出趙永磊治學重視清代古音學原始材料的閱讀、理解，跟我主張的治學觀念是相合的，同時我應該鼓勵跟我有不同的觀點，希望引起大家探討的興趣，所以我樂意爲這部書稿寫序。

我們在使用王念孫搜集的這些材料時，除了要悉心領會王念孫的原意，還要有批判的眼光。他做合韻譜，說某部跟某部合韻，是根據他所見到的周秦至西漢的材料客觀歸納出來的，有根有據，沒有任何揣測的成分，而且搜羅細緻，力爭沒有遺漏，反映了王氏嚴謹求實的治學態度，極可重視。我們知道，合韻往往是根據不合押韻常

規定出來的,例證不會太多,但是也有一些例子;有時候,先秦這部
古書某部跟某部較少合韵,甚至没有合韵,但其他古書有。例如據
郭錫良先生《漢字古音表稿》,之魚合韵《楚辭》未見,但《詩經》有5
例;之幽合韵,《詩經》6例,《楚辭》3例,説明之魚合韵、之幽合韵是
客觀存在的。

　　王念孫所列的合韵是不是都表明韵部的音值近似呢?一般情
况應該是這樣的,至少在某時某地是這樣的。但不排除這種可能
性:由於先秦流傳已久,個别韵脚字反映出合韵現象,可能不是語音
相近帶來的"合韵",是字形等方面的訛誤帶來本該押韵的字不押
韵,人們據押韵通例,只好將那些非押韵不可位置上的錯字也圈成
韵脚字,處理爲合韵。當這種"合韵"的韵段極少,往往祇偶然一兩
見時,尤其要考慮這一點。區分這種情况很重要,這種"合韵"並没
有負載上古的語音信息。

　　以《楚辭·大招》開頭幾句爲例:"青春受謝,白日昭只。春氣奮
發,萬物遽只。冥淩浹行,魂無逃只。魂魄歸徠!無遠遥只。"其中
"昭、遽、逃、遥"押韵,但"昭、逃、遥"都是宵部,平聲,祇有"遽"是魚
部去聲,在先秦,這是魚宵二部押韵絶無僅有的例子,很不協調,
"遽"應是訛字。據陸宗達先生《王石臞先生〈韵譜〉〈合韵譜〉遺稿後
記》,王念孫以爲魚宵可以合韵,除了這一例,還有《九辯》"固、鑿、
教、樂、高"他也算一例。不過這兩例都可疑。《高郵王氏遺書·毛
詩群經楚辭古韵譜卷下》"魚弟十八"未列《九辯》《大招》這兩例,"宵
弟二十一"列了《大招》此例,未列《九辯》例。《九辯》這一例,不是魚
宵二部合韵的好例子,因爲也有校勘問題,江有誥《楚辭韵讀》以爲
"固"字"當作'同',東部",他以爲是跟前面的"通、從、誦、容"一起押
東部,"鑿、教、樂、高"是另一個韵段,王力先生《楚辭韵讀》以爲"固"
無韵,總之可以作别的處理,江有誥、王力等先賢的意見很有道理。

　　《大招》這一例,江有誥、王力的兩部《楚辭韵讀》都看作是魚宵
合韵,因爲"萬物遽只"用在這個韵段中間,處在非押韵不可的位置,
不處理爲押韵不合適,但它不是魚宵合韵的無可争辯的典型例證,

在先秦，祇有這一例比較有説服力，但可以做其他解釋。

王逸注“青春受謝”：“青，東方春位，其色青也。謝，去也。”注“白日昭只”：“昭，明也。言歲始春，青帝用事，盛陰已去，少陽受之，則日色黄白，昭然光明，草木之類皆含氣芽蘖而生。以言魂魄亦宜順陽氣而長養也。”注“春氣奮發”：“春，蠢也。發，洩也。”注“萬物遽只”：“遽，猶競也。言春陽氣奮起，上帝發洩，和氣温燠，萬物蠢然競起而生，各欲滋茂。以言精魂亦宜奮發精明，令己盛壯也。”注“冥凌浹行”：“冥，玄冥，北方之神也。凌，猶馳也。浹，遍也。”注“魂無逃只”：“逃，竄也。言歲始春，陽氣上升，陰氣下降，玄冥之神遍行，凌馳於天地之間，收其陰氣，閉而藏之，故魂不可以逃，將隨太陰下而沈没也。”注“魂魄歸徠，無遠遥只”：“遥，猶漂遥，放流貌也。魂者，陽之精也。魄者，陰之形也。言人體含陰陽之氣，失之則死，得之則生。屈原放在草野，憂心愁悴，精神散越，故自招其魂魄。言宜順陽氣始生而徠歸己，無遠漂遥，將遇害也。”

王逸拿“競”去解釋“遽”字，這是南北朝以前“遽”解釋爲“競也”的唯一例子，其他的“遽”都没有用“競也”去解釋。僅從訓釋上説，原文作“遽”就值得懷疑；從這個注釋看，還不能證明王逸見到的本子作“遽”，也許他見到的本子原文不寫作“遽”，“遽”是個訛字。當然，王逸見到的本子可能已經作“遽”了，因爲是個訛字，上下文不好解釋，所以他説“遽，猶競也”，在“競也”前面加了一個“猶”字，表明“遽”没有“競也”的意義。當然，在維護王逸之説的前提下，認爲王説是將“遽”理解爲急速、快速，萬物都急速地生長，含有萬物都在競争的意思，也不失爲一種解釋，但總覺得有點勉强。“競”有“繁劇”義，古人有拿“遽”去解釋“競”的例子，《左傳·哀公二十三年》：“敝邑有社稷之事，使肥與有職競焉。”杜預注：“競，遽也。”但是這一例對證明“遽，競也”幫助不大。

我們可以有鐵證證明，至晚南北朝時《大招》的這個字已寫作“遽”了。《文選·王融〈永明九年策秀才文〉》：“歌皇華而遣使，賦膏雨而懷賓，所以關洛動南望之懷，獯夷遽北歸之念。”李善注：“王逸

《楚辭注》曰：遽，競也。"據此，可以認爲南朝齊王融採用了"遽，競也"這個字義來行文，南北朝口語中"遽"沒有"競也"的用法，王融是根據王逸的解釋來行文的，那麼至晚南朝齊此字已作"遽"了。

既然這個訛成"遽"的字，跟"昭、逃、遥"押韵，那麼就一般情況説，這個字不可能是"昭、逃、遥"的同音字，它應是某個動詞或形容詞。清末武延緒《楚辭劄記》卷二以爲"遽"是"迶"的訛字。《大招》是一首長詩，除去每一個韵段前面的"魂乎某某"，絶大多數都是八句一個韵段，因此，武氏以爲第一個韵段爲八句一韵，這没有問題。他的問題是以"遽"爲"迶"的訛字，根據不足，王顯先生《屈賦的篇目和屈賦中可疑的文句》已駁斥之，王駁有理。他也看出"遽"不能押韵，他以爲"青春受謝，白日昭只。春氣奮發，萬物遽只"是一二兩句交錯互倒，原文應作"青白日昭，春受謝只。春氣奮發，萬物遽只"，他以爲"青"代表春天，"白"是"魄"的借字，"青魄"指春天裡一切有生物向著復活而在暗地裡漸變的種種跡象。這是假定王逸所見《大招》已是訛本，而且是處理爲四句一韵，改動不小。還有，"魄"寫作"白"是否有其他的例子，創作《大招》時有無"青魄"一詞，即使有，有無王顯所説的那種意義，能不能作"日昭"的主語，王顯先生都没有列出證據，所以論證有缺環。

"遽"是哪個字的訛字，很不容易確定。估計歷代看出"遽"是訛字，想解決押韵問題的學者不少，但一般都放棄了。爲什麼？是因爲解決它難度很大。例如王念孫《讀書雜志餘編》下卷收了他對《大招》"不沾薄只"和"察篤夭隱""昭質既設"的解釋，没有收"萬物遽只"的解釋。

對於這種"合韵"，我們應該存疑，不能作爲周秦以前韵部相通的證據。到漢代，據王力先生《漢語語音史》的研究，魚部的音值對比先秦發生了較大變化，所以我們看羅常培、周祖謨《漢魏晉南北朝韵部演變研究》（第一分册），魚部跟宵部合韵就比較多了，例如傅毅《洛都賦》"鋪、鑪"相押，馬融《廣成頌》"郊、苗、虞"相押，班固《幽通賦》"處、表"相押，闕名《成陽靈臺碑》"度、曜"相押，等等，但它們在聲調上還是有限制的。因此，我們利用合韵的道理釋讀先秦古書時，這樣的"合韵"作爲音近假借的證據就没有説服力；在進行同源詞研究時，利用這樣的"合韵"作爲確定同源詞的語音條件，那也是不行的。

是爲序。

孫玉文

2022 年 1 月 23 日於五道口嘉園之天趣齋

序 二

　　清代學術的主流是考據學,而考據學興盛的原因,從學術內部層面來說,主要在於傳統小學的發達,帶動了其他分支學科的發展;而音韵學又爲小學中的先導,起著引領作用;在音韵學中,古韵分部的研究與應用,又最先達到鼎盛。清代考據學被稱爲"漢學",正是清儒繼承並發揚了漢儒實事求是的學風和從小學訓詁入手的治學方法。

　　清代學者在古音學方面的卓越成就,突出體現在對古韵的分部上。宋代吳棫曾將古韵分爲九部、鄭庠分爲六部,極爲寬緩,然試之以《詩經》等書,仍有出韵,問題在於他們只知合併《廣韵》小韵,而不知離析,就算僅分爲兩部,也免不了溢出;而在应用於實踐時,甚至以韓愈、蘇軾等人用韵爲例,就已經不是上古音了。

　　到了明末清初,顧炎武發現《廣韵》某一小韵之字,並非僅屬一個古韵韵部,而是分隸兩個甚至三個韵部。如支分兩韵,半歸支部,半歸歌部;尤分兩韵,半屬支部,半屬幽部等。這是鑿破混沌的革命性突破,故王力先生稱"顧氏最大的功勞是開始離析唐韵"。顧炎武分平聲十部,入聲四部隸於平聲,本有十四部;以其離析計之,則平聲已開十三部之先導,入聲已破八部之裂痕,則凡二十一部。故曾運乾先生稱顧氏"所分部居,雖未若後起古韵諸家之精密,而於音理之剖判,實能籠罩諸家,而爲之先導"。顧炎武孤峰凸起,建立了古韵分部的"範式",給後人架起了天梯,賜予了舟楫。

　　經過百餘年的沉積,到了乾嘉時期,古音學研究出現了井噴式的大爆發,呈顯出群峰並峙的狀態。古韵分部有江永十三部、段玉裁十七部、戴震二十五部、孔廣森十九部、王念孫二十一部、江有誥二十一部,以及稍後姚文田、嚴可均、張成孫、朱駿聲、夏炘等人的分部之説。或相互參考,疑義相商;或閉門造車,出門合轍。正所謂

"前修未密,後出轉精",即使前人分部的錯訛,也爲後人探索正確的分類打開了罅隙。

在以上諸家古韻分部中,尤其引人注目的是段玉裁與王念孫的分部説。王力先生《清代古音學》中評價段、王二氏時,皆用了"登峰造極"一詞。因爲段氏十七部經修訂後增至十九部,如果入聲獨立,則可增到二十九部,"後人祇在韻部分合之間有所不同(主要是入聲獨立),而於韻類的畛域則未能超出段氏的範圍"。而王念孫至晚年分古韻爲二十二部,王力先生説"考古派祇能做到這一步"。也就是説,段、王二人幾乎將考古派古韻分部的研究推向了極致。

段玉裁、王念孫皆爲戴震入室弟子。段氏《六書音均表》分古韻爲十七部,是書刊於乾隆四十一年(1776)。王念孫古韻二十一部之主張,見其《與李方伯書》與《與江晉三書》中。根據王氏之説,後來閔爾昌、劉盼遂、王國維、陸宗達等以爲王氏在乾隆三十一年(1766),入都會試,得江永《古韻標準》讀之,始知顧氏分部有誤有漏,旋里後取《詩經》反覆尋繹,始分古韻爲二十一部。段、王古音學的最大不同,是段氏主古無去聲,王氏主古有去聲;王氏分部較段氏多出四部,即真、至分立,脂、祭分立,侵、緝分立,談、盍分立。徐士芬《封光禄大夫原任直隸永定河道王公事略狀》稱,王念孫"分顧亭林古韻十部爲二十一部,而於支、脂、之三部之分,辨之尤力,海内惟金壇段氏與之合;而分至、祭、盍、緝四部,則又段氏所未及"。細紬其意,亦主王在段前,至少不晚於段。然究竟誰先誰後,不免令人疑竇叢生。

王念孫、引之父子著述,所刊者以《讀書雜志》《廣雅疏證》《經義述聞》與《經傳釋詞》最爲著名,世稱"高郵王氏四種"。考念孫以八十九歲鶴歸,引之壽至六十有九,皆可謂之壽考。然念孫逝後僅兩年多,引之亦卒。不知是引之急於復官,未及董理,即隨父化去;還是他認爲已刻四種,享譽學林,足以代表父子之學,其他著述不必盡刊。故念孫著述,如《韻譜》《合韻譜》諸書,皆未刊行,而稿本、抄本及批校本多種,散佚零落,分藏各地,爲人們研究王氏父子學行,帶來了極大的不便。

　　趙永磊博士爲青年英茂，龍門俊品，研尋古義，轉益多師。在古音學方面發表了《王念孫古韵分部釋疑——王念孫初分古韵爲十七部辨》《段玉裁、王念孫韵部體系關係考辨》與《王念孫古韵分部新探——〈詩經群楚辭韵譜〉韵部體系形成考》等論文，頭角嶄露，多發新聲。今更增訂爲《王念孫古韵分部研究(外一種)》一書，即將槧行，可堪稱賀！

　　前已述之，王念孫古韵學著述，未刊者多，永磊博士敏銳地發現了這些稿抄本的重要文獻價值，他廣泛參考了上海圖書館所藏清人過錄王念孫校本《六書音均表》、清抄本王念孫《經韵》與國家圖書館所藏清抄本《王念孫遺文》所收《古韵十七部韵表》等，進行了條分細縷的辨析與剥離，辨明段、王古音學之别，初不在韵部、聲調，而在平入分配。王氏初期的古韵分部爲十七部，而非後來的二十一部。何以證之？永磊以王念孫乾隆五十三年(1788)以後所撰《晏子春秋雜志》爲據，此書爲王氏補苴孫星衍《晏子春秋音義》所作，其中討論《毛詩》用韵之文，如所言至部，實乃脂部，質、術、月統爲脂之入，至、祭兩部並未獨立，其説與王氏批校《六書音均表》等相合，與後來分二十一部之説相舛，仍存古韵十七部之遺意，此爲念孫初分古韵爲十七部之明證。故王氏答江有誥書中稱其古韵二十一部成於獲見《六書音均表》之前，不宜盡信。

　　永磊博士接著考察了臺北傅斯年圖書館所藏《高郵王氏父子手稿》收錄王念孫《論音韵》，以爲王念孫在古韵十七部之後，更以質、術、月、緝、合(盍)五部獨立，析古韵爲二十二部。至乾隆四十五年(1780)以後，通過王氏《致陳碩甫書》中説法，及《詩經群經楚辭韵譜》《周秦諸子韵譜》等的用例，證明王氏古韵二十一部初爲古無去聲説，並以脂、術同用爲多，遂捨棄術部獨立，定古韵爲二十一部；至乾隆四十六年(1781)以後，又以其《易林韵譜》等爲證，認爲王氏此時宗孔廣森古無入聲説；再通過王氏《史記漢書韵譜》《廣雅疏證》等，證明王氏於乾隆五十三年(1788)或稍前，又主古有四聲説。由此而推論出王念孫古韵分部的基本脈絡，即早期更定古韵爲二十二部（古無去聲）；此後不斷修正，改爲古韵二十一部（古無去聲）、古韵二十一部（古無入聲）、古韵二十一部（古有四聲）；最後約在道光元年（1821），從孔廣森東、冬分立，定古韵爲二十二部。

　　至於段玉裁十七部與王念孫二十一部之異，趙永磊通過對王氏諸稿的類比，分析王念孫諄（文）、侯、脂、之、至、祭、緝、盍八部獨立之源流，辨明其諄（文）、侯、脂、之四部獨立説非王氏發明，乃段玉裁論之在前，王念孫證之在後；而至、祭、緝、盍四部獨立説，段玉裁《六書音均表》已各具獨立之端倪，祇是恪守其入聲當與平聲相配之定見，而未能分立。王念孫繼之更以入聲韵部獨立，遂有至、祭、緝、盍四部之創設。

　　由此可知，王念孫古韵分部，既在段玉裁《六書音均表》之後，而其所創獲之部類，也是透過段氏罅隙窺到了亮光。而後來王氏致江有誥書中所言，亦非實情。永磊按斷，大概當時《廣雅疏證》《經義述聞》業已付梓，《讀書雜志》亦陸續刊行，王氏父子聲名鵲起，爲時所推重，故而諱言其古韵發明之始末，不免有遮顔爭勝之嫌。

　　永磊博士書中又有《〈經義述聞〉作者疑案研究》一文，是對長期以來爭論不絶的《經義述聞》作者疑案的再探討。他從王氏父子《經義述聞》稿本與國圖所藏《經義述聞》刊本進行比較，發現《經義述聞》稿本、三種刊本所見王引之經説，不乏出自王念孫群書校語及其札記，由此討論《經義述聞》所見王引之經説，存在王念孫歸美之嫌。

　　案王念孫因彈劾和珅，以直聲聞名，時稱“鳳鳴朝陽”。念孫精熟水利，前後官直隸永定河道。但古代治理江河，多半是憑運氣，在任期間，不發大水，則官運亨通；若遇大災之年，河溢堤決，則罷職罰金，前程斷毀。王念孫運會百六，恰遇河水異漲潰堤，遂自引罪，得旨休致，被罰銀兩萬餘兩。從此宦情淡然，專心著述。而其子引之，則仕途順遂，官至工部尚書。部務繁劇，鮮有閑暇，而研治古學，又需費時費心。想來父子各有分工，念孫安心治學，以其部分成果，歸美令子；引之忙於官務，俸薪所得，替父交納罰銀。然據虞教授萬里兄《王氏父子著述體式與〈經義述聞〉著作權公案》考證，引之雖萬機日理,但得其父要旨,受其利器,上下求索,左右逢源,推衍父説,增益部帙,其書著作權,當無疑義。永磊在論述中也特别强調,並不否認王引之具有著作權,而是懷疑其學説的發明權。

考王引之名其書爲《經義述聞》,取孔鯉趨庭受教之義,所謂"過庭之日,謹録所聞於大人者",並非全是虚語。引之弟子徐士芬撰念孫《王公事略狀》稱"吾師承庭訓,著《經義述聞》及《經傳釋詞》行世",也宗此義。故竊以爲王引之從書名到部分條目中的"家大人曰",都是這層意思的體現。衹是將部分原屬念孫成果的條目,改作"引之謹案"等,在講求著作權的今人看來,未免父有歸美之疑,子有攘奪之嫌。想必王氏父子生前,也未必有明確的你我之分,此案之追索,似至此可以息訟矣。

永磊博士在本書中,利用了大量王念孫父子存世的稿本、抄本與批校本,做到了儘可能窮盡式的梳理;他通過剥繭抽絲般的類比分析,從顯性的王念孫古韵分部諸説,到隱性的各書中訓詁考據條目的排纂類比,終於釐清了王氏古韵分部從初始到最終定爲二十二部的全過程,辨明其分部之來源與據依。永磊是用傳統的小學方法,研究傳統的課題,但因爲他的細緻與敏鋭,做到了枯枝而發新花。清代學者臧庸稱治學無他,唯"勤奮細心"而已。永磊真正悟到了此四字之真義,在學風浮躁的今日,尤顯可貴。

永磊博士在北大求學期間,曾選修過我的"乾嘉考據學研究"課程,在課後也謙遜地跟我交流過他的這些觀點。不意今日撰成全書,内容較前更爲豐富,論述也更爲系統,他引以爲同道而問序於我,我於音韵學實爲外行,然推辭不過,衹好談一些粗淺的讀後感,聊以塞責,不能爲永磊大作增重,誠爲憾事。永磊今掌教於中國人民大學歷史學院,以他的學富力强,加上處清史研究之重鎮,同仁勖勵,切磋琢磨,左獲右采,益力精進,將來前景,正不可望其影而限其量也。是慶是賀,寔祈寔祝!

隴右漆永祥壬寅(2022)季春匆書於京北紫石齋

目　　録

王念孫古韵分部研究

《經義述聞》作者疑案研究

王念孫古韵分部研究

緒　　論

第一節　王念孫書札所見其
古韵分部之疑竇

　　嘉慶二十一年(1816)十二月,王念孫覆書李賡芸云:"某嘗留心
古韵,特以顧氏《五書》已得其十之六七,所未備者,江氏《古韵標
準》、段氏《六書音均表》皆已補正之,唯入聲與某所考者小異,故不
復更有撰述。兹承詢及,謹獻所疑,以就正有道焉。"①李賡芸詢示王
念孫古韵分部原札,已不可獲見,而王念孫並未詳陳其古韵分部之始末。
　　道光元年(1821)王念孫寓江有誥書,所述更詳。王念孫云:"念
孫少時服膺顧氏書,年二十三入都會試,得江氏《古韵標準》,始知顧
氏所分十部猶有罅漏。旋里後,取三百五篇反復尋繹,始知江氏之
書仍未盡善,輒以己意重加編次,分古音爲二十一部,未敢出以示
人。及服官後,始得亡友段君若膺所撰《六書音均表》,見其分支、
脂、之爲三,真、諄爲二,尤、侯爲二,皆與鄙見若合符節,唯入聲之分
合及分配平、上、去,與念孫多有不合。嗣值官務殷繁,久荒舊業,又

---

　　① 王念孫:《古韵廿一部》,《經義述聞》卷三一,清道光十年刻本,第52頁。案:道
光刊本爲《經義述聞》三刻本,爲與初刻本、二刻本相區別,本書稱作今本《經義述聞》。王
念孫與李賡芸書又見於李宗焜《景印解説高郵王氏父子手稿》(臺北:"中研院"歷史語言研
究所,2000年),其文辭與今本《經義述聞》略異。劉盼遂次王念孫覆書李賡芸時在嘉慶二
十一年(1816)。詳劉盼遂:《高郵王氏父子年譜》,收入《段王學五種》,民國二十五年
(1936)北平來薰閣書店鉛印本,第23頁。案:劉説是也。嘉慶二十一年(1816)九月,李
賡芸由福建按察使擢任布政使,即書札中所稱"方伯"。細繹此札"復接季冬手札"云云,知
王念孫覆書亦在季冬,即嘉慶二十一年(1816)十二月。又,王念孫寓李賡芸書,此札撰寫
之原委及王念孫論韵之得失,林慶勳《王念孫與李方伯書析論——清代古音學重要文獻初
探之一》(《高雄師院學報》1987年第15期,第39—45頁)所論甚備。

以侵、談二部分析未能明審,是以書雖成,而未敢付梓。"①

　　乾隆四十一年(1776)段玉裁《六書音均表》由富順官廨刊刻,②
乾隆四十二年(1777)復取戴震、吳省欽序文(案:吳序乃段玉裁代
撰)弁於卷首,全書刊刻告竣。揆諸前札之意,王念孫既獲見《六書
音均表》,"不復更有撰述",即未刊行專文論段、王古韵分部之殊。
復繹後札之辭,乾隆四十五年(1780)王念孫"入都銷假",即書札中
"服官"之意。③ 若依後札"輒以己意重加編次,分古音爲二十一部,
未敢出示人"云云,則王念孫在乾隆三十一年(1766)會試不售以後,
已據江永《古韵標準》更析古韵爲二十一部,且已有書稿撰訖。

　　在乾隆四十五年(1780)獲閱《六書音均表》之前,王念孫古韵分
部之實態頗可玩味。王引之《石臞府君行狀》云:"分顧亭林古韵十
部爲二十一部,而于支、脂、之三部之分,辯之尤力,以爲界限莫嚴於
此,海內唯金壇段茂堂先生與府君暗合,其他皆見不及此,而分至、
祭、盍、緝四部,則又段氏之所未及。"④行狀中所言多本諸王念孫寓
江有誥之書,且又有微誤,王念孫古韵分部本諸江永,而非顧炎武。

　　又道光十二年(1832)阮元《王石臞先生墓誌銘》云:"金壇段氏
分十七部爲益精,段氏之分支、之、脂三部也,發前人所未發,先生
昔亦同見及此。因段書先出,遂輟作。"⑤又道光十年(1830)阮元寓
吳蘭修書云:"高郵王懷祖先生精研六書音韵,欲著古音一書,因段

　　①　王念孫:《答江晉三論韵學書》,見《王光祿遺文集》卷四,清咸豐七年刻《高郵王氏
家集》本,第8頁。案:《高郵王氏遺書》本《王石臞先生遺文》所據底本即此,惜多有誤字,今
不據之。此札又見江有誥:《江氏音學十書》卷首附《王石臞先生來書》,清嘉慶道光間刊本。

　　②　段玉裁:《六書音均表》卷五,清乾隆四十二年富順官廨序刻本,第20頁卷尾有
"乾隆丙申鐫於富順官廨"字樣。

　　③　劉盼遂:《高郵王氏父子年譜》,民國二十五年(1936)北平來薰閣書店鉛印本,第12頁。

　　④　王引之:《皇清誥授中憲大夫直隸永定河道重宴鹿鳴欽賜四品銜晉封光祿大夫工
部尚書加二級顯考石臞府君行狀》,見《王文簡公遺文集》卷六,清咸豐七年刻《高郵王氏家
集》本,第19頁。案:《高郵王氏遺書》本《王文簡公文集》所據底本即此,今仍據原刊本。

　　⑤　阮元:《王石臞先生墓誌銘》,見《揅經室續集》卷二下,清道光間文選樓刻本,第
4頁。

氏成書，遂即輟筆。(原注：余三十年前即聞此論)"①嘉慶四年
(1799)三月阮元任會試同考官，②而嘉慶四年至道光十年(1799—
1830)，積三十一年，與阮元"三十年前"云者近合，是以阮元聞王念孫
古音學緒論當在此年，故彼寓吳蘭修書作是説。而阮元所撰王念孫墓
誌銘乃本諸王引之《石臞府君行狀》而成，③是以阮説與王説如出一轍。

　　王念孫先後寓書李賡芸、江有誥，所論略有側重，而王引之撰
《石臞府君行狀》唯據後札立言，似有不妥。近今學者盛推王念孫古
韵二十二部，或稱其説"遂令後世無可增損"，④或謂清代古音學考古
派至王念孫已是"登峰造極"。⑤而關於王念孫古韵分部問題，閔爾
昌、劉盼遂並以乾隆三十一年(1766)王念孫已析古韵爲二十一部，⑥
學界更爲傾向於王念孫古韵廿一部早成説。⑦王念孫貽李賡芸書有

　　① 阮元：《與學海堂吳學博蘭修書》，《揅經室續集》卷三，清道光間文選樓刻本，第15頁。
　　② 張鑒：《雷塘庵主弟子記》卷三，清道光間琅嬛仙館刻本，第21—22頁。
　　③ 王壽同：《擬復龔定庵書》，見《觀其自養齋爐餘錄》卷三，收入《王念孫手稿》，北京
大學圖書館藏稿本。又見於中國國家圖書館藏民國間抄本《觀其自養齋爐餘錄》(索書號
27815)。案：陳秉才、張玉範編：《北京大學圖書館藏稿本叢書》(天津：天津古籍出版社，
1996年)第五册所收題爲《王念孫手稿》者即王壽同此作，實名實不符。
　　④ 王國維：《周代金石文韵譜序》，見《觀堂集林》卷八，收入《海寧王靜安先生遺
書》，民國二十九年(1940)長沙商務印書館石印本，第27頁。
　　⑤ 王力：《清代古音學》，中華書局，2013年，第207頁。關於清代古音學考古派與
審音派之分野，詳見唐作藩：《論清代古音學的審音派》，見《漢語史學習與研究》，北京：商
務印書館，2001年，第1—13頁。
　　⑥ 閔爾昌：《王石臞先生年譜》，民國十六年(1927)刻本，第4頁；劉盼遂：《高郵王
氏父子年譜》，收入《段王學五種》，民國二十五年(1936)北平來薰閣書店鉛印本，第6頁。
　　⑦ 王國維：《高郵王懷祖先生訓詁音韵書稿序錄》，國立北京大學《國學季刊》第1卷
第3期，1923年，第525頁；王力：《漢語音韵學》，北京：中華書局，1956年，第370頁；何九
盈：《乾嘉時代的語言學》，見《語言叢稿》，北京：商務印書館，2006年，第280頁；王顯：《清
代學者在古韵分部研究上的貢獻》，中國社會科學院語言研究所古代漢語教研室編：《古漢
語研究論文集》(二)，北京：北京出版社，1984年，第8頁；陳新雄：《古音學發微》，臺北：文
史哲出版社，1983年，第369—370頁；陳新雄：《古音研究》，臺北：五南圖書出版股份有限公
司，1999年，第117頁；竺家寧：《聲韵學》，臺北：五南圖書出版股份有限公司，1992年，第
502頁；林燾主編：《中國語音學史》，北京：語文出版社，2010年，第275—276頁；黃易青、王
寧、曹述敬：《傳統古音學論著選注》，北京：商務印書館，2018年，第207頁注1。

"謹述其大略,并草韵表一紙"云云,①所謂"韵表",即王念孫古韵二十一部之崖略。王念孫古韵二十一部,陽聲韵有上聲、去聲,而無入聲,陰聲韵(歌、至、祭、緝、盍之外)四聲具備,兹列王念孫古韵二十一部如次:

	平	上	去	
東弟一	平	上	去	
蒸弟二	平	上	去	
侵弟三	平	上	去	
談弟四	平	上	去	
陽弟五	平	上	去	
耕弟六	平	上	去	
真弟七	平	上	去	
諄弟八	平	上	去	
元弟九	平	上	去	
歌弟十	平	上	去	
支弟十一	平	上	去	入
至弟十二			去	入
脂弟十三	平	上	去	入
祭弟十四			去	入
盍弟十五				入
緝弟十六				入
之弟十七	平	上	去	入

---

① 王念孫:《古韵廿一部》,今本《經義述聞》卷三一,清道光十年刻本,第54頁。

魚弟十八	平	上	去	入
侯弟十九	平	上	去	入
幽弟二十	平	上	去	入
宵弟二十一	平	上	去	入

據王念孫古韵二十一部韵表,比觀段玉裁《六書音均表》,略知兩者之分殊,其要有二:(一)在聲調上,段玉裁主古無去聲説,而王念孫持古有四聲説;(二)在古韵分部上,段玉裁析古韵爲之、蕭、尤、侯、魚、蒸、侵、談、東、陽、耕、真、文、元、脂、支、歌十七部,王念孫則更分至、祭、緝、盍四部,是爲王氏古韵二十一部。

第二節　學界關於王念孫諸《韵譜》稿本古韵分部之認知

1918 年前後,高郵王丹銘攜其先祖文稿至京,①高郵王氏父子稿本始流入北京書肆,羅振玉、孫人和、陳垣、倫明、余嘉錫、莊嚴等爭相購置。② 1922 年羅振玉因金梁介紹,從江氏處購得高郵王氏手稿叢稿一箱。③ 王國維於羅振玉處獲觀王念孫諸韵書手稿,1923 年於北京大學《國學季刊》刊《高郵王懷祖先生訓詁音韵書稿序錄》一文,扼要述論之。王念孫諸《韵譜》稿本體例,多與段玉裁《六書音均表》不别。王國維未有定見,遂有"殆分部在先歟? 抑其體裁又自闇合

---

①　王國維致羅振玉書,見《王國維全集》第十五卷,杭州/廣州:浙江教育出版社、廣東教育出版社,2009 年,第 382、386、391—392 頁。
②　羅振玉輯:《高郵王氏遺書》卷首《目錄》後附羅氏識語,民國十四年(1925)鉛印本;余嘉錫:《跋王石臞父子手稿》,見《余嘉錫論學雜著》,北京:中華書局,2007 年,第 638—639 頁。
③　羅振玉:《高郵王氏遺書》卷首《目錄》後附羅氏識語。

㱃"之疑。①

　　1930 年,因董理王氏父子諸韵書稿本不易,羅振玉所藏絶大部分《高郵王氏父子韵書手稿》以 2 000 大洋轉售於北京大學,②同年,陸宗達董理王念孫《韵譜》《合韵譜》,③1932 年、1935 年陸宗達於北京大學《國學季刊》先後刊布《王石臞先生〈韵譜〉〈合韵譜〉遺稿跋》《王石臞先生〈韵譜〉〈合韵譜〉遺稿後記》兩文,陸宗達披露王念孫諸《韵譜》稿本韵部爲二十一部,而在聲調上屢有變易,《詩經群經楚辭韵譜》《淮南子韵譜》《周秦諸子韵譜》皆無去聲,而《易林韵譜》《西漢韵譜》則無入聲,《史記漢書韵譜》則四聲具列,而諸《合韵譜》韵部爲二十二部,主古有四聲説,此即王念孫晚年終採孔廣森東、冬分部説,更定古韵爲二十二部之確證。黃侃盛稱陸文乃"傳世之作",④信非過譽。1936 年,羅常培致函傅斯年,初擬景印、排印北京大學圖書館、中央研究院歷史語言研究所所藏王念孫手稿,分工明確,馬裕藻、陸宗達、羅常培、鄭奠、史鴻勉等均參與整理(見本書附錄二),旋因七七事變爆發而擱置。

　　陸宗達當年所董理之王念孫諸韵書手稿,今仍庋藏北京大學圖書館。王念孫《韵譜》稿本凡六種十八冊,即《周秦諸子韵譜》一冊、《西

---

　　①　王國維:《高郵王懷祖先生訓詁音韵書稿序錄》,國立北京大學《國學季刊》1923年第 1 卷第 3 期,第 525 頁。案:王國維《高郵王懷祖先生訓詁音韵書稿序錄》後收入《觀堂集林》卷八,而文字或涉筆偶誤,今仍據原刊本。

　　②　陸宗達:《王石臞先生〈韵譜〉〈合韵譜〉遺稿跋》,國立北京大學《國學季刊》1932 年第 3 卷第 1 期,第 164 頁。據陸文有"前歲"云云,而"前歲"即 1930 年。又羅繼祖《永豐鄉人行年錄》民國十四年條云:"又其遺稿尚有韵書殘稿若干種,整理較難,後以轉讓北京大學"。收入《羅振玉學術著作集》第十二集,上海:上海古籍出版社,2010 年,第 439 頁。沈乃文嘗披露北京大學購王念孫父子手稿斥資 2 000 大洋,詳其《北京大學圖書館藏古籍的價值及來源》,見《書谷隅考》,上海:上海古籍出版社,2011 年,第 479 頁。沈乃文所據者爲北京大學圖書部編《中文登錄簿》(I)(登錄號:5090)。(見本書附錄一)

　　③　此據王寧選錄陸宗達口述史,詳王寧:《善教者,使人繼其志——陸宗達先生口述歷史摘抄》,北京師範大學民俗典籍文字研究中心編:《陸宗達先生百年誕辰紀念文集》,北京:中國廣播電視出版社,2005 年,第 19 頁。

　　④　王寧:《善教者,使人繼其志——陸宗達先生口述歷史摘抄》,北京師範大學民俗典籍文字研究中心編:《陸宗達先生百年誕辰紀念文集》,北京:中國廣播電視出版社,2005 年,第 22 頁。

漢(〈楚辭〉中)韵譜》二册、《西漢(〈文選〉中)韵譜》三册、《淮南子韵譜》
一册、《易林韵譜》九册、《史記漢書韵譜》二册；王念孫《合韵譜》稿本計
九種二十五册，即《詩經群經楚辭合韵譜》三册、《周秦諸子合韵譜》三
册、《兩漢合韵譜》三册、《逸周書穆天子傳戰國策合韵譜》一册、《西漢
(〈楚辭〉中)合韵譜》一册、《西漢(〈文選〉中)合韵譜》二册、《新語素問
易林合韵譜》四册、《易林合韵譜》(又題作《易林通韵譜》)五册、《史
記漢書合韵譜》三册，悉收入《王念孫手稿》(善本書號 SB／414.6／
1081)中。王國維《高郵王懷祖先生訓詁音韵書稿序錄》著錄《詩經
群經楚辭韵譜》七册，①陸宗達撰《王石臞先生〈韵譜〉〈合韵譜〉遺稿
跋》《王石臞先生〈韵譜〉〈合韵譜〉遺稿後記》時尚及見之，而據北大
圖書部編《中文登錄簿》(I)(登錄號：5090—5149)②(見本書附錄
一)，知當日北京大學未購置《詩經群經楚辭韵譜》，今暫不知所歸。

　　王念孫《韵譜》稿本在聲調上屢經易轍，或主段玉裁古無去聲
說，或宗孔廣森古無入聲說，未有定見，不免疑竇重重。道光三年
(1823)王念孫覆江有誥書云："近者復奉新札，謂古人實有四聲，特
與後人不同，陸氏(案：指陸法言)依當時之聲，誤爲分析，特撰《唐韵
四聲正》《四聲韵譜》，不覺狂喜。顧氏(案：指顧炎武)'四聲一貫'之
說，念孫向不以爲然。"③玩味王氏"顧氏'四聲一貫'之說，念孫向不

　　①　王國維：《高郵王懷祖先生訓詁音韵書稿序錄》，國立北京大學《國學季刊》1923
年第 1 卷第 3 期，第 523 頁。劉盼遂《高郵王氏父子年譜》(附《高郵王氏父子著述考》)著
錄其具體卷帙作"七本"或"七卷"，收入《段王學五種》，民國二十五年(1936)北平來薰閣書
店鉛印本，第 10、46 頁。與王說略同。
　　②　蒙北京大學圖書館陳仲健先生相助，檢得當日北大所購《高郵王氏父子韵書手
稿》明細。北京大學圖書館藏馬裕藻批校同治十一年(1872)湖北鼎文書局刻本《六書音均
表》，内附馬裕藻迻錄《高郵王氏父子音韵訓詁各書手稿目錄》二紙，所錄目次與北京大學
圖書部編《中文登錄簿》(I)(登錄號：5090—5149)略同。
　　③　王念孫：《答江晉三書》，見李宗焜編：《景印解説高郵王氏父子手稿》，臺北："中研
院"歷史語言研究所，2000 年，圖版及釋文分别見第 84、88 頁。此札即江有誥《唐韵四聲正》卷
首附刻《石臞先生復書》，惜其文唯取王念孫論四聲之説，乃節録之本，"不覺狂喜"前，有"與鄙
見幾如桴鼓相應"云云，《唐韵四聲正》卷首附刻《石臞先生復書》，第 3 頁，收入江有誥：《江氏音
學十書》，清嘉慶道光間刻本。

以爲然"云云,似其古有四聲説早定。若以王念孫古有四聲説早成,
其《韵譜》稿本所見古韵二十一部體系,何故在聲調上屢有變易? 陸
宗達信從王念孫古韵二十一部早成説,以王念孫定古無去聲説、古
無入聲説在其"中歲以後","蓋先生初以陳、顧之説爲不可信,又于
四聲之辨未有定見,是以從段從孔,義例無準",[①]仍難以袪王念孫古
韵分部之疑雲。

第三節　　本書之内容要旨

本書以爲王念孫在獲讀《六書音均表》之前,已析古韵爲二十一
部,絶非實情,擬就王念孫古韵分部之過程,詳繹王念孫已刊論著及
其未刊文稿中所見論音韵之文,以其古韵分部前後次第,離析其古
韵分部之脈絡。本書凡五章,具體内容要旨主要如次:

第一章《王念孫初分古韵爲十七部考》聚焦於王念孫初分古韵
爲十七部,依次分析王念孫批校《六書音均表》《經韵》《古韵十七部
韵表》《平入分配説》之韵部體系,辨明段、王古音學之别,初不在韵
部、聲調,而在平入分配。乾隆五十三年(1788)以後王念孫所撰《晏
子春秋雜志》,其中討論《毛詩》用韵之文,仍存古韵十七部之遺意,
此爲王念孫初分古韵爲十七部之明證。

第二章《王念孫〈論音韵〉所見古韵二十二部(古無去聲)考》主
要考察臺北傅斯年圖書館所藏《高郵王氏父子手稿》收錄王念孫《論
音韵》,以王念孫在古韵十七部之後,更以質、術、月、緝、合(盍)五部
獨立,析古韵爲二十二部。

第三章《王念孫古韵二十一部之變遷》主要探究王念孫古韵二

---

① 　陸宗達:《王石臞先生〈韵譜〉〈合韵譜〉遺稿跋》,國立北京大學《國學季刊》1932
年第 3 卷第 1 期,第 172 頁。近年學人整理王念孫《詩經群經楚辭合韵譜》《周秦諸子合韵
譜》,略引據鄘説,而關於王念孫古韵分部仍持乾隆三十一年(1766)已析古韵二十一部之
説。見趙曉慶:《北大藏王念孫〈合韵譜〉稿本二種考述》,見《經學文獻研究集刊》第 21
輯,上海:上海書店出版社,2019 年,第 208 頁注 1,第 210 頁。

十一部之三階段：乾隆四十五年（1780）以後，王念孫古韵二十一部初爲古無去聲説，王念孫《致陳碩甫書》《九經補韵》《詩經群經楚辭韵譜》《周秦諸子韵譜》《淮南子韵譜》等均其例，王念孫以脂、術同用爲多，遂捨棄其術部獨立説，確立古韵爲二十一部；乾隆四十六年（1781）以後王念孫宗孔廣森古無入聲説，《易林韵譜》《西漢（〈楚辭〉中）韵譜》《西漢（〈文選〉中）韵譜》等皆其證；乾隆五十三年（1788）或稍前，王念孫主古有四聲説，《史記漢書韵譜》《西漢（〈楚辭〉中）合韵譜》《西漢（〈文選〉中）合韵譜》《易林合韵譜》《廣雅疏證》，乃至王念孫弟子宋保《諧聲補逸》均如此。

第四章《王念孫古韵二十二部（古有四聲）之成立》以道光元年（1821）王念孫從孔廣森東、冬分部説，其《詩經群經楚辭合韵譜》《周秦諸子合韵譜》《兩漢合韵譜》《逸周書穆天子傳戰國策合韵譜》《新語素問易林合韵譜》《史記漢書合韵譜》等九種《合韵譜》均析古韵爲二十二部。

第五章《段玉裁、王念孫韵部體系關係考辨》主要依據王念孫諸文稿，分析王念孫諄（文）、侯、脂、之、至、祭、緝、盍八部獨立之源流，辨明其諄（文）、侯、脂、之四部獨立説非王念孫發明，乃段玉裁論之在前，王念孫證之在後；而至、祭、緝、盍四部獨立説，段玉裁《六書音均表》已具至、祭、緝、盍獨立説之端倪，王念孫繼之更以入聲韵部獨立，遂有至、祭、緝、盍四部獨立説。

第一章　王念孫初分古韻
爲十七部考

第一節　王念孫批校《六書音
均表》之韻部體系

劉盼遂《高郵王氏父子著述考》著錄王念孫《校正六書音均表》有"傳抄舊本"，[①]不知此本是否尚存天壤間。馬裕藻嘗手錄是書，亦不知所歸。今北京大學圖書館藏馬裕藻批校清同治十一年(1872)湖北鼎文書局刻本《六書音均表》，馬裕藻嘗迻錄孔廣森、王念孫古音説，惜所據王念孫韻部體系乃古韻二十一部，且未摘錄王念孫批校本《六書音均表》識語。今依陸宗達據馬氏手錄本述其內容如次：

> 其間修正段氏與《韻譜》頗有異同。如段表第十二部(原注：真)原有入聲。先生則取段表第十五部(原注：脂)入聲，析爲二部。一繫于段表第[十][②]三部(原注：諄)。一繫于段表第十四部(原注：元)。蓋以《切韻》"質"承"真"，"術"承"諄"，"月"承"元"。段表取"術""月"爲"脂"之入聲，則"諄""元"二部無入聲矣。而又以"質"爲"真"之入。是自亂其例。[③]

江永《古韻標準》析真、元爲二，以質爲真之入，月爲元之入。[④]

---

① 劉盼遂：《高郵王氏父子著述考》，《高郵王氏父子年譜》附錄，收入《段王學五種》，民國二十五年(1936)北平來薰閣書店鉛印本，第46頁。

② 案：此處原脱"十"字，今據段玉裁《六書音均表》補。

③ 陸宗達：《王石臞先生〈韻譜〉〈合韻譜〉遺稿後記》，國立北京大學《國學季刊》1935年第5卷第2期，第132頁。

④ 段玉裁：《今韻古分十七部表》，《六書音均表》卷一，清乾隆四十二年富（轉下頁）

江永真、質兩部,段玉裁更定爲真、文、質、術四部,即真則真、文不同,質則質、術有別,且以質爲真之入,術、月並脂之入。段玉裁《古十七部平入分配説》云:"六術、八物、九迄、十月、十一没、十二曷、十三末、十四黠、十五鎋、十七薛,灋言以配諄、文、欣、元、魂、痕、寒、桓、删、山、仙韵。考《毛詩》古韵爲脂、微、齊、皆、灰之入聲。"①段玉裁不循《廣韵》平入分配之例,遂使諄、文、欣、元、魂、痕、寒、桓、删、山、仙之入聲韵,統歸脂部。而依段氏"弟十三部(案:文部)、弟十四部(案:元部)與弟十五部(案:脂部)同入説",文(諄)、元、脂同以術爲入聲,②非若陸宗達所謂"'諄''元'二部無入聲矣"。

　　王念孫不從段氏平入分配體系,析脂之入術、月分隸諄、元兩部,循《廣韵》之舊例。若王念孫此時已析古韵爲二十一部,月當爲祭之入,而非元之入。如嘉慶二十一年(1816)王念孫寓書李賡芸及道光元年(1821)王念孫致函丁履恒,並有此説。③ 而王念孫批校《六書音均表》不以其古韵二十一部規正段説,則是時王念孫從段氏古無去聲説,僅析古韵爲十七部。

　　陸宗達所述王念孫批校《六書音均表》甚爲概略,其詳難知。以余考之,上海圖書館所藏舊題阮元校本《六書音均表》即清人過錄王

（接上頁）順官廨序刻本,第2頁。案:江永有"數韵同一入"説,而質爲真之入,亦支之入(江永:《四聲切韵表》,清乾隆三十六年恩平縣衙刻《貸園叢書初集》本,第17—21頁,第5—7頁),月爲元之入,亦支之入(江永:《四聲切韵表》,第21—29頁,第9—17頁)。段玉裁約略言之,此處從其説。

　　① 段玉裁:《六書音均表》卷一,清乾隆四十二年富順官廨序刻本,第14—15頁。所謂阮元校本,實爲清人過錄王念孫校本,過錄人未詳。下同。

　　② 段玉裁:《六書音均表》卷三,清乾隆四十二年富順官廨序刻本,第4、6頁。

　　③ 王念孫:《古韵廿一部》,今本《經義述聞》卷三一,清道光十年刻本,第53—54頁;王念孫:《與丁大令若士書》,見《王石臞先生文稿》,收入《國家圖書館藏鈔稿木乾嘉名人別集叢刊》,第23册,北京:國家圖書館出版社,2010年,第92頁。案:《與丁大令若士書》又見於李宗焜《景印解説高郵王氏父子手稿》(臺北:"中研院"歷史語言研究所,2000年)其文辭與《王石臞先生文稿》偶異。下文不另出之。

念孫校本，①比觀其書，陸宗達所謂“先生則取段表第十五部（原注：脂）入聲，析爲二部。一系于段表第［十］三部（原注：諄）”，即王念孫以至、未、霽、祭、泰、怪、夬、隊、廢、術、物、迄爲文之入，月、没、曷、末、黠、鎋、薛爲元之入。② 此外，王念孫又以覺、藥爲蕭之入，覺非尤之入，藥非魚之入；屋爲侯之入，非尤之入。③

“平入分配説”爲段玉裁古音學之重要學説，段玉裁《古十七部平入分配説》云：

> 二十四職、二十五德，陸灋言以配蒸、登韵。考《毛詩》古韵爲之、咍韵之入聲。

> 一屋、二沃、三燭、四覺，陸灋言以配東、冬、鍾、江韵。考《毛詩》古韵爲尤、幽韵之入聲。

> 十八藥、十九鐸，灋言以配陽、唐韵。考《毛詩》古韵爲魚、虞、模之入聲。

> 二十六緝以下八韵，古分二部，其平入相配一也。

> 五質、七櫛、十六屑，灋言以配真、臻、先韵，與《毛詩》古韵合。

> 六術、八物、九迄、十月、十一没、十二曷、十三末、十四黠、十五鎋、十七薛，灋言以配諄、文、欣、元、魂、痕、寒、桓、删、山、仙韵。考《毛詩》古韵爲脂、微、齊、皆、灰之入聲。

> 二十陌、二十一麥、二十二昔、二十三錫，灋言以配庚、耕、清、青韵。考《毛詩》古韵爲支、佳韵之入聲。④

依段氏所述，兹列其平入分配體系如下表所示：

---

① 見本章所附《上海圖書館藏舊題阮元校本〈六書音均表〉爲清人過録王念孫校本辨》。

② 段玉裁：《六書音均表》卷一，上海圖書館藏阮元校本，第5—6頁。

③ 段玉裁：《六書音均表》卷一，上海圖書館藏阮元校本，第3頁。

④ 段玉裁：《六書音均表》卷一，清乾隆四十二年富順官廨序刻本，第14—15頁。

聲調　韵目	平　聲	入　聲
第一部	之	職
第二部	蕭	
第三部	尤	屋沃燭覺
第四部	侯	
第五部	魚	藥鐸
第六部	蒸	職
第七部	侵	緝
第八部	談	合
第九部	東	
第十部	陽	
第十一部	耕	
第十二部	真	質
第十三部	文	
第十四部	元	
第十五部	脂	術月
第十六部	支	陌
第十七部	歌	

王念孫批校《六書音均表》平入分配體系，姑列表如次：

聲調　韵目	平　聲	入　聲
第一部	之	職
第二部	蕭	覺藥
第三部	尤	沃燭

續表

聲調 韵目	平　　聲	入　　聲
第四部	侯	屋
第五部	魚	鐸
第六部	蒸	
第七部	侵	緝
第八部	談	合
第九部	東	
第十部	陽	
第十一部	耕	
第十二部	真	質
第十三部	文	術
第十四部	元	月
第十五部	脂	
第十六部	支	陌
第十七部	歌	

　　王念孫規正段氏《六書音均表》之失，不以其古韵二十一部，反固守《廣韵》之舊例，殊可稱怪。至若陸宗達"故先生依據《切韵》，補苴段例。雖規正彼失，而不强從已意。是先生爲學之度，有足多者。若據爲平生之定論，則誤矣"云云，[①]恐屬意必之辭。若此時王念孫二十一部已成，則質爲至之入，術爲脂之入，月爲祭之入，而段玉裁平入分配失當，王

---

　　①　陸宗達：《王石臞先生〈韵譜〉〈合韵譜〉遺稿後記》，國立北京大學《國學季刊》1935 年第 5 卷第 2 期，第 132 頁。

念孫必以其説正之。如道光元年(1821)王念孫寓書丁履恒[①]云："某以爲質、月二部,皆有去而無平、上。術爲脂之入,而質非脂之入,故不與術通,猶之月非脂之入,故亦不與術通也。段氏以質爲真之入,非也,而分質、術爲二則是。張氏(案:指張惠言)不以質承真,是也,而合質、術爲一,以承脂,則非。"[②]而王念孫批校《六書音均表》與此有所不同,故此時王念孫並無祭、至獨立説,更遑論二十一部之分?

　　上海圖書館藏王念孫《經韵》(善本書號 T01861)清抄本(圖一),[③]比閱其書,書衣題"王懷祖觀察經韵",卷首跋文稱:"王懷祖先生《經韵》,從隋文選樓録,時嘉慶丁卯仲冬九日。"據此,清抄本《經韵》在嘉慶十二年(1807)十一月九日自阮元文選樓舊藏本抄出。《經韵》韵段源出王念孫批校《六書音均表》,故《詩經》與群經、《楚辭》韵段析而爲二,《詩經》韵段今僅存之、蕭、幽、魚四部,群經、《楚辭》韵段之、蕭、幽、侯、魚、蒸、侵、談、東、陽、耕、真、文、元、脂、支、歌十七部悉具,[④]即其韵目次第顯然本諸《六書音均表》。《經韵》僅之部明確標明之、止、職,即平、上、入三聲,此又《經韵》沿承《六書音均

---

　　① 案:王念孫寓書丁履恒,時在道光元年(1821)。別詳李宗焜:《記史語所藏〈高郵王氏父子手稿〉》,見《景印解説高郵王氏父子手稿》,臺北:"中研院"歷史語言研究所,2000年,第13—14頁;陳鴻森:《阮元刊刻〈古韵廿一部〉相關故實辨正——兼論〈經義述聞〉作者疑案》,《"中研院"歷史語言研究所集刊》2005年第76本3分,第443頁。

　　② 王念孫:《與丁大令若士書》,見《王石臞先生文稿》,收入《國家圖書館藏鈔稿本乾嘉名人別集叢刊》,第23册,北京:國家圖書館出版社,2010年,第88—89頁。案:清光緒十五年(1889)陽湖楊葆彝刻《大亭山館叢書》本《形聲類篇》,卷首據此札稿本影印,而後此札歸孫人和收藏。又,劉盼遂所輯《王石臞文集補編》(收入《段王學五種》,民國二十五年北平來薰閣書店鉛印本)所收《與丁若士書》,據孫人和所藏原稿本逐録此札,但未盡據原稿本,且文字多有舛誤,今不據之。

　　③ 中國古籍善本書目編輯委員會編:《中國古籍善本書目(經部)》,上海:上海古籍出版社,1989年,第488頁。案:中國國家圖書館藏朱錫庚《椒花吟舫書目》清抄本著録王懷祖《詩古音》一本抄本。未知《詩古音》是否與《經韵》相關。

　　④ 案:《經韵》群經、《楚辭》部分韵段次第不免淆亂,如脂部韵段"退遂(《易·大壯》上六……至比(《悲回風》)"置於元部韵段"桓遺班班漣(案:漣原作連,誤)(《易》)……姛嫋娟便(同上)"之前。

表》古無去聲説之證。《經韵》韵部所具韵目,或可以爲凡二十一部,而尋繹其次第,仍爲古韵十七部:緝類韵段位於侵部韵段之末,盍類韵段次於談部韵段之後,質類韵段次於真部韵段之後,可證緝爲侵之入,盍爲談之入,質爲真之入。尤其是月類韵段次於元部韵段之後,此與王念孫批校《六書音均表》,以月爲元之入相契。《經韵》具體韵段與上海圖書館藏清人過錄王念孫批校《六書音均表》相類,而又非全同,如《六書音均表》蕭部韵段"咷笑《周易·上經·同人》九五",王念孫批校本同,王念孫《經韵》《詩經群經楚辭韵譜》作"咷笑郊《易·同人》"①,可見王念孫《經韵》本諸其批校本《六書音均表》,又有所更定,王念孫《經韵》韵目次第同於《六書音均表》,更爲確切表明其古韵十七部本諸段玉裁《六書音均表》。

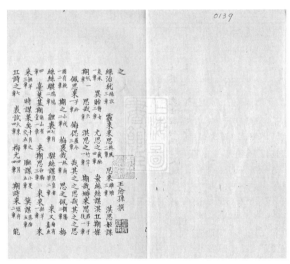

書影一　《經韵》清抄本

---

① 王念孫:《詩經群經楚辭韵譜》卷下,第 26 頁,見《高郵王氏遺書》,民國十四年(1925)鉛印本。案:《高郵王氏遺書》本《詩經群經楚辭韵譜》改題作《毛詩群經楚辭古韵譜》,今不據之。下同。

第二節　王念孫《古韵十七部韵表》之韵部體系

王念孫批校《六書音均表》，略見其"平入分配説"，而其"異平同入表"亦流傳於世。中國國家圖書館藏民國間抄本《王念孫遺文》，收錄王念孫古韵分部表，①兹據原表迻錄如次：

灰 皆 齊 微 脂 賄 駭 薺 尾 旨		佳 支		江 鍾 冬 東		
薛 轄 黠 末 曷 月	没 迄 物 術	屑 櫛 質	錫 昔 麥 陌	覺	沃	燭 屋
痕 魂 欣 文 諄	先 臻 真	模 虞 魚② 姥 麌 語	咍 之 海 止			
没 迄 物 術	屑 櫛 質	鐸	乏 業 狎 洽 盍 合	帖 葉 緝		德 職
青 清 耕 庚	唐 陽	麻 戈 歌	豪 肴 宵 蕭	仙 山 删 桓 寒 元		
錫 昔 麥 陌	鐸 藥	錫 昔 麥 陌	覺 藥 沃	薛 轄 黠 末 曷 月		
	凡 嚴 銜 咸 談 覃		添 鹽 侵	侯 厚	幽 尤 黝 有	登 蒸
	乏 業 狎 洽 盍 合		帖 葉 緝	燭 屋	覺 沃	德 職

此韵表原置於王念孫寓李賡芸書之後，且誤題作《與江晉三書》，王念孫貽李賡芸書有"謹述其大略，并草韵表一紙"云云，③而王念孫寄示李賡芸之韵表，即今本《經義述聞》所收《古韵二十一部》條目，④

---

① 王念孫：《王念孫遺文》，收入《國家圖書館藏鈔稿本乾嘉名人別集叢刊》，第23册，北京：國家圖書館出版社，2010年，第127—128頁。案：《王念孫遺文》多重複收文，此表又見第200—201頁。

② 案：魚原作亀，誤。

③ 王念孫：《古韵廿一部》，今本《經義述聞》卷三一，清道光十年刻本，第54頁。

④ 案：臺北傅斯年圖書館藏《高郵王氏父子手稿》收錄《古音義零稿》，詳列二十一部之韵目及至、祭、屋（侯部入聲）之諸聲（李宗焜編：《景印解説高郵王氏父子手（**轉下頁**）

與此表截然不同，是知此表當獨立成篇。王念孫此韵表析古韵爲十七部，由右至左，由上及下，依次排列，即東、支、脂、之、魚、真、諄（文）、元、蕭、歌、陽、庚、蒸、尤、侯、侵、談，原失題名，今擬題作《古韵十七部韵表》。

王念孫《古韵十七部韵表》以東、支、脂、之、魚、真、文、元、蕭、歌、陽、庚、蒸、尤、侯、侵、談爲次，此遵《廣韵》平聲韵韵目之次第，同於顧炎武、江永，而與段玉裁《六書音均表》及王念孫批校《六書音均表》《經韵》殊異，或爲王念孫古韵分部韵目排列之較早形態。詳繹《古韵十七部韵表》之聲調，脂、之、魚、尤、侯五部兼列平、上、入三聲，而無去聲；東、支、真、諄、元、蕭、歌、陽、庚、蒸、侵、談十二部，唯具平入二聲。概括言之，《古韵十七部韵表》以平入分配爲主，與段玉裁《古十七部平入分配説》《古異平同入説》（《六書音均表》卷一）相類，而《王念孫遺文》所收此表，似有未安之處。

如《古韵十七部韵表》所示，屋、緝並侯、侵之入，而王念孫《平入分配説》以屋爲侯之入，非侵之入；緝爲侵之入，非侯之入，①此表與王念孫平入分配之旨並非盡合。臺北傅斯年圖書館藏《高郵王氏父子手稿》，所收《古音義零稿》一文，有王念孫十七部韵表零稿兩紙，唯具之、蕭、尤、侯四部，而蕭部闕入聲。② 兹據原稿迻錄如下：

_____

（接上頁）稿》，臺北："中研院"歷史語言研究所，2000 年，第 218—221 頁），此與《古韵廿一部》所列韵目及諧聲雷同，是《古音義零稿》即《古韵廿一部》之稿本。又，王國維謂《古韵廿一部》韵目所錄至、祭二部及侯部入聲表，乃自王氏《説文諧聲表》摘出，且與王念孫寓李賡芸書分屬二事（王國維：《高郵王懷祖先生訓詁音韵書稿序錄》，國立北京大學《國學季刊》1923 年第 1 卷第 3 期，第 525 頁）。余謂王説不盡確切，《古韵廿一部》韵目即王念孫寄示李賡芸書札所附"韵表"，此"韵表"當屬書札之一部分。

①　王念孫：《平入分配説》，見劉盼遂輯：《王石臞文集補編》，收入《段王學五種》，民國二十五年(1936)北平來薰閣書店鉛印本，第6頁。

②　此表詳見李宗焜編《景印解説高郵王氏父子手稿》，臺北："中研院"歷史語言研究所，2006 年，第 207—208 頁。案：原稿乏業狎洽盍合、帖葉緝、德職之間無界欄，稍欠分明，今結合王氏古音説之通例，析其界限。

哈　之　　海　止		
乏業狎洽盍合	帖　葉　緝	德　職
侯　　厚	幽　尤　　黝　有	豪　肴　宵　蕭
燭　屋	覺　沃	

　　觀此零表,雖未及侵部,然以屋爲侯之入,較然明甚,此表與《古韵十七部韵表》同出一源,故《古韵十七部韵表》帖葉緝與燭屋當有界欄,蓋抄胥偶失之,今更定《古韵十七部韵表》如次:

灰皆齊微脂　賄駭薺尾旨			佳　支	江鍾冬東	
薛轄黠末曷月	沒迄物術	屑櫛質	錫昔麥陌	覺　沃	燭　屋
痕魂欣文諄	先臻真	模虞魚　姥麌語	哈　之　　海　止		
沒　迄　物　術	屑櫛質	鐸	乏業狎洽盍合	帖葉緝	德職
青清耕庚	唐陽	麻戈歌	豪肴宵蕭	仙山刪桓寒元	
錫昔麥陌	鐸　藥	錫昔麥陌	覺　藥　沃	薛轄黠末曷月	
	凡嚴銜咸談覃	添鹽侵	侯　厚	幽尤　黝有	登　蒸
乏業狎洽盍合		帖葉緝	燭屋	覺沃	德職

　　《古韵十七部韵表》以由右至左、由上及下爲次,稍欠分明。兹更以上下形式,排列如下:

聲調　　韵目	平　聲	上　聲	入　聲
第一部	東		屋沃
第二部	支		陌
第三部	脂	旨	質術月
第四部	之	止	職緝盍
第五部	魚	語	鐸
第六部	真		質
第七部	諄		術
第八部	元		月
第九部	蕭		沃藥
第十部	歌		陌
第十一部	陽		藥鐸
第十二部	耕		陌
第十三部	蒸		職
第十四部	尤	有	沃
第十五部	侯	厚	屋
第十六部	侵		緝
第十七部	談		盍

　　據王念孫《古韵十七部韵表》，其平入分配體例更近於段玉裁"異平同入説"。段玉裁以江永"數韵共一入"、戴震陰陽"共入聲互轉"爲據，確立"異平同入説"，[①]其《古異平同入説》云：

　　　　入爲平委，平音十七，入音不能具也，故異平而同入：職、德

———————————

　　①　李文：《論段玉裁的"古異平同入説"》，《古漢語研究》1997年第2期，第20頁。

二韵爲第一部之入聲,而弟二部、弟六部之入音即此也;屋、沃、燭、
覺爲第三部之入聲,而弟四部及弟九部之入音即此也;藥、鐸爲弟五
部之入聲,而弟十部之入音即此也;質、櫛、屑爲弟十二部之入聲,亦
即弟十一部之入音;術、物、迄、月、没、曷、末、黠、鎋、薛爲弟十五部
之入聲,亦即弟十三部、弟十四部之入音;陌、麥、昔、錫爲弟十六部
之入聲,而弟十七部之入音即此也,合韵之樞紐於此可求矣。[①]

據段氏所述,姑列《六書音均表》之異平同入體系如下表所示:

聲調 韵目	平　聲	入　聲
第一部	之	職
第二部	蕭	職
第三部	尤	屋
第四部	侯	屋
第五部	魚	藥
第六部	蒸	職
第七部	侵	緝
第八部	談	合
第九部	東	屋
第十部	陽	藥
第十一部	耕	質
第十二部	真	質
第十三部	文	術

---

① 段玉裁:《六書音均表》卷三,清乾隆四十二年富順官廨序刻本,第4頁。

聲調 韵目	平　聲	入　聲
第十四部	元	術
第十五部	脂	術
第十六部	支	陌
第十七部	歌	陌

　　王念孫批校《六書音均表》，尚無質爲脂之入説，而其《古韵十七部韵表》有之，且又以沃、覺爲一類，此與王念孫批校《六書音均表》析沃、覺爲二不同。《古韵十七部韵表》仍析術、月爲兩類，而術爲術、物、迄、没，月爲月、曷、末、黠、鎋、薛，此與王念孫批校《六書音均表》，以術爲術、物、迄，月爲月、没、曷、末、黠、鎋、薛不同。據王念孫《古韵十七部韵表》，比勘段氏《古異平同入説》，可知《六書音均表》入聲韵屋、燭、沃、覺混爲一類，王念孫析爲屋（屋、燭）、沃（沃、覺）兩類，沃爲東之入，又爲蕭、尤之入；入聲韵術、物、迄、月、没、曷、末、黠、鎋、薛，《六書音均表》不别，王念孫析爲術（術、物、迄）、月（月、没、曷、末、黠、鎋、薛）兩類，以術爲脂之入，又爲文之入，月爲脂之入，又爲元之入；《六書音均表》入聲韵藥、鐸歸爲一類，王念孫分藥、鐸爲二，以藥、鐸共爲陽之入，鐸爲魚之入，藥爲蕭之入；《六書音均表》以陌爲支、歌之入，王念孫又以陌爲庚之入；《六書音均表》以質爲真之入，王念孫以質又爲脂之入；《六書音均表》以職爲之、蕭、蒸之入，王念孫以職僅爲蒸之入；王念孫又以緝、盍同爲至部入聲。凡此皆爲王念孫與段玉裁學説不同之處。

第三節　《平入分配説》之韵部體系

　　劉盼遂輯《王石臞文集補編》，據鹽城孫人和所藏墨蹟迻錄《平

入分配説》一文。[①] 中國國家圖書館所藏民國間抄本《王念孫遺文》
亦收此文,而不具題名,[②] 蓋《平入分配説》乃劉盼遂所擬定。《王石
臞文集補編》本《平入分配説》猶録删剟之文,而《王念孫遺文》本無
之。今疑此文似王念孫寓某君之書,如"以胸中成見,故不能虚而與
之委蛇也"云者,粗可知之。段玉裁《古十七部平入分配説》(《六書
音均表》卷一)多言平入分配之常例,王氏此文,多言異平同入之例,
與段氏《古異平同入説》(《六書音均表》卷三)内容更近,故此文題名
易作《異平同入説》,方與内容相契,今暫仍舊稱。

　　王念孫《平入分配説》所舉平入分配諸例,皆爲矯正《六書音均
表》而發。如《平入分配説》云:"質、術、月之於脂是也,順其自然而
無所矯拂,斯善矣。段君必欲比而同之",引文中"段君"即段玉裁
之謂也。又如《平入分配説》云:"改蕭之入聲爲平聲,而《簡兮》之
'鑰''翟''爵',《淇奥》之'綽''較''謔''虐';《溱洧》之'樂''謔'
'藥';《揚之水》之'鑿''襮''沃''樂',《晨風》之'櫟''駁''樂';
《賓之初筵》之'酌''爵';《隰桑》之'沃''樂';《板》之'虐''謔'
'蹻''耄''謔''熇''藥';《桑柔》之'削''爵''濯''溺';《崧高》之
'藐''蹻''濯',皆以爲非入聲矣。"此處文辭,原稿本以朱筆塗删,
亦與《六書音均表》相關,段玉裁《古四聲説》:"弟二部(案:蕭部)
'樂''籥''爵''綽''較''虐''謔''藥''鑿''沃''櫟''駁''的'
'翟''濯''翯''躍''蹻''熇''藐''削''溺'等字,繹三百篇皆平
聲,漢人不皆讀平聲矣。"[③] 以此兩例,知《平入分配説》即王念孫述
段、王古韻異同之作。

　　《王石臞文集補編》《王念孫遺文》所收《平入分配説》,文字間有
舛誤,今迻録其要如次:

---

　　① 劉盼遂輯:《王石臞文集補編》,收入《段王學五種》,民國二十五年(1936)北平來
薰閣書店鉛印本,第6—7頁。

　　② 王念孫:《王念孫遺文》,收入《國家圖書館藏鈔稿本乾嘉名人別集叢刊》,第23
册,北京:國家圖書館出版社,2010年,第129—130頁,此文又見第202—203頁。

　　③ 段玉裁:《六書音均表》卷一,清乾隆四十二年富順官廨序刻本,第20頁。

屋、沃當分爲二部　　　術、月當分爲二部　　　蕭部有入聲

屋爲侯之入聲　　　　　質爲脂之入聲　　　　　沃爲尤之入，又爲
　　　　　　　　　　　　　　　　　　　　　　　蕭之入

陌爲支之入，又爲庚之入　　　　　　　　　　　術爲脂之入，又爲
　　　　　　　　　　　　　　　　　　　　　　　諄之入

月爲脂之入，又爲元之入

　　入之配平，其例參差不一：有兩平、三平而共一入者，若東、
侯之於屋，東、蕭、尤之於沃，陽、魚之於鐸，庚、支、歌之於陌，蒸
之於職，真、脂之於質，諄[①]、脂之於術，元、脂之於月是也；有兩
入、三入而共一平者，若屋、沃之於東，質、術、月之於脂是也。
順其自然，無所矯拂，斯善矣。[②]

尋此所論，其旨有三：其一，《六書音均表》中蕭、尤、侯三部，唯尤部有
入聲屋、沃、燭、覺，王念孫則以爲"屋、沃當分爲二部"，而"屋爲侯之入
聲"，非尤部入聲。而"蕭部有入聲"，"沃爲尤之入，又爲蕭之入"。其
二，《六書音均表》中入聲韵術、月統歸脂部，王念孫以爲"術、月當分爲
二部"，"術爲脂之入，又爲諄之入"，"月爲脂之入，又爲元之入"，質爲
真之入，又"爲脂之入聲"，是脂部"三入而共一平"。其三，《六書音均
表》以陌爲支之入，而王念孫以爲"陌爲支之入，又爲庚之入"。

　　王鳴盛譽曰："合顧氏、江氏、段氏三家，古音盡於此矣。"[③]但古音
之學，後出轉密，王氏之語，信非篤論。段、王古音學説頗多分歧，是王
念孫欲正段説之失，故必述其"胸中成見，故不能虛而與之委蛇也"[④]。
兹據《平入分配説》之所述，列王念孫"異平同入説"如下表所示：

　　①　案：《王石臞文集補編》本作淳，誤，《王念孫遺文》本不誤。
　　②　王念孫：《平入分配説》，見劉盼遂輯：《王石臞文集補編》，收入《段王學五種》，民
國二十五年(1936)北平來薰閣書店鉛印本，第6—7頁。
　　③　王鳴盛撰，连鶴壽參校：《蛾術編》卷三四《説字二十·段玉裁論古音》，清道光二
十一年世楷堂寫刻本，第1頁。
　　④　王念孫：《平入分配説》，見劉盼遂輯：《王石臞文集補編》，第7頁。

聲調 韵目	平聲	上聲	入聲
第一部	東		屋沃
第二部	支		陌
第三部	脂	旨	質術月
第四部	之	止	職
第五部	魚	語	鐸
第六部	真		質
第七部	諄		術
第八部	元		月
第九部	蕭		沃藥
第十部	歌		陌
第十一部	陽		鐸
第十二部	耕		陌
第十三部	蒸		職
第十四部	尤	有	沃
第十五部	侯	厚	屋
第十六部	侵		緝
第十七部	談		盍

王念孫《平入分配説》略近於其《古韵十七部韵表》異平同入説，所不同者，之、蕭(宵)、陽三部之入聲微異，姑列表如下：

篇目 韵目	《古韵十七部韵表》	《平入分配説》
之	職緝盍	職
蕭	沃藥	沃
陽	藥鐸	鐸

《古韵十七部韵表》以沃、藥爲蕭之入，藥、鐸爲陽、唐之入，鐸爲魚之入，知王念孫是時析入聲韵藥、鐸爲二。嘉慶十七年（1812）段玉裁《答江晉三論韵》云：“顧氏（案：即顧炎武）之功，在藥、鐸爲二。”①知段氏之意，以藥、鐸之分，始於顧炎武。顧炎武《古音表》以藥之半、鐸之半爲魚之入，藥之半、鐸之半爲蕭之入，②《廣韵》以藥爲陽之入，鐸爲唐之入，江永《四聲切韵表》因仍其舊，③可見《古韵十七部韵表》以藥、鐸爲蕭、陽之入不同，遠宗《廣韵》之舊，近紹江永之旨。

《平入分配説》初析藥、鐸爲二，亦有脈絡可尋。《平入分配説》稿本原有朱筆删剗之語，《王石臞文集補編》一併予以收錄。如“陽、蕭之於藥”“藥、鐸之於陽”云者，原稿已以朱筆删之，④知王念孫《平入分配説》初析藥、鐸爲二，此與《古韵十七部韵表》合，而後合兩者爲一類，是《古韵十七部韵表》必撰於《平入分配説》之前。

第四節　《晏子春秋雜志》所見 古韵十七部考

王念孫《古韵十七部韵表》，前輩學者或多未之獲見，而王念孫批校《六書音均表》《平入分配説》，則見之而未思之。何以知《古韵十七部韵表》《平入分配説》必爲王念孫之古韵體系？曰：王念孫《晏子春秋雜志》猶存此遺意。

乾隆五十三年（1788）孫星衍《晏子春秋音義》刊成，據《毛詩·小雅·采菽》，改《晏子春秋·內篇·諫上》引《毛詩》“載驂載駟，君子所誠”中“誠”作“屆”，王念孫非之。然考《晏子春秋雜志》所主之

---

①　段玉裁：《經韵樓集》卷六，上海：上海古籍出版社，2008 年，第 131 頁。

②　顧炎武：《古音表》卷下，收入《音學五書》，北京：中華書局，1982 年影印清光緒十一年思賢觀稼樓刻本，第 548、551—552 頁。

③　江永：《四聲切韵表》，清乾隆三十六年恩平縣衙刻《貸園叢書初集》本，第 37 頁。

④　王念孫：《平入分配説》，見劉盼遂輯：《王石臞文集補編》，收入《段王學五種》，民國二十五年（1936）北平來薰閣書店鉛印本，第 7 頁。

韵部體系,與王念孫至、祭兩部獨立説齟齬不合。

《晏子春秋雜志》卷一"君子所誠"條云:

> 屆字以屮爲聲(原注:屮,古塊字,于古音屬至部),于古音屬至部,其上聲則爲旨部,其入聲則爲質部。《詩》中用屆字者,《小雅·節南山》與惠、戾、闋爲韵,《小弁》與嘒、淠、寐爲韵,《采菽》與淠、嘒、駟爲韵,《大雅·瞻卬》與疾爲韵,以上與屆爲韵之字,古音皆在至部。若誡字,則以戒爲聲,于古音屬志部,其上聲則爲止部,其入聲則爲職部。[①]

王念孫匡正孫星衍之説,當在乾隆五十三年(1788)孫星衍《晏子春秋音義》付梓之後,故此條當是乾隆五十三年(1788)之後所作。是時至、祭、緝、盍均已獨立成部,王念孫古韵二十一部基本形成。然《晏子春秋雜志》此處所言,有不可解者四:其一,若以王念孫至部獨立説言之,至部有去聲至、入聲質,而無平聲、上聲,而此言"其上聲則爲旨部";其二,至部之範圍,嘉慶二十一年(1816)王念孫寓書李賡芸云:"去聲之至、霽二部,及入聲之質、櫛、黠、屑、薛五部中,凡從至、從壹、從質、從吉、從七、從日、從疾、從悉、從栗、從夳、從畢、從乙、從失、從八、從必、從卪、從節、從血、從徹、從設之字,及閉、實、逸、一、抑、別等字,皆以去入同用,而不與平上同用。固非脂部之入聲,亦非真部之入聲。"[②]王念孫詳陳至部之諧聲,則屆字並非屬至部,實屬脂部,而此言其"古音屬至部";其三,《毛詩》中凡與屆字爲韵之字,戾、疾字而外,闋、嘒屬祭部,惠、淠、寐、駟屬脂部,而此言"與屆爲韵之字,古音皆在至部",脂、至、祭三部,混而未分;其四,若王念孫以古韵二十一部正之,彼必云:《大雅·瞻卬》一章疾、屆爲韵,乃至、鞞合韵;《小雅·小弁》四章嘒、淠、屆、寐爲韵,《小雅·采菽》二章淠、

① 王念孫:《晏子春秋雜志》卷一,收入《讀書雜志》,清道光十一年刻本,第6頁。
② 今本《經義述聞》卷三一,清道光十年刻本,第53頁。

嘖、駒、屈爲韵，彼皆屬鴟、祭合韵之例。① 而以上所舉韵段，《晏子春秋雜志》皆歸之至部。有此四者，知此處所言之至部，當未獨立成部。

今據王念孫"于古音屬至部，其上聲則爲旨部，其入聲則爲質部"，"于古音屬志部，其上聲則爲止部，其入聲則爲職部"云云，姑列表如下：

平　　　聲	上　　　聲	入　　　聲
	旨	質
	止	職

王念孫未言及平聲，而止乃之部上聲，則其平聲乃之部，王念孫所謂"于古音屬至部"中"至部"即脂部；旨乃脂部上聲，則其平聲乃脂部，王念孫所謂"于古音屬志部"中"志部"即之部。故上表不妨更定如下：

平　　　聲	上　　　聲	入　　　聲
脂	旨	質
之	止	職

王念孫《晏子春秋雜志》據此前所定韵部體系補苴孫星衍之説，而未依古韵二十一部繩之。《晏子春秋雜志》所言之至部，實乃脂部，質、術、月統爲脂之入，至、祭兩部並未獨立，此與王念孫批校《六書音均表》《古韵十七部韵表》《平入分配説》相合。若以此解之，以上四疑涣然冰釋，是以《晏子春秋雜志》此條正王念孫批校《六書音均表》《經韵》《古韵十七部韵表》《平入分配説》乃王念孫韵部體系之明證。

臺北傅斯年圖書館藏清抄本《高郵王氏父子論音韵文稿》收錄乾隆五十四年(1789)《書朱亦〈詩經韵考〉後》，尋繹此跋文源出王念孫友人之筆，間錄王念孫論《詩經韵考》之語，誤編入王念孫文稿之中。跋文作者，暫不易考知。據此跋文，朱亦《詩經韵考》韵部依次爲東江庚、真寒、侵覃、支質、佳月、魚屋、歌麻、緝葉、蕭藥、尤屋、支佳魚，似析古韵爲十一部，而跋文錄王

---

① 陸宗達：《王石臞先生〈韵譜〉〈合韵譜〉遺稿後記》，國立北京大學《國學季刊》1935 年第 5 卷第 2 期，第 164—165 頁。參見北京大學圖書館藏王念孫《毛詩群經楚辭合韵譜》稿本。

念孫説云:"其平入相配,亦多未確,而以今韵之緝、合、盍、葉、帖、洽、狹、業、乏九部,統承支、脂、之、微、齊、佳、皆、灰、咍、魚、虞、模、歌、戈、麻十五部,則又向來未有之誤。"若據此説,則緝葉未獨立成部,《詩經韵考》僅具古韵十部。《書朱喬〈詩經韵考〉後》錄王念孫説匡正《詩經韵考》之大要,所涉古韵分部近於段玉裁古韵十七部,然僅以真元分部,未以真文分部,"真、諄、臻、文、殷、魂、痕及先之半一部也,元、寒、桓、刪、山、仙及先之半一部也,而喬合爲一,則承顧、毛(案:指毛奇齡)兩家之誤"。① 而乾隆五十四年(1789)王念孫已析古韵爲二十一部,②《書朱喬〈詩經韵考〉後》所錄王念孫古音説,明顯滯後,不足以精確反映王念孫古韵分部之實態。

綜合上文所考,王念孫《答江晉三論韵學書》自謂其古韵二十一部成於獲見《六書音均表》之前,不宜盡信。王念孫批校《六書音均表》以及彼所撰《古韵十七部韵表》《平入分配説》兩文,入聲韵質、術、月等部均與平聲韵相配,具有明顯變更之跡象,而在聲調上主古無去聲説,分古韵爲十七部,則並無分歧。王念孫初分古韵爲十七部,不但在王念孫諸文稿中有明文可據,其《晏子春秋雜志》討論《詩經》用韵之文,猶存此遺意。王念孫初析古韵分部十七部,在聲調上主古無去聲説,雖入聲韵與平聲韵之搭配,與段玉裁《六書音均表》不盡相同,但其説之發明在《六書音均表》刊成之後,則並無疑義。

附　上海圖書館藏舊題阮元校本《六書音均表》爲清人過錄王念孫校本辨

《中國古籍善本書目(經部)》著錄上海圖書館藏阮元校乾隆四

① 王念孫:《高郵王氏父子論音韵文稿》,臺北傅斯年圖書館藏清抄本。承李宗焜先生檢示,謹此申謝! 書內附王壽同簽識,具體細目及詳情,參見孫海波所撰提要。見中國科學院圖書館整理:《續修四庫全書總目提要》(經部),北京:中華書局,1993年,第1239頁。又見傅斯年圖書館善本書志編纂小組:《"中央研究院"歷史語言研究所傅斯年圖書館善本書志·經部》,臺北:"中研院"歷史語言研究所,2013年,第469頁。中國國家圖書館所藏倉石士垣(即倉石武四郎)日本昭和十一年(1937)油印本《高郵王氏父子論均書劄》(索書號:字158/8645)底本即此。

② 詳見本書第三章第三節《王念孫古有四聲説之提出》。

十一年(1776)富順官廨刻本(案：即乾隆四十二年富順官廨序刻本)《六書音均表》(下文省稱上圖校本《六書音均表》,善本書號：線善796783－84),①值得關注。陳先行等編《中國古籍稿鈔校本圖錄(校本)》略錄1948年秦更年跋云："時公年力方盛,讀書勤敏,凡茂堂於經傳子騷用韻徵引有不及者,悉爲依次補入,每部所配入聲亦多改回分隸",②且又收錄是書首葉書影有"臣元之印"白文方印、"研經室阮氏收藏"朱文長方印、"提督浙學關防"滿漢朱文長方印,③均屬阮元藏書印章,"提督浙學關防"乃阮元提督浙江學政時之官印。秦更年及《中國古籍善本書目(經部)》均斷是書乃阮元校本,所據者應即阮元收藏印。陳先行等編《中國古籍稿鈔校本圖錄(校本)》及陳先行、石菲編《明清稿鈔校本鑒定》沿承前人之説,均謂此書爲阮元校本。④

上圖校本《六書音均表》首葉天頭處又有"丁未春揚州教授李君薔生寄贈"篆字,據此,知是書經由"李薔生"寄贈(書影二)。

依清人李斗《揚州畫舫錄》卷三,薔生乃李保泰字。⑤據《(光緒)寶山縣志》,李保泰,字景三,太倉州寶山縣人,乾隆四十五年(1780)恩科進士,例授知縣,改官揚州教授,⑥職此之故,李保泰或稱"李學師",今北京大學圖書館藏焦循《里堂札記》清抄本所收錄乾隆五十八年(1793)焦循寓李保泰書即然。以李保泰生平推之,"丁未"應指乾隆五十二年(1787),若謂此書爲阮元校本,則未必允愜。

以上圖校本《六書音均表》爲阮元所校,有不可解者二：其一,諦

---

①　中國古籍善本書目編輯委員會編：《中國古籍善本書目(經部)》,上海：上海古籍出版社,1989年,第488頁。

②　陳先行等編：《中國古籍稿鈔校本圖錄(校本)》,上海：上海書店出版社,2000年,第778頁。

③　陳先行等編：《中國古籍稿鈔校本圖錄(校本)》,第776頁。

④　陳先行等編：《中國古籍稿鈔校本圖錄(校本)》,第776—778頁；陳先行、石菲編：《明清稿鈔校本鑒定》,上海：上海古籍出版社,2009年,第249頁。

⑤　李斗：《揚州畫舫錄》,北京：中華書局,1960年,第67頁。

⑥　梁蒲貴等修,朱延射纂：《(光緒)寶山縣志》卷九《人物志》,清光緒八年學海書院刻本,第21頁。

書影二　上圖校本《六書音均表》卷首

（陳先行等編：《中國古籍稿鈔校本圖錄（校本）》，上海：上海書店出版社，2000年，第776頁）

審校語之書法與今存阮元墨跡並非吻合，似非出自阮元手筆；其二，乾隆五十二年(1787)阮元雖成《考工記車制圖解》一書，然古音學乃專家之學，阮元校正《六書音均表》，則其識力必出段玉裁之右。若彼早年已具改訂《六書音均表》之才，何故晚至道光九年(1829)仍稱"近惟金壇段氏《六書音均表》十七部爲最善"，且又"令家塾學人，以段氏十七部爲綱,裁取《廣韵》二百六韵,分歸于十七部之下,爲十七部古韵"①,而不以己説正段説未安之處? 有此二者,知上圖校本之校語,絕非出自阮元手筆。

上圖校本《六書音均表》既非阮元校本,而其中校語究出何人之手? 羅振玉所購王念孫稿本,原有王念孫《詩經群經楚辭韵譜》稿本七册,②今暫不知此稿本所歸。依陸宗達《王石臞先生〈韵譜〉〈合韵譜〉遺稿跋》《王石臞先生〈韵譜〉〈合韵譜〉遺稿後記》,知《詩經群經楚辭韵譜》稿本原有相關標識,以明本音、合音及合韵之字,且析古韵爲東、蒸、侵、談、陽、耕、真、諄、元、歌、支、質、脂、月、合、緝、之、魚、侯、尤、蕭,凡二十一部,在聲調上主古無去聲説,故至、祭二部不以去聲至、祭標部,而以入聲質、月標部③。而 1925 年羅振玉《高郵王氏遺書》本《詩經群經楚辭韵譜》,删汰王念孫諸標識,且又易質、月兩部爲至、祭,遂失王念孫稿本原貌。《高郵王氏遺書》本雖云並非盡善,而仍存王氏稿本各部韵段之舊貌。以此言之,《高郵王氏遺書》本仍不乏學術價值。

《中國古籍稿鈔校本圖錄(校本)》《明清稿鈔校本鑒定》收錄上圖校本書影兩幀,④雖非全豹,而據書影上之朱筆校語及朱筆簽條内容,比勘《高郵王氏遺書》本《詩經群經楚辭韵譜》,兩者多所契合。及目驗上圖校本《六書音均表》,秦更年跋文又有"皆注曰王云,殆本

———————

　　① 阮元:《段氏十七部古音序》,見王獻唐輯:《顧黄書寮雜錄》,濟南:齊魯書社,1984 年,第 43—44 頁。

　　② 王國維:《高郵王懷祖先生訓詁音韵書稿序錄》,國立北京大學《國學季刊》1923 年第 1 卷第 3 期,第 523 頁。

　　③ 陸宗達:《王石臞先生〈韵譜〉〈合韵譜〉遺稿跋》,國立北京大學《國學季刊》1932 年第 3 卷第 1 期,第 173 頁;陸宗達:《王石臞先生〈韵譜〉〈合韵譜〉遺稿後記》,國立北京大學《國學季刊》1935 年第 5 卷第 2 期,第 130—131 頁。

　　④ 書影見陳先行等編:《中國古籍稿鈔校本圖錄(校本)》,上海:上海書店出版社,2000 年,第 777 頁;陳先行、石菲編:《明清稿鈔校本鑒定》,上海:上海古籍出版社,2009 年,第 249 頁。

於王懷祖歟"云云,①即秦更年已疑其校語本於王念孫,而未更作討論。上圖校本與王念孫相關,上圖校本《六書音均表》東部論《尚書·洪範》"子孫其逢"稱"念孫"云云,②可謂確證。至於秦更年所謂"王云",上圖校本《六書音均表》卷四《詩經韵分十七部表》蕭部校語"王云:入聲覺藥",③即此。上圖校本《六書音均表》卷五《群經韵分十七部表》真部入聲校語"王在十三部",文部校語"王以術、物、迄、月、沒、曷、末、黠、鎋、薛爲此部入聲",文部簽記"王以未、霽、祭、泰、怪、夬、隊、廢及術、物、迄、月、沒、曷、末、黠、鎋、薛爲此部入聲",脂部校語"此下王皆以爲十三部入聲","以下王以爲十四部入聲"。④足以知上圖校本《六書音均表》絶非王念孫原校本。若證成上圖校本《六書音均表》校語源自王念孫,仍需比勘上圖校本與王念孫《詩經群經楚辭韵譜》之關係。

　　《中國古籍稿鈔校本圖錄(校本)》所收書影爲《六書音均表》卷五《群經韵分十七部表》陽部之部分韵段(書影三),兹錄校語內容,並取以比勘《詩經群經楚辭韵譜》相應文辭,列表如次:

《中國古籍稿鈔校本圖錄(校本)》新增韵段	《詩經群經楚辭韵譜》相關韵段
相常(《士昏禮》父命子辭)、黄方(《考工》)	黄方(《考工記·弓人》鼠膠黑四句)相常(《士昏禮記》父命子辭)
朝行昌當明喪(《大戴禮·禮三本》日月以明十句)、長攘(《保》)、養彊傍	明行昌當明喪(《大戴禮·禮三本篇》日月以明十句)、長攘(《保傅篇》習與智長二句)、養繩傍(仁者養之三句)

　　①　此跋文已見上海圖書館編:《上海圖書館善本題跋真蹟》第三册,上海:上海辭書出版社,2013年,第351—352頁;陳先行、郭立暄編:《上海圖書館善本題跋輯錄(附版本考)》,上海:上海辭書出版社,2017年,第107頁。又見秦更年撰,秦蓁整理,吳格審定:《嬰闇題跋》,北京:中華書局,2019年,第279頁。

　　②　段玉裁:《六書音均表》卷五《群經韵分十七部表》,上海圖書館藏阮元校本,第10頁。

　　③　段玉裁:《六書音均表》卷四《詩經韵分十七部表》,上海圖書館藏阮元校本,第8頁。

　　④　段玉裁:《六書音均表》卷五,上海圖書館藏阮元校本,第15、18頁。

《中國古籍稿鈔校本圖錄（校本）》新增韵段	《詩經群經楚辭韵譜》相關韵段
言揚行秉(《立事》)、方明(《天圓》)、兄往、言明量方(《五帝德篇》)、皇王(同上)	言揚行秉(《曾子立事篇》身言之四句)、方明(《曾子天圓篇》引夫子言)、兄往(《衛將軍文子篇》孝乎父而恭於兄二句)、言明量方(《五帝德篇》生而神靈九句)、皇王(承受大命四句)
行陽(《四代》)、明昌慶(《虞戴德》)、祥昌長、昌臧(《誥志篇》)、行讓强(《文王官人》)	行陽(《四代篇》三德率行二句)、明昌慶(《虞戴德篇》天事日明四句)、祥昌長(昭天之福六句)、昌臧(《誥志篇》國家之昌二句)、行讓强(《文王官人篇》辨言而不顧行三句)
羹羹(《大戴》)、常章(《曲禮下》)、行當行常(《月令》)、兵殃、量良、方明望	羹羹(毋嚃羹二句)、常章(《曲禮下》喪復常二句)、行當行常(《月令》慶賜遂行七句)、兵殃(不可以稱兵二句)、量良(命工師令百工審五庫之量三句)、方明望(毋用火南方三句)
昌殃行湯疆、裳量常當當殃、當饗、疆竟梁裳(固封疆)	昌殃行湯疆(水潦盛昌以下十一句)、裳量常當當殃(乃命司服以下十二句)、當饗(五者備當二句)、疆竟梁裳(固封疆七句)
房喪、香良、王上、長養(《禮運》)、讓常殃康、望藏上鄉	房喪(地氣沮泄五句)、香良(水泉必香二句)、王上(《曾子問》天無二日四句)、長養(《禮運》幼有所長二句)、讓常殃康(刑仁講讓六句)、望藏上鄉(故天望而地藏也五句)
亨養羹祥、養饗(《禮器》)、陽明(《郊特牲》)、相更(《少儀》)、行訪(《樂記》)	亨養羹祥(然後退而合亨六句)、養饗(《禮器》故天不生四句)、陽明(《郊特牲》是故喪國之社屋四句)、相更(《少儀》怠則張而相之二句)、行訪(《樂記》政以行之二句)
商疆、養亨(《祭義》)、上愴、象饗黨(《仲尼燕居》)、象饗黨	商疆(且夫武妃而北去四句)、養亨(《祭義》君子生則敬養二句)、上愴(其氣發揚于上二句)、象饗黨(《仲尼燕居》是故宮室得其度八句)、象饗黨(宮室失其度八句)

《中國古籍稿鈔校本圖錄（校本）》新增韻段	《詩經群經楚辭韻譜》相關韻段
方將明（《孔子》）、王上（《坊記》）、明强（《中庸》）、行明、章亡、長上（《表》）、傷亡（《緇》）	方將明（《孔子閒居》無聲之樂，日聞四方六句）、王上（《坊記》天無二日四句）、明强（《中庸》雖愚必明二句）、行明（辟如四時之錯行二句）、章亡（故君子之道闇然而日章四句）、長上（《表記》是以不廢日月五句）、傷亡（《緇衣》心以體全四句）
鄉方、亡喪、悵愴、妄病（《儒行》）、慶讓（《射義》）、慶讓	鄉方（故君子之朋友有鄉二句）、喪亡（《問喪》亡矣喪矣二句）、悵愴（心悵焉愴焉二句）、妄病（《儒行》今衆人之命儒也妄二句，王肅讀至妄字絕句，今從之）、慶讓（《射義》數與於祭而君有慶二句）、慶讓（不得與於祭者有讓四句）
賞殃（《左》襄廿六）、黄裳（昭十二）、羊亡（襄十七）	賞殃（《左》襄二十八年叔孫穆子言）、黄裳（十二年子服惠伯言）、羊亡（十七衛侯夢于北宮卜辭）
行明（《晉語三》慶鄭）、常剛行常（《越語》）、常荒荒（《越語》）	行明（《晉語三》慶鄭對惠公下有直言四句）、常剛行常（《越語》下范蠡對王因陰陽之恒六句）、常荒荒（王問范蠡：吾年既少四句）

據此表，上圖校本所見增補六十個韻段，《詩經群經楚辭韻譜》均可一一考見，而文字較之上圖本校語更趨精審，如校語"朝行昌當明喪（《大戴禮·禮三本》日月以明十句）"，《詩經群經楚辭韻譜》改"朝"作"明"字，校語"養襪傍"條，《詩經群經楚辭韻譜》改"襪"作"緅"，校讎可謂精當；《詩經群經楚辭韻譜》所注各韻段來源更趨翔實，且略改原校語之誤，如"羹羹（《大戴》）"條，《詩經群經楚辭韻譜》更其出處作《禮記·曲禮》"毋嚃羹二句"；"賞殃（《左》襄廿六）"條，《詩經群經楚辭韻譜》更作"《左》襄二十八年叔孫穆子言"。而據上

書影三　《六書音均表》卷五（陽部）

（陳先行等編：《中國古籍稿鈔校本圖錄（校本）》，上海：
上海書店出版社，2000 年，第 777 頁）

　　圖本校語，略見《詩經群經楚辭韵譜》文字不乏微誤者，如"喪亡（《問
喪》亡矣喪矣二句）"當從校語作"亡喪"；"養饗（《禮器》故天不生四
句）"條，"饗"當從校語作"饗"。
　　又如《明清稿鈔校本鑒定》所收書影爲《六書音均表》卷五《群經

韵分十七部表》蕭、尤兩部之部分韵段(書影四),書影所見新增二十
六個韵段,兹據以比勘《詩經群經楚辭韵譜》相關條目,列表如下:

韵目、聲調	《明清稿鈔校本鑒定》新增韵段	《詩經群經楚辭韵譜》相關韵段
蕭部平聲	固鑿教樂高(《九辨》)、約效(同上)、昭遽逃遥(《大招》)	固鑿教樂高(同上)、約效(同上)、昭遽逃遥(《大招》)
幽部平聲	甓收孚(《易》井)	甓收孚(《易》井六四、上六)
	驕憂(《乾·文言》)	驕憂(《乾·文言》)
	求燥(《雜卦傳》)	求燥(同上)
	繇條(《書·禹貢》)	繇條(《書·禹貢》厥草惟繇二句)
	《六書音均表》原作"矛羞(《矛銘》)",朱筆於"羞"字上增"矛"字	矛矛羞(《矛銘》)
	游憂(《千乘篇》老疾用財五句)	游憂(《千乘篇》老疾用財五句)
	優游(襄廿一年晉叔向引《詩》)	優游(襄二十一年晉叔向引《詩》)
	游救(哀九年晉趙鞅救鄭卜辭)	游救(哀九年晉卜辭)
	修講(《論語·述而》)	修講(《論語·述而》德之不脩二句)
	由求	由求(《告子上》舍其路而弗由二句)
	寥廖(《九辨》沆寥寂廖爲韵)	寥廖(《九辨》)
	秋楸悠愁(同上)	秋楸悠愁(同上)
	北泑悠膠寂(《大招》)	北泑悠膠寂(《大招》)
幽部上聲	咎道復(《易》復象辭)	咎道復(《易》復象辭)
	咎咎(《大有》)	咎咎(《大有》初九)
	懋懋(《皋陶》二句)	懋懋(《書·皋陶謨》懋哉二句)

韻目、聲調	《明清稿鈔校本鑒定》新增韻段	《詩經群經楚辭韻譜》相關韻段
幽部上聲	守念咎受（《洪範》有猷有爲有守五句）	守念咎受（《洪範》有猷有爲有守五句）
	好咎（"于其無好德,女雖錫之福,其作**女**用咎",好下本無德字,且好字讀上聲,不讀去聲。考《史記·宋世家》"于其毋好",《集解》引鄭注云:"無好于女家之人,雖錫之以爵禄,其動作爲女用惡",是其證。蓋無好字,即承弗能使有好而言,非有二義也。自僞孔傳云:"于其無好德之人",始**作**德字解之,然其時經文尚無德字,且好字尚讀作上聲。考《釋文》"于其無好"之下無音,至"無有作好"之下始云"好,呼報反",又于上"攸好德"之下,但云"呼報反",而不云"下同"。又考《正義》云:"無好對有好,有好謂有善也。"然則無好之好,孔、陸俱讀上聲,而所見本俱無德字,明矣。自唐石經始作"于其無好德",此不過因傳有德字而妄加之,而蔡傳遂讀好爲"攸好德"之好,不知好讀去聲,則"無好德"三字,文理不貫,且咎訓爲惡,好與咎,義正相對,無好與有好亦相對。若讀爲"攸好德"之好,則與上下文都不相涉矣。又好與咎,古音正相協,"五皇極"一篇皆用韻之文,不應此三句獨不韻也。今從《史記》及鄭氏《尚書》注、釋文、正義訂正。）	好咎（"于其無好德,女雖錫之福,其作**汝**用咎",好下本無德字,且好字讀上聲,不讀去聲。考《史記·宋世家》"于其毋好",《集解》引鄭注云:"無好**於**女家之人,雖錫之以爵禄,其動作爲女用惡",是其證。蓋無好字,即承弗能使有好而言,非有二義也。自僞孔傳云:"于其無好德之人",始**加**德字解之,然其時經文尚無德字,且好字尚讀作上聲。考《釋文》"于其無好"之下無音,至"無有作好"之下始云"好,呼報反",又**於**上"予攸好德"之下,但云"呼報反",而不云"下同"。又考《正義》云:"無好對有好,有好謂有善也。"然則無好之好,孔、陸俱讀上聲,而所見本俱無"德"字,明矣。自唐石經始作"于其無好德",此不過因傳有"德"字而妄加之,而蔡傳遂讀好爲"攸好德"之好,不知"好"讀去聲,則"無好德"三字,文理不貫,且咎訓爲惡,好與咎,義正相對,無好與有好亦相對。若讀爲"攸好德"之好,則與上下文都不相涉矣。又好與咎,古音正相協,"五皇極"一篇皆用韻之文,不應此三句獨不韻也。今從《史記》及鄭氏《尚書》注、釋文、正義訂正。）

韵目、聲調	《明清稿鈔校本鑒定》新增韵段	《詩經群經楚辭韵譜》相關韵段
幽部上聲	道咎(《勸學篇》)	道咎(《勸學篇》神莫大於化道三句)
	鳥獸(《禮記·曲禮上》嬰母能言四句)	鳥獸(《禮記·曲禮上》嬰母能言四句)
	道手(共食不飽二句)	道手(遭先生於道三句)飽手(共食不飽二句)
	守復考奥由(《禮運》鬼神以爲徒,故事可守也十句)	守復考奥由(《禮運篇》鬼神以爲徒,故事可守也十句)
	考守(士以信相考)	考守(士以信相考二句)
	道欲(《樂記》君子二句)	道欲(《樂記》君子樂得其道二句)
	道道欲(獨樂其志四句)	道道欲(獨樂其志四句)

　　比觀上圖校本書影及《詩經群經楚辭韵譜》相關韵段,上圖校本新增二十八個韵段,《詩經群經楚辭韵譜》悉有之,且因仍校語而來,注文更爲詳實。上圖校本"道手(共食不飽二句)"條,誤合兩韵段爲一,《詩經群經楚辭韵譜》分作"道手(遭先生於道三句)、飽手(共食不飽二句)",已正其誤。而據上圖校本亦可正《詩經群經楚辭韵譜》之失,如《詩經群經楚辭韵譜》"固鼇教樂高(同上)"條,前此韵段爲"燿鷔(《楚辭·遠遊》)",若依"同上"云云,"固鼇教樂高"當爲《遠遊》韵段,而勘驗《楚辭》,此條當如校本所載爲《九辯》(案:校本"辯"原作"辨")韵段。

　　若依道光元年(1821)王念孫寓江有誥書,[①]王念孫批校《六書音均表》之年代當在乾隆四十五年(1780)以後,而王念孫批校《六書音

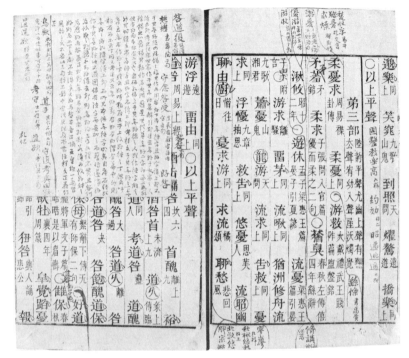

書影四　《六書音均表》卷五（蕭、尤兩部）

（陳先行、石菲編：《明清稿鈔校本鑒定》，上海：上海古籍出版社，2009 年，第 249 頁）

均表》之經義札記，其部分條目撰寫時間在乾隆四十一年（1776）。如上圖校本論《尚書·洪範》"于其無好德"本無"德"字，以《經典釋文》《尚書正義》辨唐石經之誤，辨析甚詳。《經韵》《詩經群經楚辭韵譜》與之略同，乾隆四十一年（1776）王念孫簽記李惇《群經識小》已有《尚書·洪範》"于其無好德"中"德"字蓋涉"予攸好德"而衍之說，①上圖校本《六書音均表》東部論《尚書·洪範》"子孫其逢"絶句

①　李宗焜編：《景印解説高郵王氏父子手稿》，臺北："中研院"歷史語言研究所，2000 年，第 60 頁。關於王念孫簽記《群經識小》問題，詳見本書《〈經義述聞〉作者疑案研究》第三章第二節《王念孫與〈經義述聞〉之撰修》。

引述李成裕(案：李惇字)，亦見於王念孫《群經識小》簽記，[①]透露出
王念孫在乾隆四十一年(1752)已開始校閲群經。

　　王念孫《群經識小》簽記《尚書·洪範》兩條均已收入嘉慶十年
(1805)《經義述聞》初刻本，題稱"家大人曰"云云，[②]而上圖校本《六
書音均表》真部論《周易·大畜》"輝光日新"絶句，[③]《詩經群經楚辭
韵譜》質部論《周易·需》"不速之客，來敬之終吉"中"吉"字下有
"也"字，[④]上圖校本《六書音均表》元部論《大戴禮記·保傅》"習貫之
爲常"本作"習貫如自然"，[⑤]均見於《經義述聞》初刻本。

　　《詩經群經楚辭韵譜》歌部論《禮記·禮運》"未有絲麻"當作"未
有麻絲"，[⑥]上圖校本《六書音均表》無，王念孫《經韵》略同；之部論《大
戴禮記·公冠》"靡不息"中"息"當作"惪"，[⑦]上圖校本《六書音均表》
《經韵》並無之。上舉《詩經群經楚辭韵譜》兩例，《經義述聞》初刻本、
《經義述聞》二刻本均未收錄，至《經義述聞》三刻本始具其説。[⑧]

　　此外，上圖校本《六書音均表》東部增"從用"韵段，未出書證，[⑨]

---

　　①　段玉裁：《六書音均表》卷五《群經韵分十七部表》，上海圖書館藏阮元校本，第 10
頁；王念孫：《詩經群經楚辭韵譜》卷下，第 2 頁，見《高郵王氏遺書》，民國十四年(1925)鉛
印本；王念孫：《經韵》，上海圖書館藏清抄本；李宗焜編：《景印解説高郵王氏父子手稿》，
臺北："中研院"歷史語言研究所，2000 年，第 63—64 頁。

　　②　詳見本書《〈經義述聞〉作者疑案研究》第三章第二節《王念孫與〈經義述聞〉之
撰修》。

　　③　段玉裁：《六書音均表》卷五《群經韵分十七部表》，上海圖書館藏阮元校本，第 15
頁；王念孫：《經韵》；王念孫：《詩經群經楚辭韵譜》卷上，第 12 頁，見《高郵王氏遺書》。

　　④　王念孫：《詩經群經楚辭韵譜》卷上，第 2 頁，見《高郵王氏遺書》。案：上海圖書
館藏阮元校本《六書音均表》卷五(第 15 頁)尚不具書證。

　　⑤　段玉裁：《六書音均表》卷五《群經韵分十七部表》，上海圖書館藏阮元校本，第 21
頁；王念孫：《詩經群經楚辭韵譜》卷上，第 15 頁，見《高郵王氏遺書》。

　　⑥　王念孫：《詩經群經楚辭韵譜》卷上，第 17 頁，見《高郵王氏遺書》。

　　⑦　段玉裁：《六書音均表》卷五《群經韵分十七部表》，上海圖書館藏阮元校本，第 1
頁；王念孫：《詩經群經楚辭韵譜》卷下，第 14 頁，見《高郵王氏遺書》。

　　⑧　今本《經義述聞》卷一三，清道光十年刻本，第 19 頁；今本《經義述聞》卷一五，第
13 頁。

　　⑨　段玉裁：《六書音均表》卷五《群經韵分十七部表》，上海圖書館藏阮元校本，第 11 頁。

王念孫《經韵》同，而《詩經群經楚辭韵譜》則詳論《楚辭·招魂》“不
能復用”“巫陽焉乃下詔曰”爲句，①其説見於《讀書雜志餘編》卷下。②
《詩經群經楚辭韵譜》所論者當源出王念孫《楚辭》校語，而王念孫校
清初汲古閣刻本《楚辭》（今存卷一至卷五）今藏中國國家圖書館（善
本書號 A04138），校語多據《吕氏春秋》《易林》《文選注》等考訂訓
解，③惜王念孫《楚辭·招魂》校語所在卷帙已亡佚不存。

　　合觀上文，上海圖書館藏舊題阮元校本《六書音均表》，今詳繹
《中國古籍稿鈔校本圖録（校本）》《明清稿鈔校本鑒定》所收書影及
目驗原書，知此書實爲阮元庋藏清人過録王念孫校本，王念孫所增
韵段主要集中在群經、《楚辭》上。王念孫《六書音均表》校語與《經
義述聞》《讀書雜志餘編》所載王念孫學説相契合，表明王念孫批校
《周易》《尚書》《大戴禮記》《禮記》《楚辭》等發軔較早，並據以正《六
書音均表》所未備，王念孫《詩經群經楚辭韵譜》與其批校群書近於
同步進行。在王念孫批校《六書音均表》與《詩經群經楚辭韵譜》之
間，又有《經韵》，④而《詩經群經楚辭韵譜》以王念孫批校《六書音均
表》爲主要文本來源，大體可以斷言。

<hr>

①　王念孫：《詩經群經楚辭韵譜》卷上，第 10 頁，見《高郵王氏遺書》，民國十四年
（1925）鉛印本。
②　王念孫：《讀書雜志餘編》卷下，清道光十二年刻本，第 9—10 頁。
③　王念孫校本《楚辭》原屬莊嚴舊藏，卷首題“王懷祖先生手校《楚辭》。民國廿二年
一月。北平莊嚴。”王念孫《楚辭》校語今存十七條，僅一條題“念孫案”，《九章·抽思》“章
畫志墨兮”，王逸注：“志，念也。”王念孫校語：“志亦章也，《管子·宙合篇》曰：‘明篤章書，
道德有常。’”（王念孫校本《楚辭》卷四，第 24 頁）餘不具署名。《楚辭·離騷》“又何芳之能
衹”，王逸注：“衹，振也。”王念孫校本《楚辭》眉批作“衹之言振也”（王念孫校本《楚辭》卷
一，第 43 頁），其字跡疑出王引之手筆，《讀書雜志餘編》卷下“又何芳之能衹”，即作“引之
曰”。見王念孫：《讀書雜志餘編》卷下，第 5 頁。
④　見本書第一章第一節《王念孫批校〈六書音均表〉之韵部體系》。

第二章　王念孫《論音韵》所見古韵
二十二部(古無去聲)考

王念孫初析古韵爲十七部,而其稿本中又有古韵二十二部之説。臺北傅斯年圖書館所藏《高郵王氏父子手稿》收録王念孫《論音韵》,其文云:

> 二十六緝以下九韵,五質、七櫛、十六屑三韵,六術、八物、九迄、十一没爲一部。去聲之十三祭、十四泰、十七夬、二十廢,入聲之十月、十二曷、十三末、十四黠、十五鎋、十七薛爲一部。一屋、二燭乃十九侯之入聲。真、諄、元之分,侵、覃之分,支、脂、之之分,魚、侯之分,蕭、尤之分,術、月之分,仍須博考周秦之音,以補顧氏、江氏、段氏之闕。雖一字二字闌入他韵者,亦必詳爲考證。東、陽、庚、蒸、真、諄、元、侵、覃、歌、蕭十一部,有平而無上、入。支有平、入而無上。之、魚、侯、尤四部有平、有上、有入。質、術、月、緝、合五部,有入而無平、上,亦須博考周秦之書以爲證。①

《論音韵》"支、脂、之之分""東、陽、庚、蒸、真、諄、元、侵、覃、歌、蕭十一部,有平而無上、入。支有平、入而無上。之、魚、侯、尤四部有平、有上、有入"云云,此處所言"支、脂、之""東、陽、庚(案:耕)、蒸、真、諄、元、侵、覃、歌、蕭",乃王念孫古韵十七部韵目中之十四部,聲調言及平、上、入,未及去聲,此王念孫主古無去聲説之證。統觀全文,《論音韵》所述韵部計二十二部,即在古韵十七部之外,更增

---

① 王念孫:《論音韵》,見李宗焜編:《景印解説高郵王氏父子手稿》,臺北:"中研院"歷史語言研究所,2000年,圖版及釋文分別見第201、203頁。

"質、術、月、緝、合五部"。詳繹"支有平、入而無上"之語,此與王念孫《詩經群經楚辭韻譜》《淮南子韻譜》韻目相合,而《周秦諸子韻譜》支部有上聲紙[1],是爲不同。又據其中"脂有平、上"云云,則脂部無去聲。今據《論音韻》之文,列其韻目如下:

韻　目 ＼ 聲　調	平　聲	上　聲	入　聲
第一部	東		
第二部	支		陌
第三部	脂	旨	
第四部	之	止	職
第五部	魚	語	鐸
第六部	真		
第七部			質
第八部	諄		
第九部			術
第十部	元		
第十一部			月
第十二部	蕭		
第十三部	歌		
第十四部	陽		
第十五部	耕		
第十六部	蒸		

---

① 陸宗達:《王石臞先生〈韻譜〉〈合韻譜〉遺稿後記》,國立北京大學《國學季刊》1935年第5卷第2期,第129—130頁。

續表

聲調　韵目	平　聲	上　聲	入　聲
第十七部	尤	有	沃
第十八部	侯	厚	屋
第十九部	侵		
第二十部			緝
第二十一部	談		
第二十二部			盍

第三章　王念孫古韵二十一部之變遷

　　王念孫《論音韵》初擬以質、術、月、緝、盍五部獨立,而後捨棄其術部獨立説,更定古韵爲二十一部。王念孫聲調説始宗段玉裁古無去聲説,而後又有古無入聲説、古有四聲説,前後並不一致,其古韵二十一部即歷經此三階段。

第一節　古韵十七部至古韵二十一部(古無去聲)

　　王念孫古韵二十一部(古無去聲),其文集中不乏明文記載,王念孫寓陳奂書恰與此相關。

一、《致陳碩甫書》之韵部體系

　　嘉慶二十四年(1819)王念孫覆書陳奂云:"又蒙垂問古韵分部,即於段茂堂先生《音均表》十七部中,分出緝、葉、帖一部,合、盍、洽、狎、業、乏一部,質、櫛、屑一部,祭、泰、怪、夬、隊、廢一部,共爲廿一部,月、曷、末、黠、鎋、薛則統於祭、泰部,去聲之至、未、霽,入聲之術、物、迄,仍是脂、微之入也。若冬韵則合於東、鍾、江而不别出,此其崖略也。"[1]
　　王念孫唯論及段、王古音學異同之崖略,至若侯部有無入聲,則闕而未論,但屋爲侯之入,《平入分配説》已有之。王念孫此札未論及其聲調觀念,仍從段氏古無去聲説。復玩味"去聲之至、未、霽,入聲之術、物、迄,仍是脂、微之入也"及"質、櫛、屑一部"云者,知至部尚未獨立,

---

　　① 王念孫:《致陳碩甫書》,《王光禄遺文集》卷四,清咸豐七年刻《高郵王氏家集》本,第16頁。

入聲質、櫛、屑獨立成質部。至若緝、葉、帖構成緝部,合、盍、洽、狎、業、乏構成合部,祭、泰、怪、夬、隊、廢、月、曷、末、黠、鎋、薛獨立爲祭(月)部。質部無至、霽兩韵,月(祭)部有怪、隊兩韵,此與王念孫最終所定質(至)、月(祭)兩部範圍不同。王念孫諸《韵譜》稿本韵目次第,以陽聲韵、陰聲韵爲次,即東、蒸、侵、談、陽、耕、真、諄、元、歌、支、質、脂、月、盍(合)、緝、之、魚、侯、尤、宵(蕭),茲據《致陳碩甫書》,列其韵部體系如次:

聲調 韵目	平聲	上聲	入聲
第一部	東		
第二部	蒸		
第三部	侵		
第四部	談		
第五部	陽		
第六部	耕		
第七部	真		
第八部	諄		
第九部	元		
第十部	歌		
第十一部	支	紙	陌
第十二部			質
第十三部	脂	旨	至術
第十四部			祭怪隊月
第十五部			盍
第十六部			緝
第十七部	之	止	職
第十八部	魚	語	鐸

聲調 韵目	平聲	上聲	入聲
第十九部	侯	厚	屋
第二十部	尤	有	沃
第二十一部	蕭		

二、《詩經群經楚辭韵譜》《周秦諸子韵譜》《淮南子韵譜》之韵部體系

在《經韵》之後，王念孫又撰《九經補韵》，析古韵爲二十一部，僅標平、上、入聲調，不具韵目細目，[①]而《詩經群經楚辭韵譜》明確標具韵目，爲王念孫最終確立古韵二十一部之標誌。陸宗達稱《詩經群經楚辭韵譜》《周秦諸子韵譜》《淮南子韵譜》稿本"標目與系列四聲，悉依段氏古無去聲之説"[②]，是以"祭""至"兩部悉以"月""質"標部，此爲《詩經群經楚辭韵譜》《周秦諸子韵譜》《淮南子韵譜》無去聲之明證。

陸宗達《王石臞先生〈韵譜〉〈合韵譜〉遺稿跋》言："'支''幽'二部……《詩經群經楚辭韵譜》中二部皆僅具平入。"[③]是以知《詩經群經楚辭韵譜》韵表"支""幽"兩部無上聲韵目。陸宗達《王石臞先生〈韵譜〉〈合韵譜〉遺稿後記》列《詩經群經楚辭韵譜》《淮南子韵譜》《周秦諸子韵譜》韵目於一表，[④]惜《詩經群經楚辭韵譜》稿本不知所歸，而《高郵

---

①　傅斯年圖書館善本書志編纂小組：《"中央研究院"歷史語言研究所傅斯年圖書館善本書志·經部》，臺北："中研院"歷史語言研究所，2013年，第505頁。趙曉慶以爲《九經補韵》即《詩經群經楚辭韻譜》之雛形。見趙曉慶：《傅斯年圖書館藏〈九經補韵〉稿本考略》，《文獻》2021年第4期，第126—129頁。而《九經補韵》又不過爲《經韵》修訂本，即調整韻目次第，析古韻爲二十一部。

②　陸宗達：《王石臞先生〈韵譜〉〈合韵譜〉遺稿後記》，國立北京大學《國學季刊》1935年第5卷第2期，第129頁。

③　陸宗達：《王石臞先生〈韵譜〉〈合韵譜〉遺稿跋》，國立北京大學《國學季刊》1932年第3卷第1期，第170—171頁。

④　陸宗達：《王石臞先生〈韵譜〉〈合韵譜〉遺稿後記》，國立北京大學《國學季刊》1935年第5卷第2期，第130頁。

王氏遺書》本《詩經群經楚辭韵譜》,盡删《詩經群經楚辭韵譜》稿本諸標識,且取今本《經義述聞》卷三一《古韵廿一部》韵目弁於卷首,致使"名實俱非,表裏各異",[①]不足爲據。陸宗達所列韵目,宵原作蕭,今改之。兹依陸説列《詩經群經楚辭韵譜》韵表如下:

聲調　韵目	平　聲	上　聲	入　聲
第一部	東		
第二部	蒸		
第三部	侵		
第四部	談		
第五部	陽		
第六部	耕		
第七部	真		
第八部	諄		
第九部	元		
第十部	歌		
第十一部	支		陌
第十二部			質
第十三部	脂	旨	術
第十四部			月
第十五部			盍
第十六部			緝

　　① 陸宗達:《王石臞先生〈韵譜〉〈合韵譜〉遺稿跋》,國立北京大學《國學季刊》1932年第3卷第1期,第173頁;陸宗達:《王石臞先生〈韵譜〉〈合韵譜〉遺稿後記》,國立北京大學《國學季刊》1935年第5卷第2期,第130—131頁。

聲調 韵目	平　聲	上　聲	入　聲
第十七部	之	止	職
第十八部	魚	語	鐸
第十九部	侯	厚	屋
第二十部	幽		沃
第二十一部	宵		

　　陸宗達云：“《淮南子韵譜》中‘支’部僅有平入。”①尤部上聲，陸
宗達所列韵表作有，②今更作黝。北京大學圖書館所藏《王念孫手
稿》，書衣並無題稱《淮南子》者，《周秦諸子合韵譜》中有一册主要摘
録《淮南子》，但未出具類目。③ 兹據陸説，列《淮南子韵譜》韵表
如下：

聲調 韵目	平　聲	上　聲	入　聲
第一部	東		
第二部	蒸		
第三部	侵		

　　① 陸宗達：《王石臞先生〈韵譜〉〈合韵譜〉遺稿跋》，國立北京大學《國學季刊》1932
年第3卷第1期，第170頁。羅常培、周祖謨《漢魏晉南北朝韵部演變研究》（北京：科學出
版社，1958年，第77頁）著録王念孫《淮南子韵譜》韵目作：東、蒸、侵、談、陽、耕、真、諄、
元、歌、支、錫（案：錫乃陌之誤）、脂、術、葉、緝、之、職、魚、鐸、侯、屋、幽、宵，蓋未盡從王氏
稿本原貌，今不從之。
　　② 陸宗達：《王石臞先生〈韵譜〉〈合韵譜〉遺稿後記》，國立北京大學《國學季刊》
1935年第5卷第2期，第130頁。
　　③ 張雙棣《淮南子用韵考》（北京：商務印書館，2010年）參考王念孫《淮南子韵譜》。
余曾就《淮南子韵譜》稿本下落詢示張先生，謹此申謝！

續表

韵　目 ＼ 聲調	平　聲	上　聲	入　聲
第四部	談		
第五部	陽		
第六部	耕		
第七部	真		
第八部	諄		
第九部	元		
第十部	歌		
第十一部	支		陌
第十二部			質
第十三部	脂	旨	術
第十四部			月
第十五部			盍
第十六部			緝
第十七部	之	止	職
第十八部	魚	語	鐸
第十九部	侯	厚	屋
第二十部	幽	黝	沃
第二十一部	宵		

　　陸宗達云：“《周秦諸子韵譜》中平、上、入三聲具備。”①檢北京大

---

　　①　陸宗達：《王石臞先生〈韵譜〉〈合韵譜〉遺稿跋》，國立北京大學《國學季刊》1932年第 3 卷第 1 期，第 170 頁。

學圖書館所藏《周秦諸子韵譜》稿本不具類目。今據陸説及其所列
《韵譜》韵表，①列《周秦諸子韵譜》韵表如次：

聲調　　韵目	平　聲	上　聲	入　聲
第一部	東		
第二部	蒸		
第三部	侵		
第四部	談		
第五部	陽		
第六部	耕		
第七部	真		
第八部	諄		
第九部	元		
第十部	歌		
第十一部	支	紙	陌
第十二部			質
第十三部	脂	旨	術
第十四部			月
第十五部			盍
第十六部			緝
第十七部	之	止	職
第十八部	魚	語	鐸

---

　　① 陸宗達：《王石臞先生〈韵譜〉〈合韵譜〉遺稿後記》，國立北京大學《國學季刊》
1935 年第 5 卷第 2 期，第 130 頁。

聲調 韵目	平　聲	上　聲	入　聲
第十九部	侯	厚	屋
第二十部	幽	黝	沃
第二十一部	宵		

　　劉盼遂推定王念孫諸《韵譜》成於乾隆四十一年(1776)至乾隆四十四年(1779)間,[①]但未注意王念孫諸《韵譜》之韵部體系並非相同,絕非一時之作。陸宗達稱:"此《韵譜》成書,當在晚歲;譜中箋識,多與《讀書雜誌》(案:誌當作志)相關,如《雜誌》訂《管子·心術篇》'者欲充益''益'字當爲'盈'字之類,皆據《韵譜》(案:韵譜原誤倒,今乙正)以考知其誤者,悉見《譜》中。又《韵譜》中改正誤字,每注'詳見《雜誌》',由此可知《韵譜》之成,當在撰《雜誌》時也。(原注:《雜誌》蓋始於嘉慶庚午,成於道光辛卯。)"[②]即王念孫諸《韵譜》稿本或成於嘉慶十五年(1810)至道光十一年(1831)間,與王念孫《讀書雜志》成書年月同時。陸宗達後改定其説,以"《韵譜》之作,則在會晤段氏(案:乾隆五十四年)之後。故其體例,多從金壇"。[③]即王念孫《韵譜》撰於乾隆五十四年(1789)以後。然陸宗達之兩説頗爲可疑。

　　嘉慶十五年(1810)爲《讀書雜志》陸續付梓之時間,而非王念孫撰寫《讀書雜志》之年代。《詩經群經楚辭韵譜》成於王念孫批校《六書音均表》之後,即其成書年代在乾隆四十五年(1780)以後。《詩經

---

　　① 劉盼遂:《高郵王氏父子年譜》,收入《段王學五種》,民國二十五年(1936)北平來薫閣書店鉛印本,第11頁。

　　② 陸宗達:《王石臞先生〈韵譜〉〈合韵譜〉遺稿跋》,國立北京大學《國學季刊》1932年第3卷第1期,第164頁。

　　③ 陸宗達:《王石臞先生〈韵譜〉〈合韵譜〉遺稿後記》,國立北京大學《國學季刊》1935年第5卷第2期,第129頁。

群經楚辭韵譜》已見今本《讀書雜志餘編·楚辭》之條目，①可謂陸
説之反證。陸宗達所謂"詳見《雜誌》"，即《西漢（〈文選〉中）韵譜》
（一條）、《西漢（〈文選〉中）合韵譜》（三條）、《周秦諸子合韵譜》（一
條）等所見"辨見《讀書雜志》"。② 不過僅《周秦諸子合韵譜》見於
《管子雜志》，③《西漢（〈文選〉中）韵譜》脂部悽欨（宋玉《風賦》，今
本"悽慄愵悽"作"愵悽悽慄"，辯見《讀書雜志》），見於《讀書雜志餘
編》卷下《文選·愵悽悽慄》，且題爲"引之曰"，④《西漢（〈文選〉中）
合韵譜》三條，《讀書雜志餘編》卷下《文選》並未收之。在三種《韵
譜》《合韵譜》中，《西漢（〈文選〉中）韵譜》撰定年代最早，約在乾隆四
十六年（1781）以後，《西漢（〈文選〉中）合韵譜》撰於乾隆五十年
（1785）以後，《周秦諸子合韵譜》撰於道光元年（1821）以後。⑤ 王念
孫《西漢（〈文選〉中）韵譜》《周秦諸子合韵譜》等"辨見《讀書雜志》"，
《周秦諸子合韵譜》之外，餘均非代稱已刊本《讀書雜志》，反而表明
其《讀書雜志》書名之確定及其所收《文選》札記之彙整工作不早於
乾隆四十六年（1781）。

三、王念孫古韵二十一部（古無去聲）之提出

本書第一章所附《上海圖書館藏舊題阮元校本〈六書音均表〉爲
清人過錄王念孫校本辨》已辨王念孫《詩經群經楚辭韵譜》大體以王
氏批校《六書音均表》爲主要文本來源。王念孫批校《六書音均表》

---

① 見本書第一章附《上海圖書館藏舊題阮元校本〈六書音均表〉爲清人過錄王念
孫校本辨》。

② 趙曉慶：《北大藏〈王念孫手稿〉價值述略》，《文獻》2018 年第 2 期，第 176 頁。
案：趙文原題作《文選韵譜》《文選合韵譜》，今仍據陸宗達所定。

③ 趙曉慶：《北大藏〈王念孫手稿〉價值述略》，《文獻》2018 年第 2 期，第 177 頁。

④ 王念孫：《讀書雜志餘編》卷下，清道光十二年刻本，第 32 頁。案：此條源出王念孫
手筆，辨見本書《〈經義述聞〉作者疑案研究》第三章第二節《王念孫與〈經義述聞〉之撰修》。

⑤ 關於《西漢（〈文選〉中）韵譜》《西漢（〈文選〉中）合韵譜》《周秦諸子合韵譜》之撰寫
年代，見本章第二節《孔廣森與王念孫古無入聲說》、第三節《王念孫古有四聲說之提出》及
第四章《王念孫古韵二十二部（古有四聲）之成立》。

《經韵》《詩經群經楚辭韵譜》在聲調上雖均主古無去聲説,但《詩經群經楚辭韵譜》析古韵爲二十一部,其韵目之排列以陽聲韵、陰聲韵爲次,王念孫批校《六書音均表》《經韵》僅分古韵爲十七部,其韵目次第同於《六書音均表》,而與《詩經群經楚辭韵譜》截然不同。

王念孫古韵十七部與《詩經群經楚辭韵譜》質、月、緝、盍四部獨立説之提出,兩者並非前後相接,其間又有《論音韵》質、術、月、緝、合五部獨立説。王念孫《論音韵》言及"去聲之十三祭、十四泰、十七夬、二十廢,入聲之十月、十二曷、十三末、十四黠、十五鎋、十七薛爲一部",①即祭、月爲一部,不過此處所稱"去聲"乃指《廣韵》之去聲韵目十三祭、十四泰、十七夬、二十廢,而非王念孫所離析韵部之聲調。王念孫又言"質、術、月、緝、合五部,有入而無平、上",明確以質、術、月、緝、盍(合)五部獨立。

《論音韵》以入聲質、術、月、緝、合獨立成部,而《詩經群經楚辭韵譜》則捨去術部,而以質、月、緝、盍四部獨立成部,其因何在? 推究其故,王念孫緝、盍兩部獨立説之提出,在於周秦有韵之文,入聲緝、盍兩部獨用爲多,與侵、談兩部合用爲少;質、月兩部獨立説之提出,在於周秦有韵之文,至與質以及祭與月分別合用,王念孫在聲調上主古無去聲説,故至部以入聲質標部,祭部以入聲月標部。《論音韵》以術非脂之入,獨立爲術部,而《詩經群經楚辭韵譜》仍以術爲脂之入,即脂、術合用爲多,術不足以獨立成部,故又捨棄術部獨立説,《詩經群經楚辭韵譜》古韵二十一部至此確立。

《詩經群經楚辭韵譜》古韵二十一部之成立,導源於段玉裁"平入分配説"及"異平同入説"。② 在平入分配上,王念孫歸納周秦有韵之文協韵體例,以質、月、緝、合多獨用,而不與平聲合用,由此方有

① 王念孫:《論音韵》,見李宗焜編:《景印解説高郵王氏父子手稿》,臺北:"中研院"歷史語言研究所,2000年,圖版及釋文分別見第201、203頁。

② 關於段、王"平入分配説"與"異平同入説",見本書第一章第一節《王念孫批校〈六書音均表〉之韵部體系》及第二節《王念孫〈古韵十七部韵表〉之韵部體系》。

質、月、緝、盍四部獨立説之提出。而王念孫以質非真之入，月非脂之入，緝非侵之入，盍非談之入，至此入聲韵全與陰聲韵相配，而不與陽聲韵相配，故其韵部次第不復從《廣韵》韵目次第，易之以陽聲韵、陰聲韵及合音最近爲序。而周秦兩漢典籍中不同韵部、不同聲調之合韵形態，王念孫不復以“異平同入説”概言之，易之以《詩經群經楚辭合韵譜》《周秦諸子合韵譜》等九種《合韵譜》稿本詳述其具體情形。《詩經群經楚辭韵譜》在聲調上雖仍主古無去聲説，而以王念孫韵部體系至此規模漸備，並非過論。

第二節　孔廣森與王念孫古無入聲説

在古無去聲説後，王念孫繼主古無入聲説，而其説非其獨立發明，而是與孔廣森學説相關。

一、王念孫之古無入聲説

王念孫在聲調上持古無去聲説之後，又有古無入聲説。陸宗達云：“《易林韵譜》《西漢（〈楚辭〉中）韵譜》《西漢（〈文選〉中）韵譜》排比類例，取無入之説，故于‘支’‘脂’‘之’‘魚’‘侯’‘幽’諸部皆厘列平上去三聲。是宗孔氏之誼也。”[①]今檢諸《易林韵譜》《西漢（〈楚辭〉中）韵譜》《西漢（〈文選〉中）韵譜》稿本，支、脂、之、魚、侯、幽俱列平上去三聲，獨不具入聲，此與陸説相契。

《易林韵譜》《西漢（〈楚辭〉中）韵譜》《西漢（〈文選〉中）韵譜》等並非無入聲韵，入聲盍、緝即爲顯證。不妨從王念孫《易林韵譜》韵段獨用、合用之例，以分析其聲調觀念。

如依王念孫所定《古韵廿一部》至部諧聲聲符，[②]如《易林韵譜》

---

① 陸宗達：《王石臞先生〈韵譜〉〈合韵譜〉遺稿跋》，國立北京大學《國學季刊》1932年第3卷第1期，第171頁。

② 今本《經義述聞》卷三一《古韵廿一部》，清道光十年刻本，第56—57頁。

臚列至部韵段 11 個,其中至、質合用韵段 10 個,如"穴鎰"(《乾之咸》)、"日室"(《需之離》)、"穴室"(《小畜之家人》)、"實室"(《大畜之漸》)、"膝室"(《頤之需》)、"實室"(《大過之謙》)、"實室"(《咸之既濟》)、"疾室"(《損之未濟》《困之解》)、"至恤"(《益之鼎》)、"疾室"(《姤之明夷》);質部獨用韵段 1 個,如"節結"(《漸之頤》)。《易林韵譜》至部韵段基本以至、質合用爲主,王念孫標其韵目作至,尚在情理之中,而《易林韵譜》祭部韵段則有所不同。

　　《易林韵譜》祭部韵段凡 36 個,如依王念孫所定《古韵廿一部》祭部諧聲聲符,①祭部獨用韵段 15 個,如"犾外"(《乾之比》《遯之升》)、"薈會霈"(《坤之旅》《履之恒》)、"勢弊"(《蒙之剝》《井之同人》)、"世害"(《需之震》《益之隨》)、"會帶"(《師之噬嗑》《蠱之謙》《臨之大過》《無妄之恒》《巽之乾》)、"蔡害"(《師之鼎》《大過之晉》《兑之泰》《渙之坎》)、"達外"(《小畜之睽》)、"沛賴"(《泰之豐》)、"疧害"(《大有之大壯》)、"大外"(《隨之蹇》《賁之蒙》《益之中孚》《巽之漸》《小過之蠱》)、"害賴"(《臨之咸》)、"折伐"(《剝之中孚》)、"悦蔽"(《大過之小過》)、"伐割"(《姤之隨》)、"訣悦"(《萃之賁》);月部獨用韵段 6 個,"絶竭"(《屯之蒙》)、"揭愒"(《需之小過》《睽之大過》《渙之乾》)、"列廢"(《遯之大壯》)、"愒絶活"(《明夷之恒》《艮之大壯》)、"發達"(《萃之需》)、"絶歇"(《小過之節》);祭月合用韵段 12 個,如"折罰弊"(《乾之大壯》)、"折活"(《比之井》)、"絶脱害"(《同人之賁》《噬嗑之震》)、"竭渇説"(《豫之賁》)、"絶敗"(《豫之復》《明夷之節》)、"會外訣"(《坎之隨》)、"敝缺"(《大壯之萃》)、"會廢"(《夬之遯》)、"廢害"(《姤之賁》)、"帶賴"(《萃之蠱》)、"衛廢"(《升之同人》)、"決缺脱"(《鼎之同人》);祭盍合韵韵段 1 個,"沛磕賴"(《賁之損》);元月合韵韵段 1 個,"怛活"(《蒙之損》《鼎之漸》)。以上諸例,《易林合韵譜》均未收録。據此,可見王念孫《易林韵譜》祭部韵段不乏月部獨用韵段、元月合韵韵段,而王念孫信從孔廣森古無入聲説,

―――――――――
①　參見本書本章第三節《王念孫古有四聲説之提出》。

以入聲歸爲去聲,故《易林韵譜》祭部韵段僅標韵目爲祭,而不標月。
至於盍、緝兩部不具去聲,仍以入聲標目,而盍、緝已非入聲,已歸入
去聲。

　　兹據《易林韵譜》《西漢(〈楚辭〉中)韵譜》《西漢(〈文選〉中)韵
譜》稿本,列其韵表如下:

聲調 韵目	平　聲	上　聲	去　聲
第一部	東		
第二部	蒸		
第三部	侵		
第四部	談		
第五部	陽		
第六部	耕		
第七部	真		
第八部	諄		
第九部	元		
第十部	歌		
第十一部	支	紙	忮
第十二部			至
第十三部	脂	旨	鞊
第十四部			祭
第十五部			盍
第十六部			緝
第十七部	之	止	志
第十八部	魚	語	御

聲調 韵目	平　聲	上　聲	去　聲
第十九部	侯	厚	候
第二十部	幽	黝	幼
第二十一部	宵		

二、孔廣森與王念孫書所見其古無入聲説之年代

《易林韵譜》《西漢韵譜》竝無入聲,改宗孔廣森古無入聲説,當在孔廣森發明此説之後。孔廣森撰《詩聲類》詳陳此説,如其《詩聲類序》云:"至於入聲則自緝、合等閉口音外,悉當分隸自支至之七部,而轉爲去聲,蓋入聲創自江左,非中原舊讀。"①又《詩聲類》卷一二《陰聲六》云:"緝、合諸韵爲談、鹽、咸、嚴之陰聲,皆閉口急讀之,故不能備三聲,《唐韵》所配入聲,唯此部爲近古,其餘部古悉無入聲,但去聲之中,自有長言、短言兩種讀法,每同用而稍別畛域,後世韵書遂取諸陰部去聲之短言者,壹改爲諸陽部之入聲。是故入聲者,陰陽互轉之樞紐,而古今遷變之原委也。"②是以孔廣森《詩聲類》首創古無入聲説。如《詩聲類》之成稿年代可定,則王念孫古無去聲説之年月粗可推知。

乾隆四十六年(1781)三月,孔廣森寓書王念孫云:"即如音學,每讀三百篇,反復紬繹,覺江、顧、段諸家,皆未當於心,然不敢輕信有定論,因復又有所得。竊見古人用韵,亦有一定章法,略如後世詩律,如七句、九句、十一句,凡單句而兩韵者,其多一句必在上半章,又如疊韵恒在第三句及末句之上一句;而第三句入韵者,則首句必無韵。若通章用韵,則偶空一句者,又必第三句及末句之上一句,凡

---

① 孔廣森:《詩聲類序》,《詩聲類》卷首,清乾隆五十七年孔廣廉謙益堂刻《㸦軒孔氏所著書》本。

② 孔廣森:《詩聲類》卷一二《陰聲六》,第1頁。

此之類，共得數十條，恨道遠不獲面陳其詳，近已抄集爲《詩聲略例》一卷，又無從教定。"①

細繹孔氏"近已抄集爲《詩聲略例》一卷"云云，知書札中所舉《小星》《鴟鴞》《假樂》《緜》《信南山》《殷武》用韻之例，並出自《詩聲略例》。而書札所舉韻段，孔廣森《詩聲分例》與之盡合。

考《孔廣森致王念孫書》云："至《詩》韻之密，不但隔叶、半句叶，且有兩字韻。如'高崗''朝陽'，'鴻飛''公歸'之類，以至《小星》一篇，'星''征'隔叶矣。而'小'與'宵'，亦三聲之通；'五'與'夜'，'參'與'衾'，半句又隔叶；'實命'②之'命'，又在半句中，與'星''征'隔叶，其繁密有如此者。"

案：《詩聲分例》"隔協句中隔韻例"條舉《小星》用韻之例，"嘒彼小星（原注：隔韻），三五在東（原注：韻）。肅肅宵征（原注：與星協），夙夜在公（原注：韻），寔命（原注：與星征協）不同（原注：韻）"，並云："且小、星、宵、征雙字韻也。夜，古音豫，首章之'三五''夙夜'，次章之'維參''抱衾'，亦隔韻也。"③兩相比較，孔廣森《詩聲分例》唯未言及小、宵兩字協韻，若星與征、五與夜、參與衾隔韻，其旨與書札所舉韻段悉合。

復考孔廣森致王念孫書云："再舉《鴟鴞》一篇，'拮据''捋荼'、'卒瘏''室家'，並兩字有韻，而'蓄租'一句獨否，不欲其板滯也。末章連句疊字，亦變一句不同，然'漂''搖'雖非雙字，亦雙聲矣。所謂'危苦之詞，變而愈促'，而其首章首三句，皆不入韻，蓋後爲促節，則前爲曼聲，是一篇之法也。然'恩斯勤斯'一句兩韻，前爲曼聲，則後爲促節，又一章之法也，其精妙有如此者。"

案：《詩聲分例》"三句不入韻例"條云："《鴟鴞》一詩，特爲'危苦

<hr />

① 孔廣森：《孔廣森致王念孫書》，見羅振玉輯：《昭代經師手簡初編》，民國七年（1918）景印本。

② 案："實"爲"寔"之訛。《小星》云："夙夜在公，寔命不同。"

③ 孔廣森：《詩聲分例》，清乾隆五十七年孔廣廉謙益堂刻《顨軒孔氏所著書》本，第36—37頁。

之詞’,以動成王。三章、四章皆連句用韵,而‘拮据’‘將荼’、‘卒瘏’‘室家’韵,上字亦有韵。‘譙譙’‘翛翛’‘翹翹’‘漂摇’‘嘵嘵’,又皆用雙聲,它詩音律未有如是之繁密者。故首章可以三句無韵,其後爲促節,則其前爲曼聲,此一篇之法也。然‘恩’與‘勤’,實句中自相協,上三句而無一韵,下兩句而有三韵,其前爲曼聲,則其後爲促節,又一章之法也。”[①]此札以“‘漂’‘摇’雖非雙聲,亦雙聲矣”,《詩聲分例》則徑謂之爲“雙聲”,而此札唯云“‘恩斯勤斯’一句兩韵”,《詩聲分例》明斷“‘恩’與‘勤’,實句中自相協”,取兩處文辭相較,書札所言雖未盡明晰,然其要旨與《詩聲分例》不别。

再考孔廣森致王念孫書云:“《假樂》四章,章六句,前二章上兩韵、下四韵,後二章上四韵、下兩韵,其整齊有如此者。‘瓜瓞’九章,首章一樣韵法,二章、三章皆比句韵法。(原注:‘膴’從《韓詩》作‘腜’,與‘原田每每’之‘每’同義)四章空一句韵法,五章、六章皆上下平分三句韵法。(原注:六章雖同韵,而上三句用之字體,下三句‘屢’‘堵’‘鼓’隔叶。大氐六句詩平分之,則三句爲半章,自是正格。故《信南山》四章,‘廬’‘瓜’‘菹’皆平聲,而‘祖’與‘祜’上聲自相叶,五章‘酒’‘牡’‘考’一韵,‘刀’‘毛’‘膋’一韵。《殷武》亦正用此體:上半章‘監’‘嚴’‘濫’一韵,下半章三句而兩韵。析觀之,則‘不敢怠遑’一句不入韵,正如三句詩首句無韵,‘蔽芾甘棠’之類,故並見審於詩律,則江、顧諸家割裂牽强之説,又可以汰去太半,狂哉斯言!)七章又獨自一樣韵法,八章、九章又皆上兩句、下四句韵法,奇偶相間而成文,其錯综而兼整齊,又有如此者,摘斯梗概,不識吾兄謂可竟其説否也?”

案:《詩聲分例》“偶句從奇韵例”條云:“凡六句一章,平分之,上下半章各三句,則偶化而奇矣。前文(案:指《信南山》)‘中田有盧’章,上三句‘盧’‘瓜’‘菹’平聲,下三句‘祖’‘祜’上聲。‘祭以清酒’章,上三句,‘酒’‘牡’‘考’上聲,下三句‘刀’‘毛’‘膋’平聲。至于末章,不分三

---

① 孔廣森:《詩聲分例》,清乾隆五十七年孔廣廉謙益堂刻《顨軒孔氏所著書》本,第27—28頁。

聲，又變使第二、第五句無韵以明之。析而觀之，實上下半章，各中一句無韵，與三句《采葛》韵例同也。大氐長篇句同，每有一定之章法，即以章六句者論，此篇六章，前三章皆二句、四句分節，後三章皆三句分節。如《假樂》四章，前兩章皆上二句一韵，下四句一韵；後兩章皆上四句一韵，下二句一韵。又如《緜》九章，首章單爲一體，二章通章有韵，三章‘膴’字當從《韓詩》作‘脢’，亦通章有韵，與二章同。四章第五句不韵，單爲一體，五章三句分節，六章‘捄之’‘度之’‘築之’，特與下三句異調，亦三句分節也。七章兩句一韵，單爲一體，八章、九章則皆上二句、下四句换韵，是九章釐爲三段，而各以單雙相間，自成格局。推之他篇，率有義例，非精心求之，莫能得其條理耳。”①

又《詩聲分例》“兩韵例”條備舉《殷武》等六例，“天命降監（原注：韵），下民有嚴（原注：韵），不僭不濫（原注：韵），不敢怠遑。命于下國（原注：换韵，古音薗），封建厥福（原注：韵）”，並云：“右六句兩韵，每韵三句，例詳列四條，前二條上下韵法相重；後二條上下韵法相變，‘不敢怠遑’句之非韵，與《猗嗟》‘終日射侯’正同，但彼章通韵，此章换韵耳。以《殷武》與《緜》反觀之，其義自顯。”②此札所舉韵段次第雖與《詩聲分例》有異，其因或在於書札之體，文需簡明，故孔廣森唯撮舉其要旨。而書札所舉韵段，《詩聲分例》中歷歷可考。

綜合以上三例，知孔廣森書札所舉韵段並從《詩聲略例》摘出，其文辭要旨，並與《詩聲分例》相合。是《詩聲略例》實《詩聲分例》之初稿本。學者謂《詩聲略例》乃孔廣森《詩聲類》《詩聲分例》兩書之大略，③偶有未審。

詳繹孔氏“每讀三百篇，反復紬繹，覺江、顧、段諸家，皆未當於心，然不敢輕信有定論，因復又有所得”之語，知是時孔廣森未盡苟同前輩時賢之古音説，則其古韵十八部殆已粗具眉目，唯未及寫定

① 孔廣森：《詩聲分例》，清乾隆五十七年孔廣廉謙益堂刻《顨軒孔氏所著書》本，第 5 頁。
② 孔廣森：《詩聲分例》，第 12 頁。
③ 賴貴三編：《昭代經師手簡箋釋》，臺北：里仁書局，1999 年，第 53 頁注 6。

耳。是時孔廣森丁母憂歸里,^①閉戶著述,究心古音,自謂"治音學所
以必審例爲先"^②,遂詳繹《毛詩》韵段。《毛詩》韵段既定,則距彼發
明古韵十八部及古無入聲説,爲期不遠,其具體時間大抵在乾隆四
十六年(1781)間。

　　孔廣森初成《詩聲略例》,即與王念孫往復討論。王念孫與孔廣
森關於《詩聲類》之切劘,今暫不可獲知,而乾隆四十六年(1781)以
後王念孫又聞《詩聲類》古無入聲説,旋宗孔説之旨,自在情理之中。

第三節　王念孫古有四聲説之提出

　　王念孫在聲調上歷經古無去聲説、古無入聲説之後,最終確立
古有四聲説。今本《經義述聞》卷三一《古韵廿一部》之外,^③王念孫
《史記漢書韵譜》《西漢(〈楚辭〉中)合韵譜》《西漢(〈文選〉中)合韵
譜》《易林合韵譜》等均如此。

一、《史記漢書韵譜》之韵部體系

　　在《易林韵譜》《西漢(〈楚辭〉中)韵譜》《西漢(〈文選〉中)韵譜》
之後,王念孫更撰《史記漢書韵譜》,而其韵部體系四聲俱列,可謂王
念孫古有四聲説之確證。陸宗達云:"《史漢韵譜》及諸《合韵譜》又
於'支''脂''之''魚''侯''幽'諸部四聲俱列,'宵部'列平上去三
聲;'祭''至'列去入二聲。(原注:'緝''盍'僅有入聲,無入之韵僅
有平聲)"^④陸宗達所言兼及諸《合韵譜》稿本韵目,而《史記漢書韵
譜》稿本韵目與陸説並非盡合。

　　檢諸《史記漢書韵譜》稿本無談、至韵目,蓋《史記》《漢書》無談

---

①　案:孔廣森寓書王念孫所謂"續緣《蓼莪》之痛"云者即此意。

②　孔廣森:《詩聲分例》,清乾隆五十七年孔廣廉謙益堂刻《顨軒孔氏所著書》本,第6頁。

③　今本《經義述聞》卷三一《古韵廿一部》,清道光十年刻本,第55—60頁。

④　陸宗達:《王石臞先生〈韵譜〉〈合韵譜〉遺稿跋》,國立北京大學《國學季刊》1932
年第3卷第1期,第171頁。

部字、至部去聲字獨用者,故《史記漢書韵譜》稿本未列其目。王念孫《史記漢書韵譜》已有侵、談之分,自不待辨,王念孫古韵二十一部之規模至此漸備。鞑原屬《廣韵》至韵,王念孫離析《廣韵》至韵,[①]或歸爲至部去聲,或析爲脂部去聲,且據旨爲脂部諧聲,以鞑爲脂部去聲韵目。[②] 今據《史記漢書韵譜》稿本,列其韵表如下:

聲調　　韵目	平　聲	上　聲	去　聲	入　聲
第一部	東			
第二部	蒸			
第三部	侵			
第四部	(談)			
第五部	陽			
第六部	耕			
第七部	真			
第八部	諄			
第九部	元			
第十部	歌			
第十一部	支		怴	
第十二部			(至)	質
第十三部	脂	旨	鞑	術

---

① 關於《廣韵》離析問題,參見趙團員:《〈廣韵〉離析的若干問題——兼談〈漢字古音表稿〉的學術價值》,華學誠主編:《文獻語言學》第七輯,北京:中華書局,2019 年,第132—147 頁。

② 道光三年(1823)王念孫寓江有誥書,明確稱《廣韵》至韵"當改鞑",以與至部相區隔。王念孫:《答江晉三書》,見李宗焜編:《景印解説高郵王氏父子手稿》,臺北:"中研院"歷史語言研究所,2000 年,圖版及釋文分別見第 79、87 頁。

韵　目＼聲　調	平　聲	上　聲	去　聲	入　聲
第十四部			祭	月
第十五部				盍
第十六部				緝
第十七部	之	止	志	職
第十八部	魚	語	御	鐸
第十九部	侯	厚	候	屋
第二十部	幽	黝	幼	毒
第二十一部	宵			

二、《易林合韵譜》《西漢（〈楚辭〉中）合韵譜》《西漢（〈文選〉中）合韵譜》之韵部體系

陸宗達綜括王念孫《合韵譜》稿本爲古韵二十二部，①未必精確。王念孫九種《合韵譜》稿本並非均析古韵爲二十二部，《西漢（〈楚辭〉中）合韵譜》《西漢（〈文選〉中）合韵譜》《易林合韵譜》並無冬部，僅具二十一部。陸宗達《王石臞先生〈韵譜〉〈合韵譜〉遺稿跋》云："《易林合韵譜》有二本，而義例不同，是先生于古韵之誼，數有改定也。"②檢視《易林合韵譜》五册，義例一貫，與陸文"義例不同"云者不合。陸文"《易林合韵譜》有二本"云云，或指《新語素問易林合韵譜》《易林合韵譜》，此兩者之韵部體系有二十二部、二十一部之分殊。

《易林韵譜》《西漢（〈楚辭〉中）韵譜》《西漢（〈文選〉中）韵譜》僅

---

① 陸宗達：《王石臞先生〈韵譜〉〈合韵譜〉遺稿後記》，國立北京大學《國學季刊》1935 年第 5 卷第 2 期，第 152—154 頁。

② 陸宗達：《王石臞先生〈韵譜〉〈合韵譜〉遺稿跋》，國立北京大學《國學季刊》1932 年第 3 卷第 1 期，第 170 頁。

具平、上、去韵目,而《易林合韵譜》《西漢(〈楚辭〉中)合韵譜》《西漢(〈文選〉中)合韵譜》則具東、蒸、侵、談、陽、耕、真、諄、元、歌、支、至、脂、祭、盍、緝、之、魚、侯、尤、宵二十一部韵目。或可謂《易林合韵譜》等與《易林韵譜》等成稿年代相近,其韵部體系當同爲古無入聲説。以《易林合韵譜》爲例,《易林合韵譜》至類"支至""至脂""至祭""至緝""至之""至魚""至侯""至幽",凡八類目,祭類"元祭""支祭""至祭""脂祭""祭盍""祭之""祭魚""祭宵",亦爲八類目,均以二十一部(古有四聲)標部,並無古無入聲説之明顯跡象。今據其韵目去聲至、祭,入聲盍、緝,斷其聲調觀念爲古有四聲説。

段玉裁以"古與古不合"而名爲合韵,王念孫承用其"合韵"之名。[①] 在王念孫古韵二十一部、古有四聲説確立之後,王念孫以《韵譜》爲基礎,又繼撰《合韵譜》,以補《韵譜》所未備。兹據《易林合韵譜》《西漢(〈楚辭〉中)合韵譜》《西漢(〈文選〉中)合韵譜》類目,歸納其韵表如次:

聲調 / 韵目	平 聲	去 聲	入 聲
第一部	東		
第二部	蒸		
第三部	侵		
第四部	談		
第五部	陽		
第六部	耕		
第七部	真		
第八部	諄		
第九部	元		
第十部	歌		

---

① 段玉裁:《答江晉三書》,《經韵樓集》卷六,上海:上海古籍出版社,2008年,第126頁。

續表

聲調＼韵目	平　聲	去　聲	入　聲
第十一部	支		
第十二部		至	
第十三部	脂		
第十四部		祭	
第十五部			盍
第十六部			緝
第十七部	之		
第十八部	魚		
第十九部	侯		
第二十部	幽		
第二十一部	宵		

三、王念孫古有四聲説

　　王壽同《觀其自養齋爐餘録》卷三《古無四聲其説非是》云："言古韵始於三山陳氏,古無四聲之説亦啟於陳氏,見陳氏《毛詩古音考》。……厥後,顧氏祖其義,謂'江左之文,自梁天監以前,多以去入同用,以後絶不相通',謂'四聲起於永明,而定於梁、陳之間',因有古無四聲之説。後之言古韵者,部分愈析愈精,或分十三部,或分十五部,或分十七部,而古無四聲之説,其説日增,其辯愈博,皆遠宗陳氏之旨,近衍顧氏之言,而莫敢有異議。"①案:《觀其自養齋爐餘

① 王壽同:《觀其自養齋爐餘録》,收入《王念孫手稿》,北京大學圖書館藏稿本。中國國家圖書館藏民國間抄本《觀其自養齋爐餘録》無。案:玩味"或分十三部,或分十五部,或分十七部"云者,知江永《古韵標準》古韵十三部、段玉裁《六書音均表》古韵　（轉下頁）

錄》稿本雖題王壽同撰，但多摻入其先人舊作，如《文選詩獨用五支》《去聲獨用五真》《近體詩五支獨用》三則，竝王念孫之舊作。① 王壽同此文，是否爲王念孫舊作尚無確證，但其中之旨，乃沿承王念孫之緒論，粗可論定。細繹其文意，顧炎武、江永、段玉裁等古無四聲説竝宗陳第《毛詩古音考》之旨，王念孫獨不以爲然，但其古有四聲説提出之年代，文獻難徵。

王念孫如何發明古有四聲説，彼並未明確言之。陸宗達云："先生《韵譜》中於合韵處，字旁以'▮'爲識，於本音處，字旁以'○'爲識，是同於段書也。然先生《韵譜》中又於字旁間有△識者，爲段表所闕；詳覈其誼，乃先生定古有四聲之漸也。"②據其中"段書""段表"云云，可知陸宗達所據者即《詩經群經楚辭韵譜》，惜此書暫不知所歸，《周秦諸子韵譜》雖有△標識，又無類目可尋。王念孫批校《六書音均表》，初以○、△標識術、月之分，③今傅斯年圖書館所藏王念孫《九經補韵》(《詩經群經楚辭韵譜》初稿)中《詩補韵》仍存○(本音)、▮(合韵)標識，△則表示異調相押，④不過其聲調仍爲平、上、入三聲。乾隆四十六年(1781)左右，段玉裁古無去聲説、孔廣森古無入聲説

（接上頁）十七部之間，又有學者析古韵爲十五部。夷考乾隆、嘉慶、道光年間，唯傅壽同《古韵類表》、鄒漢勛《説文諧聲》(案：此書不存，今據鄒漢勛《叙藝齋文存》卷一五《説文諧聲叙例》)、黃式三析古韵爲十五部，傅《表》又有耕、侵、譚三附聲，實十八部；鄒《聲》又有入聲三類，計十八類，且傅、鄒從宫、商、角、徵、羽五音，非古無四聲説。黃式三於道光十四年(1834)析古韵爲支、微、咍、幽、宵、模、歌、桓、真、登、耕、唐、東、覃、談十五部，聲調似主段説(黃式三：《答許印林書》，《儆居集·雜著》卷四，清光緒十四年刻《儆居遺書》本，第30頁)，但其年代並不在江、段之間。疑不能定，待考。

① 李宗焜：《記史語所藏〈高郵王氏父子手稿〉》，第 28 頁，《景印解説高郵王氏父子手稿》，臺北："中研院"歷史語言研究所，2000 年。

② 陸宗達：《王石臞先生〈韵譜〉〈合韵譜〉遺稿跋》，國立北京大學《國學季刊》1932年第 3 卷第 1 期，第 173 頁。

③ 參見本書第五章《段玉裁、王念孫韵部體系關係考辨》。

④ 趙曉慶：《傅斯年圖書館藏〈九經補韵〉稿本考略》，《文獻》2021 年第 4 期，第 128頁。案：《王念孫遺文》收錄《詩經群經楚辭韵譜》之部上聲殘稿，一條未錄標識，一條錄有標識。分別見王念孫：《王念孫遺文》，收入《國家圖書館藏鈔稿本乾嘉名人别集叢刊》，第23 册，第 129、202 頁。趙曉慶已整理其已標識條目。趙曉慶：《北大藏王念孫〈合韵譜〉稿本二種考述》，《經學文獻研究集刊》第 21 輯，第 209 頁。

顯赫一時。王念孫編訂周秦諸書《韵譜》，初從段説，後依孔説，王念孫至、祭兩部僅具去聲、入聲，至、祭韵目受其聲調説之直接影響而相應調整，至編訂《史記漢書韵譜》，王念孫據《史記》《漢書》重新審視上古聲調學説。

　　學界所定上古韵部諧聲聲符，中古入聲在上古仍爲入聲。[①]　王念孫聲調説先後持古無去聲説、古無入聲説，並未界定去、入界線。而王念孫提出古有四聲説，如何離析去、入兩聲，至、祭兩部值得思考。《史記漢書韵譜》並無至部獨用者，祭部更爲值得關注。

　　王念孫《古韵廿一部》確立凡同諧聲必同部原則，所錄至部、祭部、屋部諧聲聲符，適與臺北傅斯年圖書館藏《高郵王氏父子手稿》所收《古音義零稿》中至部、祭部、屋部入聲之諧聲聲符相近，[②]後者可視作前者之初稿。王念孫《古韵廿一部》祭部諧聲聲符析爲去聲祭、入聲月兩類，爲判別聲調之重要標誌，[③]且析爲聲符、單字兩類，兹據《古韵廿一部》列表如下：

祭部類目	諧　聲　聲　符
祭	祭聲、砅、世聲、貰聲、曳聲、制聲、埶聲、蘱聲、内聲、敝聲、筮聲、歲聲、薉聲、贅、衛聲、厠聲、厲聲、毳聲、叡聲、竄、貝聲、勾聲、曷聲、葛聲、褐聲、渴聲、帶聲、大聲、達聲、蓋、兌聲、外、最聲、會聲、丰聲、轫聲、契聲、恝聲、瘱聲、害聲、介聲、拜、夬聲、抉聲、蠆聲、厲聲、蠣、糈、勎、講、乂、刈聲、艾聲、吠
月	寽聲、月聲、欮聲、厥聲、伐聲、罰、戉聲、粵、乐、昏聲、活聲、岁聲、列聲、樧、瀎、轋、刺聲、賴聲、末聲、友聲、嫛、發聲、奪、首聲、蔑聲、殺聲、剑聲、蓟聲、枭聲、戳聲、辥聲、卤聲、离聲、罫聲、枼聲、中聲、舌聲、折聲、孑聲、絶聲、醤聲、叕聲、竅聲、劣聲、威聲、刷聲

　　① 　近年最新研究成果，參見郭錫良編著，雷瑭洵校訂：《漢字古音表稿》，北京：中華書局，2020 年。

　　② 　李宗焜編：《景印解説高郵王氏父子手稿》，臺北："中研院"歷史語言研究所，2000 年，圖版及釋文分別見第 218—221、239—240 頁。

　　③ 　今本《經義述聞》卷三一《古韵廿一部》，清道光十年刻本，第 57—59 頁。

　　王念孫所析祭部諧聲聲符與中古聲調並非完全一致，或中古屬去聲韵歸爲上古入聲，或中古屬入聲韵歸爲上古去聲。在祭部去聲諧聲聲符中，中古原爲入聲韵，王念孫歸爲上古去聲，如曷、葛、渴等中古爲入聲曷韵，又如初聲中古爲入聲黠韵，契聲中古或屬去聲霽韵，或屬入聲屑、薛韵；中古原爲入聲韵，因諧聲聲符而歸爲上古去聲，如以世、兌爲祭部去聲聲符，紲、齛、拽等中古原屬入聲薛韵歸爲上古去聲，又如以兌爲祭部去聲聲符，敓、脱、挩、悦、兌、瘱、梲、悦、閲、蜕等中古原爲入聲末韵或薛韵而歸爲上古去聲。在祭部入聲諧聲聲符中，賴在中古爲去聲泰韵，王念孫歸爲上古入聲；中古原爲去聲韵，因諧聲聲符而歸爲上古入聲，如以折爲祭部入聲聲符，狾、逝、誓、𣂏、𧿒、㢊等原爲中古去聲祭韵而歸爲上古入聲。

　　王念孫所定諧聲聲符所在上古韵部，其主要手段在於據《說文解字》推尋諧聲聲符之聲符。《說文解字》曷，“從曰匃聲”，[1]匃聲屬去聲祭部；《說文解字》初，“從刀丰聲”，[2]丰聲爲去聲祭韵，《說文解字》契爲會意字，“從大從初”，[3]徐鍇《說文解字繫傳》則作“從大初聲”，[4]王念孫本諸小徐之說，故曷、初、契等諧聲聲符歸爲去聲祭部。《說文解字》賴，“從貝剌聲”，[5]剌聲爲入聲月部，故賴歸爲入聲月部。

　　王念孫《史記漢書韵譜》祭部去聲韵段以祭標目，祭部入聲韵段以月標目。兹依王念孫關於祭部去聲、入聲之判別標準，列《史記漢書韵譜》祭部韵段如下。如屬合韵之例，則明文標具。

①　許慎撰，徐鉉校定：《說文解字》，北京：中華書局，2015年，第95頁。
②　許慎撰，徐鉉校定：《說文解字》，第87頁。
③　許慎撰，徐鉉校定：《說文解字》，第213頁。
④　徐鍇：《說文解字繫傳》，北京：中華書局，1982年，第204頁。
⑤　許慎撰，徐鉉校定：《說文解字》，第126頁。

祭部類目	《史記》韻段	《漢書》韻段
祭	1. "世逝(《史記·項羽紀》自爲詩)"(祭月合韵) 2. "帶厲裔(《高祖功臣侯者表》封爵誓)" 3. "沛外(《河渠書》臨使河歌)" 4. "謁敗歲(《孔子世家》孔子歌)" 5. "絕伐(《蘇秦傳》引用《書》)"(祭月合韵) 6. "大敗世(《賈生傳》服賦)" 7. "大害(《李斯傳》故顧小而忘大二句)" 8. "瀨世勢絕(《司馬相如》哀秦二世賦)"(祭月合韵) 9. "休逝(同上)"(祭月合韵) 10. "厲沛逝(《大人賦》)"(祭月合韵) 11. "害敗日(《日者傳》然後言天地之利害二句)"(祭質合韵) 12. "際裔(《自序》夏本紀第二)"	1. "沛裔(《漢書·禮樂志》郊祀歌練時日)" 2. "蓋濊(《赤蛟》)" 3. "蔡害(《中山靖王勝傳》)" 4. "泄害(《董仲舒傳》武帝册)" 5. "際世(《東方朔傳》自唐虞之隆三句)" 6. "裔世(《韋元成傳》自劾責詩)" 7. "害廢(《翼奉傳》五性不相害二句)" 8. "邁瀨(《揚雄傳·反騷》)"(祭月合韵) 9. "世制敗(《叙傳》述《惠紀》《高后紀》)" 10. "説敗沛害大(述《蒯伍江息夫傳》)" 11. "説敗大害(述《爰盎晁(案:朝)錯傳》)" 12. "伐大裔(述《魏相丙吉傳》)" 13. "闕世害(述《眭兩夏侯京翼李傳》)"(祭月合韵) 14. "制殺(述《遊俠傳》)"(祭月合韵)
月	1. "絶伐(《蘇秦傳》引韵《書》)" 2. "竭敝(《自序》神大用則竭二句)"(祭月合韵) 3. "越列(《建元以來侯者年表》)" 4. "越滅(《吳世家》)" 5. "絶説列(《陳杞世家》)"(祭月合韵)	1. "殺廢(《漢書·禮樂志》郊祀歌西顥)" 2. "列察(《景星》)" 3. "列察(《息夫躬傳》絶命辭)" 4. "羮(《賈誼傳》引黃帝語)"(祭月合韵) 5. "逝奪(故見利則逝二句)" 6. "閱逝(《廣陵厲王胥傳》)"(祭月合韵)

祭部類目	《史記》韵段	《漢書》韵段
月		7.“折廢(《雋不疑傳》太剛則折二句)” 8.“絶烈”(《韋賢傳》載韋孟在鄒詩)(祭月合韵) 9.“烈列(《韋元成傳》示子孫詩)” 10.“闔葛(《諸葛豐傳》京師語)”(祭月合韵) 11.“札舌(《樓護傳》長安號)”(質月合韵) 12.“遏闕(《王莽傳下》歸師勿遏二句)” 13.“發裂(《王莽傳贊》)” 14.“末烈(《叙傳》述《刑法志》)” 15.“滅缺别烈(述《藝文志》)” 16.“伐烈(述《陳勝項籍傳》)”(祭月合韵) 17.“愜桀(述《傅常鄭甘陳段傳》)”

　　近年學界探究上古聲調,在同調相押、異調相押韵段中,同調相押爲判定聲調之重要證據。[①] 如上表所示,王念孫《史記韵譜》祭部韵段獨用 6 個,所佔比例爲 50%;月部韵段獨用 3 個,所佔比例爲60%;《漢書韵譜》祭部韵段獨用 11 個,所佔比例爲 78.6%;月部韵段獨用 10 個,所佔比例約爲 58.8%。即無論《史記》,還是《漢書》,祭、月韵段獨用者,其比例均在 50% 以上。據此推知,王念孫發明古有四聲説,關鍵在於所編訂《史記漢書韵譜》中,陰聲韵(歌、緝、盍之

---

　　① 唐作藩:《上古漢語有五聲説——從〈詩經〉用韵看上古的聲調》,《語言學論叢》第 33 輯,北京:商務印書館,2006 年,第 1—31 頁;孫玉文:《從出土文獻和長韵段等視角看上古聲調》,《字學咀華集》,北京:北京大學出版社,2020 年,第 98—99 頁。

外)去聲、入聲獨用韵段比例遠高於去、入合用韵段,王念孫所謂"古人實有四聲,特與後人不同",[①]其意即在於此,故不復持段、孔之説,最終提出古有四聲説。

　　至於王念孫發明古有四聲説之年月,學者據江有誥《唐韵四聲正》卷首附刻道光三年(1823)《石臞先生復書》,謂王念孫至道光二年(1822)始定古有四聲説。[②] 陸宗達又以王念孫初"不信合韵",至嘉慶十六年(1811)王念孫簽記宋保《諧聲補逸》始信此説,又證成王念孫諸《韵譜》《合韵譜》成稿於嘉慶十六年(1811)以後。[③] 不過嘉慶十六年(1811)及道光二年(1822)並非王念孫發明古有四聲説之年代。道光元年(1821)王念孫寓書江有誥云:"己酉(案:乾隆五十四年)仲秋,段君以事入都,始獲把晤,商訂古音,告以侯部自有入聲,月、曷以下,非脂之入,當別爲一部,質亦非真之入,又質、月二部皆有去而無平、上,緝、盍二部則無平、上,而並無去。段君從者二(原注:謂侯部有入聲及分術、月爲二部),不從者三。"[④]據王氏此札,乾隆五十四年(1789)王念孫、段玉裁面晤於京,王念孫蓋已言及古有四聲之事,故有"質、月二部皆有去而無平、上,緝、盍二部則無平、上,而並無去"云云。而《廣雅疏證》經始於乾隆五十三年(1788),成於嘉慶元年(1796),[⑤]可見王念孫發明古有四聲説之年月,大抵在乾

　　① 　王念孫:《答江晉三書》,見李宗焜編:《景印解説高郵王氏父子手稿》,臺北:"中研院"歷史語言研究所,2000 年,圖版及釋文分別見第 84、89 頁。

　　② 　陸宗達:《王石臞先生〈韵譜〉〈合韵譜〉遺稿跋》,國立北京大學《國學季刊》1932年第 3 卷第 1 期,第 173 頁;羅常培、周祖謨:《漢魏晉南北朝韵部演變研究》,北京:科學出版社,1958 年,第 66 頁。

　　③ 　陸宗達:《王石臞先生〈韵譜〉〈合韵譜〉遺稿跋》,國立北京大學《國學季刊》1932年第 3 卷第 1 期,第 169 頁。

　　④ 　王念孫:《答江晉三論韵學書》,《王光祿遺文集》卷四,清咸豐七年刻《高郵王氏家集》本,第 9 頁。

　　⑤ 　陳鴻森:《阮元刊刻〈古韵廿一部〉相關故實辨正─兼論〈經義述聞〉作者疑案》,《中研院"歷史語言研究所集刊》,第 76 本 3 分,2005 年,第 457 頁注 108;虞萬里:《王念孫〈廣雅疏證〉撰作因緣與旨要》,《史林》2015 年第 5 期,第 34─35 頁。

隆五十三年(1788)或稍前。王念孫《廣雅疏證》及其弟子宋保《諧聲補逸》所具韻部體系，①大體可以明之。

另，王國維嘗披露王念孫《雅詁表》稿本二十一册，取《爾雅》《方言》《廣雅》《小爾雅》四書訓詁，以古韻二十一部分列所釋之字，②今暫不知此稿本所歸，未詳其韻目何作，附此存疑。

四、《廣雅疏證》之韻部體系考

近今學者探究《廣雅疏證》，多立足於王念孫之訓詁學，③而討論《廣雅疏證》韻部體系之作，頗爲鮮見。前輩學者多謂《廣雅疏證》並無韻部體系，如王國維稱王念孫言訓詁，"往往捨其所謂韻而用雙聲，其以疊韻説訓詁者，往往扞格不得通"。④ 張舜徽謂王念孫雖析古韻爲二十一部，但"其疏證《廣雅》時，乃無一語及之。惟以雙聲之理貫穿字群，四通六闢，操簡馭繁，此其所以卓也"。⑤ 近來學者考察《廣雅疏證》之聲韻觀念，或分析《廣雅疏證》之同源詞，往往藉助今人所構擬上古音系，恐與王念孫之音韻體系未必契合。

依據上節所論王念孫古韻分部之變遷，王念孫在乾隆五十三年(1788)已持古有四聲説。王念孫既析古韻爲二十一部，《廣雅疏證》中何故竟無之。考王引之《光禄公壽辰徵文啟事》云：

　　　　段茂堂先生入都，一見是書(案：即《廣雅疏證》)，愛之不能釋

---

① 見本節第 4 小節《〈廣雅疏證〉之韻部體系考》及本章附錄《宋保〈諧聲補逸〉之韻部體系考》。

② 王國維：《高郵王懷祖先生訓詁音韻書稿序錄》，國立北京大學《國學季刊》1923年第 1 卷第 3 期，第 521 頁。

③ 張其昀：《〈廣雅疏證〉導讀》，北京：社會科學文獻出版社，2009 年。

④ 王國維：《爾雅草木蟲魚鳥獸釋例自序》，《觀堂別集》卷四，收入《王國維遺書》第3 册，上海：上海書店出版社，2011 年，第 209 頁。

⑤ 張舜徽：《愛晚廬隨筆》，武漢：華中師範大學出版社，2005 年，第 38 頁。又見張舜徽：《我是怎樣研究、整理説文解字的》，《訒庵學術講論集》，長沙：嶽麓書社，1992 年，第 85 頁。

手,曰:"予見近代小學書多矣,動與古韵違異,此書所言'聲同''聲近',通作段借,揆之古韵部居,無不相合,可謂天下之至精矣。"①

乾隆五十四年(1789)段、王面晤於京,時《廣雅疏證》處於草創之際,段氏所謂"揆之古韵部居,無不相合"云者,則《廣雅疏證》有其韵部體系,較然甚明。考《廣雅疏證》卷六上引王引之曰:

案上文之心、音、宮、臨、風、淫、陰、音、禜,下文之吟、南、中、宮、崇、窮、音,皆以東、侵、鹽三部之字爲韵,此古人合韵之常例也。闇爲真部之字,古無以東、侵、鹽、真四部合韵者,殆誤字也。②

據此,《廣雅疏證》有東、侵、談(鹽)、真四部。《廣雅疏證》第十卷題爲王引之撰,《廣雅疏證》卷一○上:"射字古音在虞部,干字之聲,亦有轉入此部者。"③所謂虞部即魚部,是《廣雅疏證》又有魚部。又《廣雅疏證》卷一○上:

華字古音在虞部,西漢以後亦有轉入戈部者。司馬相如《上林賦》以華、沙爲韵,東方朔《誡子詩》以華、和、多爲韵,皆是其證。故後出之花字以化爲聲,化字古音正在戈部也。④

所謂戈部即歌部,是《廣雅疏證》又有歌部。又《廣雅疏證》卷一○下:

---

①　王引之:《光祿公壽辰徵文啟事》,見王念孫:《王石臞先生文稿》,收入《國家圖書館藏鈔稿本乾嘉名人別集叢刊》,第 23 册,北京:國家圖書館出版社,2010 年影印王念孫稿本,第 109 頁。案:王念孫此札稿本原藏鹽城孫人和處,劉盼遂據以收入《王伯申文集補編》,《段王學五種》,民國二十五年(1936)北平來薰閣書店鉛印本,但文字間有舛誤,今不據之。

②　王念孫:《廣雅疏證》卷六上,清道光四年刻本,第 14 頁。案:此條又見王念孫《讀書雜志餘編》卷下《文選雜志》"芳酷烈之誾誾"條引"引之曰",清道光十二年刻本,第 37—38 頁。

③　王念孫:《廣雅疏證》卷一○上,第 86 頁。

④　王念孫:《廣雅疏證》卷一○上,第 60 頁。

　　　　鳭古音在元部，古從戈聲之字，多有讀入此部者，故《説文》
閲"從戈聲"，而"讀若縣"；庋"從戈聲"，而"讀若環"；鳭之"從戈
聲"，而音與專切，亦猶是也。①

　是《廣雅疏證》又有元部。上文所舉四例，引文雖云標"引之"學説，
但《廣雅疏證》之所見諸説，正處於王念孫諸書校語與《讀書雜志》
《經義述聞》所見王念孫學説之間，王引之學説中糅合王念孫成説習
見，不乏王念孫授意王引之爲之之例，②故所舉諸例仍可據以佐證
《廣雅疏證》有其韵部體系。

　《廣雅疏證》既有其韵部體系，何其例證竟如是寥寥。竊以爲考求
《廣雅疏證》之韵部體系，當從王念孫因聲求義之方法論入手。王念孫
以聲音探求語義，依聲破字，《廣雅疏證》中頻頻出現之術語，如"語之
轉""語之變轉""聲之轉""一聲之轉""聲音相近""古同聲""聲義同"
"聲近義同"，其次是"音相同""古聲同""古聲相近""古同聲通用""古
聲義同""聲近通""聲近通""聲義相近""聲義相通""聲義同義""聲近
義同""古同聲同義"等。③ 如此種種術語中，所謂"聲"，不宜徑視作
"雙聲"之代稱。王念孫《廣雅疏證序》（《廣雅疏證》卷首）云：

　　　詁訓之旨，本於聲音。故有聲同字異，聲近義同，雖或類聚
　群分，實亦同條共貫，譬如振裘必提其領，舉網必挈其綱。

考《廣雅疏證》卷六上：

　　　夫雙聲之字，本因聲以見義，不求諸聲而求諸字，固宜其説

---

① 　王念孫：《廣雅疏證》卷一〇下，清嘉慶四年刻本，第 34 頁。
② 　參見本書《〈經義述聞〉作者疑案研究》第三章《王氏父子與〈經義述聞〉之撰修與
刊行》。
③ 　殷孟倫：《王念孫父子〈廣雅疏證〉在漢語史上的地位》，《子雲鄉人類稿》，濟南：
齊魯書社，1985 年，第 224 頁。

之多鑿也。①

又《廣雅疏證》卷六上：

> 大氐雙聲疊韵之字，其義即存乎聲，求諸其聲則得，求諸其文則惑矣。②

據此兩例，知王念孫所謂“本於聲音”之“聲音”，即雙聲疊韵之謂也，固非雙聲之專稱。段玉裁《六書音均表》云：

> 一聲可諧萬字，萬字必同部，同聲必同部。

> 考周秦有韵之文，某聲必在某部，至賾而不可亂。故視其偏旁以何字爲聲，而知其音在某部，“《易》簡而天下之理得也”。③

而王念孫古韵分部在段玉裁之後，④檢視北京大學圖書館藏王念孫《疊韵轉語》稿本，即王念孫抄錄段玉裁《古十七部諧聲表》(《六書音均表》卷二)之殘稿，⑤據此益知王念孫亦主凡同諧聲必同部説。

王念孫撰《廣雅疏證》，主凡同諧聲必同部，此有明文可證。王念孫《諧聲補逸》簽記云：

> 抵掌之抵，從氏不從氐，音只不音底，抵在支部，非在脂部。

---

① 王念孫：《廣雅疏證》卷六上，清嘉慶四年刻本，第 33 頁。

② 王念孫：《廣雅疏證》卷六上，第 46 頁。

③ 段玉裁：《六書音均表》卷一，清乾隆四十二年富順官廨序刻本，第 22 頁；《六書音均表》卷二，第 1 頁。

④ 見本書第一章《王念孫初分古韵爲十七部考》。

⑤ 案：此殘稿見北京大學圖書館所藏《高郵王石臞先生手稿》，其中第一部之部諧聲略有闕逸。

說見《廣雅疏證》五"拀、抵也"下。①

　　檢閱《廣雅疏證》卷五下作"抵與抵，聲義各別"②，並未詳析抵、抵韵部之別，故據王念孫《諧聲補逸》簽記可以推定王念孫以抵屬支部，抵在脂部，所據者即諧聲氏聲歸支部，氏聲入脂部。

　　所謂聲近義同，而諧聲同則其義相近。《廣雅疏證》屢稱某字與某字通，或某字與某字通用，而文字間之假借或通假，多與同諧聲相關。③ 據《廣雅疏證》諸字之諧聲以反推其韵部體系，則其韵部體系較然可知。

　　本章已論王念孫古韵二十一部，聲調歷經古無去聲說、古無入聲說、古有四聲說三階段。王念孫主古有四聲說，約在乾隆五十三年(1788)或稍前，《廣雅疏證》卷一〇上："戈部字古無四聲之別。"④《廣雅疏證》謂歌部古無四聲之別，而王念孫古韵二十一部歌部僅具平上去，可謂《廣雅疏證》主古有四聲說之內證。

　　北京大學圖書館藏《高郵王石臞先生手稿》收錄王念孫《諧聲譜》稿本兩册，此即王念孫《說文諧聲譜》，但所列《說文》古韵二十一部諧聲，不過僅舉《說文》第一篇文字，以下諸篇未錄，⑤乃王念孫之未定稿。此稿今存北京大學圖書館，收入《高郵王石臞先生手稿》（善本書號SB/414.6/1081a)中。臺北傅斯年圖書館藏《高郵王氏父子手稿》，其中《古韵說文諧聲譜》存東、蒸、侵三部，侵部爲殘稿，⑥適可與王念孫

---

　　①　宋保：《諧聲補逸》，《續修四庫全書》，第 247 册，上海：上海古籍出版社，2002 年影印南京圖書館藏宋保稿本，第 195 頁王念孫簽記。

　　②　王念孫：《廣雅疏證》卷五下，清嘉慶四年刻本，第 34 頁。

　　③　案：王念孫云："詁訓之指，存乎聲音，字之聲同、聲近者，經傳往往假借。學者以聲求義，破其假借之字，而讀其本字，則渙然冰釋。"王引之：《王文簡公遺文集》卷五《經義述聞序》引王念孫語，清咸豐七年刻《高郵王氏家集》本，第 6 頁。

　　④　王念孫：《廣雅疏證》卷一〇上，第 60 頁。

　　⑤　王國維：《高郵王懷祖先生訓詁音韵書稿序錄》，國立北京大學《國學季刊》1923 年第 1 卷第 3 期，第 524 頁。

　　⑥　李宗焜編：《景印解說高郵王氏父子手稿》，臺北："中研院"歷史語言研究所，2000年，圖版及釋文分別見第 251—257 頁。

《諧聲譜》稿本互補。王國維《補高郵王氏説文諧聲譜》已補王念孫《諧聲譜》稿本所未備,但所列部分諧聲並非合乎王念孫原意。[①] 今斟酌諸作,以考求王念孫之諧聲體系,凡《廣雅疏證》所言"聲同""聲近"而與諧聲相關者,臚列諸部諧聲如次,藉以考察王念孫之韵部體系。

東部

《廣雅疏證》卷二下:"恭與拱,亦聲近義同。"(第 23 頁)案:恭、拱竝从共聲,共聲爲東部之諧聲。

《廣雅疏證》卷六下:"翁、公聲相近。"(第 1 頁)案:翁从公聲,公聲爲東部之諧聲。

《廣雅疏證》卷八上:"攻與刊聲義同。"(第 18 頁)案:攻、刊竝从工聲,工聲爲東部之諧聲。

《廣雅疏證》卷八上:"銃、銎聲亦相近。"(第 19 頁)案:銃从充聲,銎从巩聲,充聲、巩聲竝東部之諧聲。

蒸部

《廣雅疏證》卷一上:"登亦與蒸通。"(第 39 頁)案:蒸从烝聲,烝聲、登聲竝蒸部之諧聲。

《廣雅疏證》卷三上:"膺、應古聲義竝同。"(第 31 頁)案:膺、應竝从雁聲,雁聲爲蒸部之諧聲。

《廣雅疏證》卷八上:"烝、蒸竝與脀通。"(第 3 頁)案:蒸从烝聲,脀从丞聲,烝聲、丞聲竝蒸部之諧聲。

侵部

《廣雅疏證》卷二下:"掩與晻,古亦同聲。"(第 10 頁)案:掩、晻

---

① 如王念孫《諧聲譜》稿本以耒聲爲緝部之諧聲,而王國維《補高郵王氏説文諧聲譜》歸之入盍部(《海寧王静安先生遺書》,民國二十九年(1940)長沙商務印書館石印本,第 38 頁)。王念孫以敄聲爲侯部之諧聲,而非幽部之諧聲(王念孫:《書段懋堂〈六書音均表〉》,《王光禄公遺文集》卷四,清咸豐七年刻《高郵王氏家集》本,第 17 頁)。而《補高郵王氏説文諧聲譜》仍以敄聲爲幽部之諧聲(王國維:《海寧王静安先生遺書》,第 56 頁)。王念孫以疾在至部,而《補高郵王氏説文諧聲譜》至部、脂部兩收之(王國維:《王静安先生遺書》,第 27、29 頁),凡此皆與王念孫之諧聲體系不盡契合,今不取焉。

竝从奄聲,奄聲爲侵部之諧聲。

《廣雅疏證》卷三上:"龕與堪,聲義亦同。"(第18頁)案:龕从今聲,堪从甚聲,今聲、甚聲竝侵部之諧聲。①

《廣雅疏證》卷三下:"沈……聲與鈂相近也。"(第5頁)案:沈、鈂竝从尤聲,尤聲爲侵部之諧聲。

《廣雅疏證》卷四上:"炊與琴同聲。"(第5頁)案:炊从尤聲,尤聲、琴聲竝侵部之諧聲。

《廣雅疏證》卷四下:"埳、臽、陷聲竝相近。"(第24頁)案:臽从咸聲,埳、陷从臽聲,咸聲、臽聲竝侵部之諧聲。

《廣雅疏證》卷五上:"霖、淫、涔古聲亦相近也。"(第9頁)案:霖从林聲,涔从岑聲,林聲、淫聲、岑聲竝侵部之諧聲。

《廣雅疏證》卷五上:"南、壬、任,古竝同聲","男與南,亦同聲同義","妊與壬,亦同聲同義"。(第16頁)案:男从羊聲,任、妊竝从壬聲,羊聲、壬聲竝爲侵部之諧聲。

《廣雅疏證》卷五下:"拈與鉆……亦聲近而義同。"(第26頁)案:拈、鉆竝从占聲,占聲爲談部之諧聲。

《廣雅疏證》卷七下:"椷、咸、函竝通。"(第13頁)案:椷从咸聲,咸聲、函聲竝侵部之諧聲。

《廣雅疏證》卷八上:"酓與醶同。"(第14頁)案:酓从今聲,醶从含聲,今聲、含聲竝侵部之諧聲。

《廣雅疏證》卷八上:"鈐與錎同。"(第22頁)案:鈐从今聲,錎从含聲,今聲、含聲竝侵部之諧聲。

《廣雅疏證》卷九下:"潭與潯通,古者潭、潯同聲。"(第15頁)案:潭从覃聲,潯从尋聲,覃聲、尋聲竝侵部之諧聲。

---

① 案:《説文解字》龕"从合聲",段玉裁《説文解字注》據《九經字樣》改作"从今聲"。(段玉裁:《説文解字注》第十一篇下,清嘉慶二十年經韵樓刻本,第31頁)朱駿聲《説文通訓定聲》據《六書故》亦改作"从今聲"。(朱駿聲:《説文通訓定聲》臨部弟三,清道光二十八年序刻本,第23頁)于省吾《釋龕》據覺侯編鐘銘文,復證金文龕从龍今聲(于省吾:《雙劍誃古文雜釋》,收入《雙劍誃殷栔駢枝,雙劍誃殷栔駢枝續編、雙劍誃殷栔駢枝三編》,北京:中華書局,2009年,第332—333頁)。據此可知段説不誤。

談部

《廣雅疏證》卷一下:"儋、擔、襜竝通。"(第 23 頁)案:儋、擔、襜竝從詹聲,詹聲爲談部之諧聲。

《廣雅疏證》卷六上:"檻與轞通。"(第 23 頁)案:檻、轞竝從監聲,監聲爲談部之諧聲。

《廣雅疏證》卷七下:"襜與襜,聲近而義同也。"(第 35 頁)案:襜、襜竝從詹聲,詹聲爲談部之諧聲。

《廣雅疏證》卷八上:"睰與鹼同。"(第 14 頁)案:睰、鹼竝從兼聲,兼聲爲談部之諧聲。

《廣雅疏證》卷八上:"磏與'礛䃴'之'礛',聲相近。"(第 22 頁)案:磏從兼聲,礛從監聲,兼聲、監聲竝談部之諧聲。

陽部

《廣雅疏證》卷一上:"陽與養,古同聲。"(第 10 頁)案:陽從易聲,養從羊聲,易聲、羊聲竝陽部之諧聲。

《廣雅疏證》卷一上:"將、臧聲相近。"(第 39 頁)案:將聲、臧聲竝陽部之諧聲。

《廣雅疏證》卷一下:"倞、競、強聲竝相近。"(第 9 頁)又《廣雅疏證》卷六上:"彊、勍、競古竝同聲。"(第 2 頁)案:倞、勍竝從京聲,京聲、彊聲、競聲、強聲竝陽部之諧聲。

《廣雅疏證》卷一下:"釀……穰……孃……竝與襄聲近義同。"(第 21 頁)案:釀、穰、孃、襄竝從襄聲,襄聲爲陽部之諧聲。

《廣雅疏證》卷二下:"慌、忘聲相近。"(第 28 頁)案:慌從荒聲,忘從亡聲,荒聲、亡聲竝陽部之諧聲。

《廣雅疏證》卷三上:"䀮、疆、竟古聲竝相近。"(第 3 頁)又《廣雅疏證》卷七上:"亢與䀮同。"(第 16 頁)案:䀮從亢聲;疆,《説文》作畺。亢聲、畺聲、竟聲竝陽部之諧聲。

《廣雅疏證》卷三上:"揘與攩,聲近義同。"(第 31 頁)案:揘從皇聲,攩從黨聲,皇聲、黨聲竝陽部之諧聲。

《廣雅疏證》卷四上:"爽、創、壯聲竝相近。"(第 2—3 頁)案:創從倉聲,壯從爿聲,爽聲、倉聲、爿聲竝陽部之諧聲。

《廣雅疏證》卷四上:"亢與梗,聲亦相近也。"(第 24 頁)案:梗從更聲,亢聲、更聲竝陽部之諧聲。

《廣雅疏證》卷五上:"羕、䑋、湘聲近義同。"(第 3 頁)案:羕從羊聲;䑋,傷省聲;湘,相聲。羊聲、傷省聲、相聲竝陽部之諧聲。

《廣雅疏證》卷六上:"恇與㹌,亦聲近義同。"(第 10 頁)案:恇從匡聲,㹌從狂聲,匡聲、狂聲竝陽部之諧聲。

《廣雅疏證》卷六上:"翔與徉,古亦同聲。"(第 32 頁)案:翔、徉竝從羊聲,羊聲爲陽部之諧聲。

《廣雅疏證》卷七上:"庚與迒,古亦同聲。"(第 16 頁)案:迒從亢聲,庚聲、亢聲竝陽部之諧聲。

《廣雅疏證》卷七下:"郎與筤通。"(第 51 頁)案:郎、筤竝從良聲,良聲爲陽部之諧聲。

耕部

《廣雅疏證》卷一上:"盈與逞,古同聲而通用。"(第 16 頁)案:逞從呈聲,盈聲、呈聲竝耕部之諧聲。

《廣雅疏證》卷三下:"靜與姘通。"(第 2 頁)案:靜從爭聲,姘從井聲,爭聲、井聲竝耕部之諧聲。

《廣雅疏證》卷三下:"聽與訂,聲義亦相近。"(第 31 頁)案:聽從壬聲,訂從丁聲,壬聲、丁聲爲耕部之諧聲。

《廣雅疏證》卷四下:"靜與情,古同聲而通用。"(第 9 頁)案:靜從爭聲,情從青聲,爭聲、青聲竝耕部之諧聲。

《廣雅疏證》卷六下:"姓與生,古同聲而通用。"(第 4 頁)案:姓從生聲,生聲爲耕部之諧聲。

《廣雅疏證》卷九下:"劀與營,聲近而義同。"(第 11 頁)案:劀從嫈聲,《說文》:嫈、營竝從熒省聲,熒聲爲耕部之諧聲。

真部

《廣雅疏證》卷一下:"堅、緊、賢、蕡、臤、掔、臣八字竝聲近而義同。"(第 32 頁)案:緊從臣聲,蕡從賢聲,掔、臤竝從臤聲,臣聲、臤聲、賢聲、堅聲竝真部之諧聲。

《廣雅疏證》卷二下：“古者田、甸、陳同聲”（第 16 頁），“陳、引古聲亦相近”（第 17 頁）。案：甸从田聲，田聲、陳聲、引聲竝真部之諧聲。

《廣雅疏證》卷四下：“瞋與搷，聲義竝相近。”（第 20 頁）案：瞋、搷竝从真聲，真聲爲真部之諧聲。

《廣雅疏證》卷五下：“演、蝘、引古竝同聲。”（第 23 頁）案：演、蝘竝从寅聲，寅聲、引聲竝真部之諧聲。

文部

《廣雅疏證》卷一上：“巛、順聲相近。”（第 11 頁）案：巛、順竝从川聲，川聲爲文部之諧聲。

《廣雅疏證》卷一上：“訓、順古同聲。”（第 11 頁）案：訓、順竝从川聲，川聲爲文部之諧聲。

《廣雅疏證》卷一上：“倫、順聲相近。”（第 11 頁）案：倫从侖聲，順从川聲，侖聲、川聲竝文部之諧聲。

《廣雅疏證》卷一上：“循、順古亦同聲。”（第 11 頁）案：循从盾聲，順从川聲，盾聲、川聲竝文部之諧聲。

《廣雅疏證》卷一上：“㓝、攽、頒聲近義同。”（第 34 頁）案：㓝、攽、頒竝从分聲，分聲爲文部之諧聲。

《廣雅疏證》卷二上：“筋與劤，聲義亦相近。”（第 2 頁）案：劤从斤聲，筋聲、斤聲竝文部之諧聲。

《廣雅疏證》卷三上：“辬、虨、彬，聲又相近也。”（第 3 頁）案：虨與彪同，彪从彬聲，辬从文聲，彬聲、文聲竝文部之諧聲。

《廣雅疏證》卷三下：“憝與諄，古聲亦相近。”（第 20 頁）案：憝从敦聲，諄从𦎫聲，敦聲、𦎫聲竝文部之諧聲。

《廣雅疏證》卷四上：“墐與釿，亦聲近義同。”（第 4 頁）案：墐从堇聲，釿从斤聲，堇聲、斤聲竝文部之諧聲。

《廣雅疏證》卷四上：“純與焞，亦聲近義同。”（第 8 頁）案：純从屯聲，焞从𦎫聲，屯聲、𦎫聲竝文部之諧聲。

《廣雅疏證》卷五上：“軔與振，亦聲近義同。”（第 26 頁）案：軔从弇聲,振从辰聲,弇聲、辰聲竝文部之諧聲。

《廣雅疏證》卷五下:"振、震、蜄竝通。"(第 23 頁)又《廣雅疏證》卷七下:"《方言》注云:'帳,《廣雅》作振,字音同耳。'"案:振、震、蜄、帳竝从辰聲,辰聲爲文部之諧聲。

《廣雅疏證》卷九下:"脣者,在邊之名,口邊謂之脣,水厓謂之漘,屋宇謂之宸,聲義竝相近也。"(第 16 頁)案:脣、宸竝从辰聲,漘从脣聲,辰聲、脣聲竝文部之諧聲。

《廣雅疏證》卷九下:"潧與漬,聲亦相近。"(第 20 頁)案:潷从糞聲,漬从賁聲,糞聲、賁聲竝文部之諧聲。

部

《廣雅疏證》卷二上:"唁、言古同聲。"(第 2 頁)案:唁从言聲,言聲爲元部之諧聲。

《廣雅疏證》卷二下:"朧、唺竝通。"(第 15 頁)案:朧从雚聲,唺从卷聲,雚聲、卷聲竝元部之諧聲。

《廣雅疏證》卷三上:"荞與粞,亦聲近義同。"(第 2 頁)案:荞从采聲,粞从卷聲,采聲、卷聲竝元部之諧聲。

《廣雅疏證》卷三下:"蹇、展聲相近。"(第 20 頁)案:《説文》:蹇从足,寒省聲。寒聲、展聲竝元部之諧聲。

《廣雅疏證》卷三下:"虔與騫,聲近而義同。"(第 20 頁)案:騫从寒省聲,虔聲、寒聲竝元部之諧聲。①

《廣雅疏證》卷五上:"燀、然聲相近。"(第 6 頁)案:燀从單聲,然从肰聲,單聲、肰聲竝元部之諧聲。

《廣雅疏證》卷五下:"鑽與鑴,聲近義同。"(第 6 頁)案:鑽从贊聲,鑴从雋聲,贊聲、雋聲竝元部之諧聲。

---

① 案:《説文解字》虔"从文聲",段玉裁《説文解字注》疑"聲"字衍,王念孫《段氏説文簽記》正之,謂"聲字非衍"。李宗焜編:《景印解説高郵王氏父子手稿》,臺北:"中研院"歷史語言研究所,2000 年,圖版及釋文分別見第 111、134 頁。蓋王氏之意,虔"从文聲",而隸元部,此文、元合音之證也。

《廣雅疏證》卷五下：“繵與繕通。”（第 7 頁）案：繵从亶聲，繕从善聲，亶聲、善聲竝元部之諧聲。

《廣雅疏證》卷五下：“抏、玩竝與刓通。”（第 29 頁）案：抏、玩、刓竝从元聲，元聲爲元部之諧聲。

《廣雅疏證》卷六上：“版、反聲相近。”（第 29 頁）案：版从反聲，反聲爲元部之諧聲。

《廣雅疏證》卷九下：“陌與畎，聲相近。”（第 22 頁）案：陌从冐聲，畎从犬聲，冐聲、犬聲竝元部之諧聲。

《廣雅疏證》卷一〇上：“山、宣、散三字，古聲義相近。”（第 49 頁）案：散从㪔聲，山、宣、㪔聲竝元部之諧聲。

《廣雅疏證》卷一〇下：“偃與鰋通。”（第 59 頁）案：偃从匽聲，鰋从晏聲，匽聲、晏聲竝元部之諧聲。

歌部

《廣雅疏證》卷一下：“貱與貤，疊韵也。”（第 25 頁）案：貱从皮聲，貤从也聲，皮聲、也聲竝歌部之諧聲。

《廣雅疏證》卷二下：“頾、哆……竝通。”（第 15 頁）案：頾、哆竝从多聲，多聲爲歌部之諧聲。

《廣雅疏證》卷二下：“古者俄、義同聲，故俄或通作義。”（第 24 頁）案：俄从我聲，我聲、義聲竝歌部之諧聲。

《廣雅疏證》卷二下：“移與迻，古亦同聲。”（第 25 頁）案：移从多聲，迻从也聲，多聲、也聲竝歌部之諧聲。

《廣雅疏證》卷二下：“阿與‘奇袤’之奇，聲亦相近。”（第 25 頁）案：阿从可聲，可聲、奇聲竝歌部之諧聲。

《廣雅疏證》卷二下：“髿與墮，聲近義同。”（第 29 頁）案：髿，隋省聲，墮从隋聲，隋聲爲歌部之諧聲。

《廣雅疏證》卷三下：“弛與施，亦聲近義同。”（第 15 頁）案：弛、施竝从也聲，也聲爲歌部之諧聲。

《廣雅疏證》卷三下：“撝與闖，聲近義同。”（第 32 頁）案：撝、闖竝从爲聲，爲聲爲歌部之諧聲。

《廣雅疏證》卷五上：“嘉與賀，古同聲而通用。”（第 9 頁）案：嘉、賀竝从加聲，加聲爲歌部之諧聲。

《廣雅疏證》卷五上：“惰與墮……古聲竝相近也。”（第 11 頁）案：惰又作憜，憜、墮竝从隋聲，隋聲爲歌部之諧聲。

《廣雅疏證》卷五下：“碕與陭，亦聲近義同。”（第 10 頁）案：碕、陭竝从奇聲，奇聲爲歌部之諧聲。

《廣雅疏證》卷五下：“俾與俾同……俾與頫古亦通用。”（第 36 頁）案：俾、俾、頫竝从卑聲，卑聲爲歌部之諧聲。

《廣雅疏證》卷六上：“峩峩與儀儀，古亦同聲。”（第 13 頁）案：峩从我聲，我聲、儀聲竝歌部之諧聲。

《廣雅疏證》卷六下：“姼與爹，聲亦相近。”（第 1 頁）案：姼、爹从多聲，多聲爲歌部之諧聲。

《廣雅疏證》卷八上：“柒、簻、檛竝同。”（第 31 頁）案：柒从朵聲，簻、檛竝从過聲，朵聲、過聲竝歌部之諧聲。

支部

《廣雅疏證》卷二下：“擿、摘、掦聲近義同。”（第 9 頁）又《廣雅疏證》卷五上：“擿、磧聲義竝相近。”（第 7 頁）按：擿从適聲，摘、磧竝从商聲，掦从帝聲，適聲、商聲、帝聲竝支部之諧聲。

《廣雅疏證》卷二下：“萊、刺聲相近。”（第 19 頁）案：萊、刺竝从朿聲，朿聲爲支部之諧聲。

《廣雅疏證》卷二下：“蹢、蹄竝與躧通。”（第 28 頁）案：蹢从虒聲，蹄从帝聲，躧从是聲，虒聲、帝聲、是聲竝支部之諧聲。

《廣雅疏證》卷三下：“支與攱，亦聲近義同。”（第 25 頁）案：攱从支聲，支聲爲支部之諧聲。

《廣雅疏證》卷三下：“圭與蠲通。”（第 2 頁）又《廣雅疏證》卷四上：“蠲，古讀若圭，亦與娃聲近義同。”（第 9 頁）案：娃从圭聲，圭聲、蠲聲竝支部之諧聲。

《廣雅疏證》卷五下：“是、諟聲義竝同。”（第 7 頁）又《廣雅疏證》卷八上：“緹與醍同。”（第 9 頁）案：諟、緹、醍竝从是聲，是聲爲支部之諧聲。

《廣雅疏證》卷五下："跬與奎聲相近。"(第 28 頁)案：跬、奎竝从圭聲，圭聲爲支部之諧聲。

《廣雅疏證》卷七下："漬、積聲相近。"(第 14 頁)案：漬、積竝从責聲，責聲爲支部之諧聲。

《廣雅疏證》卷七下："帕、袙、貊、陌竝通。"(第 27 頁)案：帕、袙、貊、陌竝从百聲，百聲爲支部之諧聲。

《廣雅疏證》卷一〇上："芪、茝、知、鯷、蚔、提古聲竝相近也。"(第 11 頁)案：茝、鯷、提竝从是聲，芪、蚔竝从氏聲，氏聲、是聲、知聲竝支部之諧聲。

《廣雅疏證》卷一〇下："畵與畫同聲假借耳。"(第 3 頁)案：畵、畫竝从圭聲，圭聲爲支部之諧聲。

《廣雅疏證》卷一〇下："百、蛅聲相近。"(第 10 頁)案：蛅从百聲，百聲爲支部之諧聲。

至部

《廣雅疏證》卷二下："逸、佚、軼、失竝通。"(第 16 頁)案：佚、軼、失竝从失聲，逸聲、失聲爲至部之諧聲。

《廣雅疏證》卷三下："憒與窒通。"(第 4 頁)案：憒从質聲，窒从至聲，質聲、至聲竝至部之諧聲。

《廣雅疏證》卷三下："駤與憒，聲亦相近也。"(第 4 頁)案：駤从至聲，憒从質聲，至聲、質聲竝至部之諧聲。

《廣雅疏證》卷三下："臷與蛭……聲義亦同。"(第 29 頁)案：臷从失聲，蛭从至聲，失聲、至聲竝至部之諧聲。

《廣雅疏證》卷四上："奊與劼，聲近而義同。"(第 25 頁)案：奊、劼竝从吉聲，吉聲爲至部之諧聲。

《廣雅疏證》卷五上："躓與疐通。"(第 25 頁)又《廣雅疏證》卷五下："疐與躓通。"(第 39 頁)案：躓從質聲，質聲、疐聲竝至部之諧聲。

《廣雅疏證》卷七上："楔與切，古亦同聲。"(第 10 頁)案：楔從屑聲，切從七聲，屑聲、七聲竝至部之諧聲。

《廣雅疏證》卷八上："祕、泌、佖、苾竝通。"(第 14 頁)案：祕、泌、飶、苾竝從必聲，必聲爲至部之諧聲。

脂部

《廣雅疏證》卷一上：“威與畏通。”（第 19 頁）又《廣雅疏證》卷五上：“威、畏古同聲而通用。”（第 34 頁）案：威聲、畏聲竝脂部之諧聲。

《廣雅疏證》卷一下：“潙與喬，亦聲近義同。”（第 33 頁）案：潙從喬聲，喬聲爲脂部之諧聲。

《廣雅疏證》卷一下：“汔與既，聲亦相近也。”（第 33 頁）案：汔從乞聲，乞聲、既聲竝脂部之諧聲。

《廣雅疏證》卷一下：“豈、闓聲亦相近。”（第 37 頁）又《廣雅疏證》卷六上：“鎧與澄同。”（第 38 頁）案：闓、鎧、澄竝從豈聲，豈聲爲脂部之諧聲。

《廣雅疏證》卷二下：“沫從‘午未’之‘未’，與‘味’聲相近。”（第 1 頁）案：沫、味竝從未聲，未聲爲脂部之諧聲。

《廣雅疏證》卷二下：“次、趀古同聲。”（第 23 頁）案：趀從朿聲，朿聲、次聲竝脂部之諧聲。

《廣雅疏證》卷三上：“硬與甂，聲近義同。”（第 8 頁）案：硬、甂竝從妻聲，妻聲爲脂部之諧聲。

《廣雅疏證》卷三上：“歸、饋、遺、禭，聲竝相近。”（第 21 頁）案：歸從自聲；饋、遺竝從貴聲；禭從遂聲，遂從豕聲。自聲、貴聲、豕聲竝脂部之諧聲。

《廣雅疏證》卷四上：“遲、黎古同聲。”（第 21 頁）案：遲從犀聲，黎從利聲，犀聲、利聲竝脂部之諧聲。

《廣雅疏證》卷四下：“儔、翿、犪竝同義，又與疢聲相近也。”（第 19 頁）案：儔、翿、犪竝從喬聲，疢從术聲，喬聲、术聲竝脂部之諧聲。

《廣雅疏證》卷四下：“濟與懠，聲近義同。”（第 24 頁）案：濟、懠竝從齊聲，齊聲爲脂部之諧聲。

《廣雅疏證》卷五上：“搥、磓……聲義竝相近。”（第 7 頁）案：搥、磓竝從追聲，追聲爲脂部之諧聲。

《廣雅疏證》卷五下：“違亦與韙同。”（第 20 頁）案：違、韙竝從韋聲,韋聲爲脂部之諧聲。

《廣雅疏證》卷六上:"暨暨與仡仡,古聲亦相近。"(第 2 頁)案:暨從既聲,仡從乞聲,既聲、乞聲竝脂部之諧聲。

《廣雅疏證》卷六上:"夷與遲,古同聲。"(第 15 頁)案:遲從犀聲,夷聲、犀聲竝脂部之諧聲。

《廣雅疏證》卷八上:"雖、錐聲相近也。"(第 21 頁)案:雖從唯聲,錐從隹聲,唯聲、隹聲竝脂部之諧聲。

《廣雅疏證》卷一〇上:"私與厶同聲。"(第 56 頁)案:厶從私聲,私聲爲脂部之諧聲。

祭部

《廣雅疏證》卷一上:"艾字在十四泰,音五蓋切,又入二十廢,音刈。艾、蓋、害三字竝在十四泰,五蓋切,即五害切。"(第 7 頁)案:割從害聲,廢從發聲,艾聲、害聲、蓋聲、發聲竝祭部之諧聲。

《廣雅疏證》卷一上:"際與察,古亦同聲。"(第 8 頁)案:際、察從祭聲,祭聲爲祭部之諧聲。

《廣雅疏證》卷一上:"泰與達,聲相近。"(第 19 頁)案:泰聲、達聲竝祭部之諧聲。

《廣雅疏證》卷一下:"厲與勵通。"(第 2 頁)又《廣雅疏證》卷一〇上:"厲與糲同。"(第 46 頁)案:勵、糲竝從厲聲,厲聲爲祭部之諧聲。

《廣雅疏證》卷一下:"折、制古同聲,故制有折義。"(第 28 頁)案:制聲、折聲竝祭部之諧聲。

《廣雅疏證》卷二下:"蓋迣、迾聲相近,故古或通用。"(第 2 頁)案:迣從世聲,迾從列聲,世聲、列聲竝祭部之諧聲。

《廣雅疏證》卷二下:"揝與摲,聲相近。"(第 8 頁)案:揝從害聲,摲從葛聲,害聲、葛聲竝祭部之諧聲。

《廣雅疏證》卷二下:"趚、迣、跇、緤竝與跩同。"(第 12 頁)案:趚從契聲,迣、跇、緤竝從世聲,跩從折聲,契聲、世聲、折聲竝祭部之諧聲。

《廣雅疏證》卷二下:"曳與跩,亦聲近義同。"(第 12 頁)案:跩從折聲,曳聲、折聲竝祭部之諧聲。

　　《廣雅疏證》卷二下：“蹷、厥、瘚、𡸫竝同聲。”（第 22 頁）案：《説文》“𡸫，讀若厥”，《六書音均表》有𡸫聲，蹷、厥、瘚竝从厥聲，𡸫聲、厥聲竝祭部之諧聲。

　　《廣雅疏證》卷二下：“蹷與䟷，聲相近。”（第 22 頁）案：蹷从厥聲，䟷从癹聲，厥聲、癹聲爲祭部之諧聲。

　　《廣雅疏證》卷三上：“烈與㤠，古亦同聲。”（第 2 頁）案：烈、㤠竝从列聲，列聲爲祭部之諧聲。

　　《廣雅疏證》卷三上：“兌、説古同聲。”（第 7 頁）案：兌聲、説聲竝祭部之諧聲。

　　《廣雅疏證》卷三上：“昏與括，聲相近也。”（第 8 頁）案：括从舌聲，昏聲、舌聲爲祭部之諧聲。

　　《廣雅疏證》卷三上：“絜……聲與挈近而義同。”（第 13 頁）又《廣雅疏證》卷五下：“挈、契竝與㓞通。”（第 12 頁）案：絜、挈、契竝从㓞聲，㓞聲、契聲竝祭部之諧聲。

　　《廣雅疏證》卷三下：“擔、𣤢、霼、會竝通。”（第 21 頁）又《廣雅疏證》卷三下：“憎、䠄聲義亦同。”（第 30 頁）案：擔、𣤢、霼、憎、䠄竝从會聲，會聲爲祭部之諧聲。

　　《廣雅疏證》卷三下：“挈與闋聲近義同。”（第 14 頁）案：挈、闋竝从㓞聲，㓞聲爲祭部之諧聲。

　　《廣雅疏證》卷四上：“發與廢，聲近而義同。”（第 1 頁）案：廢从發聲，發聲爲祭部之諧聲。

　　《廣雅疏證》卷四上：“李善注引《説文》云：‘瞟，察也’，瞟與察①通。”（第 16 頁）案：瞟、察竝从祭聲，祭聲爲祭部之諧聲。

　　《廣雅疏證》卷五上：“嬾與獺……古聲竝相近也。”（第 11 頁）案：嬾、獺竝从賴聲，賴聲爲祭部之諧聲。

　　《廣雅疏證》卷五上：“害、割古同聲而通用。”（第 25 頁）案：割从

---

　　① 案：察原作瞟，誤。王念孫《廣雅疏證補正》（《殷禮在斯堂叢書》，民國十七年鉛印本）未正之。

害聲,害聲爲祭部之諧聲。

盍部

《廣雅疏證》卷三下:"攝與攊,亦聲近義同。"(第23頁)案:攝从聶聲,攊从鼠聲,聶聲、鼠聲竝盍部之諧聲。

《廣雅疏證》卷四下:"輒與坶,亦聲近義同。"(第9頁)案:輒从耴聲,坶从内聲,耴聲、内聲竝盍部之諧聲。

《廣雅疏證》卷四下:"押、挾聲相近。"(第10頁)案:押从甲聲,挾从夾聲,甲聲、夾聲竝盍部之諧聲。

《廣雅疏證》卷五下:"掜與鈮,亦聲近而義同。"(第26頁)案:掜、鈮竝从耴聲,耴聲爲盍部之諧聲。

《廣雅疏證》卷六上:"健與捷通。"(第29頁)案:健、捷竝从疌聲,疌聲、疌聲爲盍部之諧聲。

《廣雅疏證》卷八上:"箑、篓、翣竝通。"(第23頁)案:箑从疌聲,篓、翣竝从妾聲,疌聲、妾聲竝盍部之諧聲。

《廣雅疏證》卷一〇下:"蜨與蝶同。"(第5頁)案:蜨从疌聲,蝶从枼聲,疌聲、枼聲竝盍部之諧聲。

緝部

《廣雅疏證》卷一上:"扱、挹聲相近。"(第29頁)案:扱从及聲,挹从邑聲,及聲、邑聲竝緝部之諧聲。

《廣雅疏證》卷二上:"㬉與濕聲近,故通。"(第7頁)案:㬉、濕竝从㬎聲,㬎聲爲緝部之諧聲。

《廣雅疏證》卷五上:"墊與窒通。"(第17頁)案:墊、窒竝从執聲,執聲爲緝部之諧聲。

《廣雅疏證》卷一〇下:"執與縶通。"(第57頁)案:縶从執聲,執聲爲緝部之諧聲。

之部

《廣雅疏證》卷一上:"墨與梅,聲相近。"(第40頁)案:梅从每聲,每从母聲,墨聲、母聲竝之部之諧聲。

《廣雅疏證》卷一下:"譆、歖與欸,亦聲近而義同。"(第20頁)

案：譆、歖均从喜聲，欸从矣聲，喜聲、矣聲竝之部之諧聲。

《廣雅疏證》卷二下：“極、悈，古通用。”（第 18 頁）案：極、悈竝从亟聲，亟聲爲之部之諧聲。

《廣雅疏證》卷二下：“志與識，聲義竝同。”（第 29 頁）案：志从之聲，識从戠聲，之聲、戠聲竝之部之諧聲。

《廣雅疏證》卷三上：“娌與嫠，亦聲近義同。”（第 20 頁）案：娌从里聲，嫠从嫠聲，里聲、嫠聲竝之部之諧聲。

《廣雅疏證》卷三下：“時與跱，聲近而義同。”（第 4 頁）案：時、跱竝从寺聲，寺聲爲之部之諧聲。

《廣雅疏證》卷四上：“魊、懝、疑三字，聲近義同。”（第 19 頁）案：魊、懝竝从疑聲，疑聲爲之部之諧聲。

《廣雅疏證》卷四下：“棶與倈，古亦同聲。”（第 19 頁）案：棶从棶聲，倈从來聲，棶聲、來聲竝之部之諧聲。

《廣雅疏證》卷四上：“殖、蒔、置聲近而義同”，“殖與植通”（第 22 頁）。案：殖、置、植竝从直聲，蒔从時聲，直聲、時聲竝之部之諧聲。

《廣雅疏證》卷四下：“負與背，古聲相近。”（第 25 頁）案：背从北聲，北聲、負聲竝之部之諧聲。

《廣雅疏證》卷五上：“詩、志聲相近。”（第 11 頁）案：詩从寺聲，志从之聲，寺聲、之聲竝之部之諧聲。

《廣雅疏證》卷五下：“礙與閡，同聲而通用。”（第 5 頁）案：礙从疑聲，閡从亥聲，疑聲、亥聲竝之部之諧聲。

《廣雅疏證》卷八上：“膱、貸古字通。”（第 14 頁）案：膱从戠聲，貸从代聲，戠聲、代聲竝之部之諧聲。

《廣雅疏證》卷九下：“宰與垺，聲相近。”（第 13 頁）案：垺从采聲，宰聲、采聲竝之部之諧聲。

《廣雅疏證》卷九下：“涘與汜，聲相近。”（第 16 頁）案：涘从矣聲，汜从巳聲，矣聲、巳聲竝之部之諧聲。

《廣雅疏證》卷一〇上：“勒、棘古同聲。”（第 28 頁）案：勒从力聲，力聲、棘聲竝之部之諧聲。

《廣雅疏證》卷一〇上：“豆莖謂之其，箭莖謂之綦，聲義竝同矣。”(第 58 頁)案：其、綦竝從其聲，其聲爲之部之諧聲。

《廣雅疏證》卷一〇上：“古聲荄與基同。”(第 61 頁)案：荄從亥聲，基從其聲，亥聲、其聲竝之部之諧聲。

魚部

《廣雅疏證》卷一上：“吳、虞古同聲。”(第 7 頁)案：虞從吳聲，吳聲爲魚部之諧聲。

《廣雅疏證》卷一下：“覆、㜺、奪竝同。”(第 13 頁)《廣雅疏證》卷三下：“㵆、獲古亦同聲。”(第 2 頁)案：覆、㜺、㵆、獲竝從奪聲，奪聲爲魚部之諧聲。

《廣雅疏證》卷二上：“鱐、瑕聲相近。”(第 8 頁)案：鱐從虖聲，瑕從叚聲，虖聲、叚聲竝魚部之諧聲。

《廣雅疏證》卷二上：“捇、劚、劃，聲竝相近。”(第 9 頁)案：捇從赤聲，劚從霍聲，劃從奪聲，赤聲、霍聲、奪聲竝魚部之諧聲。

《廣雅疏證》卷二下：“助與藉，古同聲。”(第 2 頁)案：助從且聲，藉從耤聲，且聲、耤聲竝魚部之諧聲。

《廣雅疏證》卷二下：“賒、荼古聲相近。”(第 2 頁)案：賒、荼竝從余聲，余聲爲魚部之諧聲。

《廣雅疏證》卷二下：“槎與差，聲義亦相近。”(第 25 頁)案：槎從差聲，差聲爲魚部之諧聲。

《廣雅疏證》卷二下：“虞與‘詿誤’之‘誤’，古聲義竝同。”(第 27 頁)案：虞、誤竝從吳聲，吳聲爲魚部之諧聲。

《廣雅疏證》卷三下：“酺、扶聲近。”(第 3 頁)案：酺從甫聲，扶從夫聲，甫聲、夫聲竝魚部之諧聲。

《廣雅疏證》卷三下：“徐與餘，亦聲近義同。”(第 8 頁)案：徐、餘竝從余聲，余聲爲魚部之諧聲。

《廣雅疏證》卷三下：“薄、迫古同聲。”(第 17 頁)案：薄從溥聲，溥從尃聲，迫從白聲，尃聲、白聲竝魚部之諧聲。

《廣雅疏證》卷三下：“蠚與惡，聲義亦同。”(第 29 頁)案：蠚、惡竝从亞聲,亞聲爲魚部之諧聲。

《廣雅疏證》卷五上:"宅、侘竝聲近而義同。"(第 6 頁)案:侘从宅聲,宅从乇聲,乇聲爲鐸(魚部之入聲)之諧聲。

《廣雅疏證》卷五上:"石、沰……聲義竝相近。"(第 7 頁)案:沰从石聲,石聲爲魚部之諧聲。

《廣雅疏證》卷五上:"狙與虘通。"(第 11 頁)案:狙、虘竝从且聲,且聲爲魚部之諧聲。

《廣雅疏證》卷五下:"悟與悟通。"(第 10 頁)又《廣雅疏證》卷五下:"仵、悟、咢,古竝同聲。"(第 23 頁)案:悟、悟竝从吾聲,仵从午聲,咢从于聲,吾聲、午聲、于聲竝魚部之諧聲。

《廣雅疏證》卷五下:"跨與胯……聲相近。"(第 28 頁)案:跨、胯竝从夸聲,夸聲爲魚部之諧聲。

《廣雅疏證》卷五下:"假與嘏通。"(第 28 頁)案:假、嘏竝从叚聲,叚聲爲魚部之諧聲。

《廣雅疏證》卷六上:"愬與虩,古同聲。"(第 2 頁)案:愬从朔聲,虩从㕚聲,朔聲、㕚聲竝魚部之諧聲。

《廣雅疏證》卷六上:"遽與懅通。"(第 42 頁)案:遽、懅竝从豦聲,豦聲爲魚部之諧聲。

《廣雅疏證》卷六下:"姐、社聲相近。"(第 2 頁)案:姐从且聲,社从土聲,①且聲、土聲竝魚部之諧聲。

《廣雅疏證》卷七上:"邪與除,古聲相近。"(第 16 頁)案:邪从牙

---

① 案:小徐《繫傳》社"从土聲",大徐《説文》無"聲"字。王念孫以爲《説文》本有"聲"字,徐鉉誤削之耳,"考社字古音土,故从土得聲。《左傳》閔二年:'間于兩社,爲公室輔。'《漢書·叙傳》:'布歷燕、齊,叔亦相魯,民思其政,或金或社。'《白虎通》:'社不謂之土,何變名爲社,別於衆土也。'合觀數條,皆讀社爲土,則此字从土聲明甚,今削去'聲'字非是。"(王念孫《説文解字校勘記》,《續修四庫全書》,第 212 册,上海:上海古籍出版社,2002 年影印遼寧省圖書館藏馬瑞辰種松書屋抄本,第 1 頁)又王念孫《段氏説文簽記》亦謂土後"當有聲字"。(李宗焜編:《景印解説高郵王氏父子手稿》,臺北:"中研院"歷史語言研究所,2000 年,圖版及釋文分別見第 107、123 頁。)

聲,除从余聲,牙聲、余聲竝魚部之諧聲。

《廣雅疏證》卷七上:"柤、楮聲亦相近。"(第 18 頁)案:柤从且聲,楮从昔聲,且聲、昔聲竝魚部之諧聲。

《廣雅疏證》卷八上:"席與藉,古同聲而通用。"(第 35 頁)案:藉从耤聲,耤聲、席聲竝魚部之諧聲。

侯部

《廣雅疏證》卷二下:"足與泟,聲相近也。"(第 11 頁)案:泟从足聲,足聲爲侯部之諧聲。

《廣雅疏證》卷三上:"韇、束聲相近","襡與韇通"。(第 27 頁)案:韇、襡竝从蜀聲,蜀聲、束聲竝侯部之諧聲。

《廣雅疏證》卷三上:"剝與扑,聲義同。"(第 31 頁)案:剝从彔聲,扑从卜聲,彔聲、卜聲竝侯部之諧聲。

《廣雅疏證》卷三下:"寇與夠,聲近義同。"(第 5 頁)案:寇即寇,夠从句聲,寇聲、句聲竝侯部之諧聲。

《廣雅疏證》卷三下:"剝、朴、卜聲近而義同。"(第 28 頁)案:剝从彔聲,朴从卜聲,彔聲、卜聲竝侯部之諧聲。

《廣雅疏證》卷三下:"偷與婾通。"(第 32 頁)案:偷、婾竝从俞聲,俞聲爲侯部之諧聲。

《廣雅疏證》卷五上:"窳與輸,古聲竝相近也。"(第 11 頁)案:窳从瓜聲,輸从俞聲,瓜聲、俞聲竝侯部之諧聲。

《廣雅疏證》卷五上:"角、觸古聲相近。"(第 16 頁)案:觸从蜀聲,角聲、蜀聲竝侯部之諧聲。

《廣雅疏證》卷五下:"祿、錄皆取同聲之字爲訓。"(第 5 頁)案:祿、錄竝从彔聲,彔聲爲侯部之諧聲。

幽部

《廣雅疏證》卷一上:"造與械,古同聲。"(第 7 頁)案:造从告聲,械从戒聲,告聲、戒聲竝幽部之諧聲。

《廣雅疏證》卷一下:"好、畜古聲相近","畜、孝、好聲竝相近"。(第 4 頁)又《廣雅疏證》卷五上:"孝、畜古同聲,故孝訓爲畜,畜亦訓爲孝。”（第 33 頁）案：好、畜、孝竝幽部之諧聲。

《廣雅疏證》卷一下：“《説文》：‘疛，腹中急痛也’，竝與糾聲近義同。”（第 22 頁）案：疛、糾竝从丩聲，丩聲爲幽部之諧聲。

《廣雅疏證》卷二下：“悠與陶，古同聲。”（第 14 頁）案：悠从攸聲，陶从匋聲，攸聲、匋聲竝幽部之諧聲。

《廣雅疏證》卷三上：“酉、酒、就聲竝相近。”（第 4 頁）案：酒从酉聲，酉聲、就聲竝幽部之諧聲。

《廣雅疏證》卷三上：“孝、就聲亦相近。”（第 4 頁）案：孝聲、就聲竝幽部之諧聲。

《廣雅疏證》卷三上：“摎……竝與樛聲近義同。”（第 15 頁）案：摎、樛竝从翏聲，翏聲爲幽部之諧聲。

《廣雅疏證》卷三上：“澳與告，聲相近。”（第 25 頁）案：澳从奥聲，奥聲、告聲竝幽部之諧聲。

《廣雅疏證》卷三下：“睦與陸，古亦同聲。”（第 1 頁）案：睦、陸竝从坴聲，坴聲爲幽部之諧聲。

《廣雅疏證》卷三下：“述、尻聲近義同。”（第 17 頁）案：述从求聲，尻从九聲，求聲、九聲竝幽部之諧聲。

《廣雅疏證》卷四上：“嬲與赳，聲義竝同。”（第 13 頁）案：嬲从篗聲，赳从丩聲，篗聲、丩聲竝幽部之諧聲。

《廣雅疏證》卷四下：“擾、柔聲義竝同。”（第 17 頁）案：擾从夒聲，柔从矛聲，夒聲、矛聲竝幽部之諧聲。

《廣雅疏證》卷四下：“慅、秋、愁聲竝相近。”（第 24 頁）案：慅从蚤聲，愁从秋聲，蚤聲、秋聲竝幽部之諧聲。

《廣雅疏證》卷五下：“迪、蹈古同聲。”（第 13 頁）案：迪从由聲，蹈从舀聲，由聲、舀聲竝幽部之諧聲。

《廣雅疏證》卷六上：“滔滔與蹈蹈，聲義亦相近。”（第 15 頁）案：滔、蹈竝从舀聲，舀聲爲幽部之諧聲。

《廣雅疏證》卷六上：“陸與流，古同聲。”（第 36 頁）案：陸从坴聲，坴聲、流聲竝幽部之諧聲。

宵部

《廣雅疏證》卷一下："櫟與'沙礫'之'礫',聲義竝同。"(第21頁)案：櫟、礫竝從樂聲,樂聲爲宵部之諧聲。

《廣雅疏證》卷二下："徼與闄聲相近。"(第2頁)案：徼從敫聲,闄從要聲,敫聲、要聲竝宵部之諧聲。

《廣雅疏證》卷二下："誂、挑、嬥竝通。"(第17頁)案：誂、挑竝從兆聲,嬥從翟聲,兆聲、翟聲竝宵部之諧聲。

《廣雅疏證》卷三上："摧、毃、敲聲義竝同,又與撽聲相近也。"(第31頁)案：摧從隺聲,毃、敲竝從高聲,撽從敫聲,隺聲、高聲、敫聲竝宵部之諧聲。

《廣雅疏證》卷三下："搖、療之同訓爲治,猶遙、遼之同訓爲遠,燿、燎之同訓爲照,聲相近,故義相同也。"(第9頁)案：搖、遙竝從䍃聲,療、遼、燎從尞聲,燿從翟聲,䍃聲、尞聲、翟聲竝宵部之諧聲。

《廣雅疏證》卷五下："擾與豹,聲義竝相近。"(第13頁)案：擾從暴聲,豹從勺聲,暴聲、勺聲竝宵部之諧聲。

《廣雅疏證》卷六上："翹與嶢,亦聲近義同。"(第2頁)案：翹、嶢竝從堯聲,堯聲爲宵部之諧聲。

《廣雅疏證》卷七上："的、榷聲相近。"(第18頁)案：的從勺聲,榷從隺聲,勺聲、隺聲竝宵部之諧聲。

《廣雅疏證》卷一〇下："《釋詁》云：'駿,大也',聲義與'奊'同。"(第68頁)案：駿、奊竝從敫聲,敫聲爲宵部之諧聲。

雖云凡同諧聲必同部,但同諧聲之字偶有轉至其他韵部中者,如《廣雅疏證》卷六上云："凡字從包聲者,多轉入職、德、緝、合諸韵,其同位而相轉者,若包犧之爲伏犧,抱雞之爲伏雞是也。"[1]惜《廣雅疏證》所載王念孫聲轉觀念材料有限,今暫定王念孫古韵二十一部

---

① 王念孫：《廣雅疏證》卷六上,清嘉慶四年刻本,第36頁。

之諧聲體系如上文所列。

　　王念孫析古韵爲二十一部,主張古有四聲説,彼所撰《廣雅疏證》以聲音通訓詁,多藉文字之諧聲求之,諧聲同則字義相近,故其古韵二十一部諧聲,體系井然。《廣雅疏證》之音韵體系,兹列其平去入三聲,如下表所示:

聲調　韵目	平　聲	去　聲	入　聲
第一部	東		
第二部	蒸		
第三部	侵		
第四部	談		
第五部	陽		
第六部	耕		
第七部	真		
第八部	諄		
第九部	元		
第十部	歌		
第十一部	支		
第十二部		至	質
第十三部	脂		術
第十四部		祭	月
第十五部			盍
第十六部			緝
第十七部	之		職
第十八部	魚		鐸

續表

聲調 韵目	平　聲	去　聲	入　聲
第十九部	侯		屋
第二十部	幽		毒
第二十一部	宵		沃

附　宋保《諧聲補逸》之韵部體系考

宋保字定之,一字小城,清江蘇揚州府高郵州人,嘗"入都以廩貢生肄業成均,從學同里王侍御念孫之門,究心聲音、訓詁"。① 宋保師事王念孫,以今本《説文》失六書諧聲之旨,故撰《諧聲補逸》,爲王氏父子、阮元、孫星衍、姚文田等所推許。《續修四庫全書總目提要》(經部)收錄楊鍾羲所撰提要,②李添富《宋保〈諧聲補逸〉"一聲之轉"條例與章君〈成均圖〉韵轉條例比較研究》探討《諧聲補逸》所用"一聲之轉"術語。③ 宋保師承王念孫,而《諧聲補逸》與王念孫學説之關係,猶俟考核其實。

一、高郵王氏父子與《諧聲補逸》

宋保《諧聲補逸》以清嘉慶間志學堂刊本爲最早,光緒十年(1884)張炳翔刻《許學叢書》本,光緒十三年(1887)李盛鐸刻《木犀

① 左輝春等纂修:《(道光)續增高郵州志》,第三册,《人物志·文苑》,清道光二十三年刻本,第13頁。
② 中國科學院圖書館整理:《續修四庫全書總目提要》(經部),北京:中華書局,1993年,第1096頁。
③ 李添富:《宋保〈諧聲補逸〉"一聲之轉"條例與章君〈成均圖〉韵轉條例比較研究》,收入張渭毅主編:《漢聲:漢語音韵學的繼承與創新》,北京:中國文史出版社,2011年,第21—28頁。

軒叢書》本皆從此刊本出。①宋保《諧聲補逸自序》及書末所附識語，竝撰於嘉慶八年(1803)，是宋書稿成於此時，殆無疑義。是年宋保官居江蘇教職，②王念孫署直隸永定河道。

　　嘉慶十五年(1810)王念孫寓書宋保云："大箸《諧聲補逸》，分別精審，攻究確當，洵爲叔重功臣，展讀再三，深喜同志之有人也。閒坿拙見數條，敬俟裁酌。"③王念孫校閱宋保《諧聲補逸》之年代，學者或以爲在嘉慶十六年(1811)。④劉盼遂檢視《諧聲補逸》刊本，以爲"宋氏此書，先生(案：王念孫)爲補正㥾字、規(案：當作𥳁)字、蒐字、昏(案：當作昬)字、谷字、𪴎字、崔字、霍字、肥字、删字、覘字、夏字、驫(案：當作𪊽)字、灰字、愻字等音讀，凡十六則。"⑤今覆案《諧聲補逸》刊本引王念孫學說題作"王先生"云云，又有卷二口部吻字、辵部逭字、彳部復字及卷四刀部剗字，此四字爲劉盼遂失錄。《諧聲補逸》刊本卷内多引王念孫學說，劉盼遂據之以爲凡引"王先生"云者，均屬王念孫簽條。

　　以常理言之，劉盼遂之説似有明證，而取宋保《諧聲補逸》稿本比勘之，知劉説並非允當。《諧聲補逸》稿本今藏南京圖書館，現已收入《續修四庫全書》(上海古籍出版社2002年)第247册，卷中浮

①　案：李盛鐸《木犀軒叢書》本《諧聲補逸》，間或參考其舊藏愛日堂抄本《諧聲補逸》。李盛鐸舊藏愛日堂抄本《諧聲補逸》今藏北京大學圖書館。本書所據《諧聲補逸》刊本爲嘉慶間志學堂刻本。

②　案：楊宜崙修，夏之蓉、沈之本纂：《(嘉慶)高郵州志》(清嘉慶十八年刻本)卷九《選舉志·歲貢附廩生》云："宋保由國子監送部，准作歲貢，試用訓導，歷署任碭山、句容、江浦、安東各學校教諭，淮安、通州、安東各學校訓導，淮安、徐州兩府學教授。"(第40頁)是宋保嘗歷署江蘇教職，唯其具體年月，各府志、縣志失載。

③　王念孫：《王光祿遺文集》卷四《致宋小城書》，清咸豐七年刻《高郵王氏家集》本，第7頁。撰年據陳鴻森：《阮元刊刻〈古韵廿一部〉相關故實辨正——兼論〈經義述聞〉作者疑案》，《"中央研究院"歷史語言研究所集刊》2005年第76本3分，第452頁。

④　陸宗達：《王石臞先生〈韵譜〉〈合韵譜〉遺稿跋》，國立北京大學《國學季刊》1932年第3卷第1期，第169頁。

⑤　劉盼遂：《高郵王氏父子年譜》，收入《段王學五種》，民國二十五年(1936)北平來薰閣書店鉛印本，第22頁。

簽,原散於稿本各卷之中,影印本則以今存十五條浮簽,一併附於稿本之末。然第五、第六、第十五簽條,文字與王念孫略異,似非王念孫簽記。及檢視臺北傅斯年圖書館所藏清抄本《高郵王氏父子論音韵文稿》,書内收錄《簽記宋小城諧聲補逸十四條》一文,此即王念孫簽記《諧聲補逸》條目,據此文知《續修四庫全書》所附《諧聲補逸》簽條,其中第五、第六、第十五均屬宋保之浮簽,而《諧聲補逸》稿本僅存王念孫簽記凡十二條,脱落二條。① 故南京圖書館所藏宋保《諧聲補逸》稿本應即嘉慶十五年(1810)王念孫之校閱本。

以王念孫簽記十四條比閱劉盼遂所舉諸字,知昏、谷、奢、萑、霍、删、夏、鼄等字並非王念孫簽記,《諧聲補逸》刊本吻、逳、復、刉四字雖稱引"王先生"云云,亦非王念孫簽記。檢閱《諧聲補逸》稿本,知原稿本在相應文字下多已作"王先生"云云,故今刊本《諧聲補逸》中引"王先生"云云,部分源出嘉慶八年(1803)以前王念孫之説,並非均屬嘉慶十五年(1810)王念孫簽記。

宋保《諧聲補逸》刊本卷七米部粀字引"王伯申"云云,劉盼遂據此以爲此與嘉慶十三年(1808)王引之訂補《諧聲補逸》有關。② 今按嘉慶十三年(1808)宋保以《諧聲補逸》呈寄王引之,王引之覆書有"謹附跋語於卷末",③似未作補正。而檢諸《諧聲補逸》稿本,知此處原稿本已引王引之學説,即此處王引之學説增入《諧聲補逸》,或亦在嘉慶八年(1803)以前。

宋保《諧聲補逸》稿本援引王念孫、王引之學説,此與嘉慶八年

---

① 王念孫:《高郵王氏父子論音韵文稿》,臺北傅斯年圖書館藏清抄本。另,《續修四庫全書》影印《諧聲補逸》原稿本簽條,均表明原粘貼位置,今比核之,不免錯亂。如簽記第一條當在卷一艸部蒐字下,而今《諧聲補逸》稿本粘於卷首《諧聲補逸自序》之後。故《諧聲補逸》稿本相關簽條,其位置仍俟釐定。

② 劉盼遂:《高郵王氏父子年譜》,收入《段王學五種》,民國二十五年(1936)北平來薰閣書店鉛印本,第21頁。

③ 王引之:《王文簡遺文集》卷四《致宋小城書》,清咸豐七年刻《高郵王氏家集》本,第11頁。

（1803）以前宋保從王念孫問學有關。宋保《諧聲補逸》在嘉慶十五年（1810）經由王念孫改訂後，而後又從王念孫簽記，重多删改，故今《諧聲補逸》刊本所見王念孫相關論説，如卷一王部瓊字、艸部蒐字，卷四肉部肥字，卷五觖字，卷九火部灰字，卷一〇心部愗字，已融入王念孫學説，稱引"王先生"云云；卷六貝部貟字雖無"王先生"云云跡象，仍本諸王念孫簽記。

此外，《諧聲補逸》刊本卷四刀部剣字稱引"王先生"云云，而檢諸《諧聲補逸》稿本未收剣字，王念孫十四條簽記亦未增此字，或當屬嘉慶十五年（1810）之後宋保從王念孫學説增訂之例。

二、《諧聲補逸》之韵部體系

上文討論宋保《諧聲補逸》在嘉慶八年（1803）之前已引述王念孫學説，而此當與宋保從王念孫遊相關。考《（道光）續增高郵州志》第三册《人物志·文苑》云："（宋保）入都以虞貢生肄業成均，從學同里王侍御念孫之門"，[①]又《（嘉慶）高郵州志》卷九《選舉志·歲貢附廩生》云："宋保由國子監送部准作歲貢。"[②]而宋保肄業國子監之年月，蓋在乾隆五十年（1785）以後，約與《廣雅疏證》[《廣雅疏證》經始於乾隆五十三年（1788），至嘉慶元年（1796）稿成]同步。

嘉慶十三年（1808）宋保以《諧聲補逸》寄示河南學政王引之，王引之盛推此書"凡所發明，咸與二十一部相合，而能觀其會通，洵爲叔重之功臣，六書之羽翼也"[③]。詳繹王引之"咸與二十一部相合"之語，知宋保分古韵爲二十一部，乃沿襲其師王念孫之古音説。

何謂宋保析古韵爲二十一部？曰：以合音知之。合音之説，創

---

① 左輝春等纂修：《（道光）續增高郵州志》第三册，《人物志·文苑》，清道光二十三年刻本，第 13 頁。

② 楊宜崙修，夏之蓉、沈之本纂：《（嘉慶）高郵州志》卷九《選舉志·歲貢附廩生》，清嘉慶十八年刻本，第 40 頁。

③ 王引之：《致宋小城書》，《王文簡公遺文集》卷四，清咸豐七年刻《高郵王氏家集》本，第 11 頁。

自段玉裁《六書音均表》。宋保承繼段説，進而發明合音之理："大抵合音之理，取諸同位，如諄、文入元、寒，取諸異位，如諄、文、元入支、佳。總視其聲之遠近，近者直達遠，遠者每由相近之部分以轉達之，此古音諧聲之理，後世音轉由此而生。"(《諧聲補逸》卷四角部觲字)《六書音均表》析古韵十七部，《諧聲補逸》間引段書，或從(卷一艸部茈字)，或補(卷二口部周字)，或正(卷七马部甬字)。而段氏古韵十七部於《諧聲補逸》合音説中粗可考見，兹條舉其要如次：

之尤

古音之、咍與尤、幽最相近。(卷一中部毒字)

魚蕭

古音魚、虞、模部内字多由藥、鐸轉入蕭、宵、肴、豪韵中。(卷二口部唬字)案：藥爲魚之入。

魚侯歌

古音魚、虞、模一轉入侯，再轉入歌、戈、麻，故多出入。(卷四隹部蒦字)

元魚

古音元、寒、桓、删、山、仙與魚、模每相關合。(卷四夊部爰字)

支魚

赤聲、兒聲、鬲聲在支、佳部内，赤聲在魚、虞、模部内，兩部音近故也。(卷四鳥部鵝字)

東蒸

古音東、冬與蒸、登最多關通。(卷一艸部薨字)

古音東與蒸關通之路最近。(卷七吕部舠字)

東尤

古音冬與尤最相近，每多關通。(卷二牛部牢字)

侵覃

古音侵、覃兩部分用劃然，其關通之路最近。(卷九石部碞字)

陽歌

杏從可省聲，此陽、唐轉入歌、戈之證。(卷七多部夢字)

諄元

萈、允古音在元、寒部内，璊、玩古音在諄、文部内，兩部音相近故也。（卷一王部璊字）

脂支

疾、矢在脂部，知在支部，兩部每多出入。（卷七疒部疾字）

陽魚

竝古音在陽、唐部内，陽、唐與魚、虞、模轉移最近。（卷七日部普字）

元歌

古音元、寒、桓、删、山、仙與歌、戈、麻最多出入。（卷三鬥部鬩字）

侵尤

古音侵、覃與尤、幽兩部音相近。（卷七穴部窔字）

真元　　庚支

凡從开聲之字，分見于四部，合之爲二類。四部者，真、臻、先也，元、寒、桓、删、山、仙也，庚、耕、清、青也，支、佳也。二類者，一由真入元，一由庚入支也。（卷一二鬥部開字）

真耕

古音真、庚兩部之字，《易》《彖》《象》《傳》及《楚詞》多以合韵。（卷一四車部軯字）

耕支

熒、冥在庚、耕、清、青部内，冖在陌、麥、昔、錫，兩部關通最近。（卷一〇焱部熒字）案：陌爲支之入。

真脂

古音真、臻、先與脂、微、齊、皆、灰兩部每多出入。（卷一王部玭字）

脂文

古音微韵與文、欣二韵轉移最近。（卷一艸部薠字）

脂歌

此在脂部，隋在歌部，兩部古音相關通。（卷一示部祡字）

前文所舉兩部或三部合音之例，如據其類目歸納合併，則段氏古韵十七部（之、蕭、尤、侯、魚、蒸、侵、覃、東、陽、庚、真、文、元、脂、支、歌），在《諧聲補逸》中斑斑可考。復次，《諧聲補逸》又有緝、盍、祭、質四部獨立説，合前舉十七部，即宋保古韵二十一部之崖略。宋保持古有四聲説，與段古無去聲説有別。合前舉二十一部及古有四聲説，即宋保古音體系之基本規模。

古有四聲説。《諧聲補逸》卷八老部毊字："顧寧人入爲閏聲之説，殆不其然，孔撝約謂中原無入聲，不知古有四聲，猶今之有四聲也，古四聲異于今，猶今四聲異于古也。"此《諧聲補逸》持古有四聲説之證。

緝、盍兩部之構成。《諧聲補逸》卷一三糸部緤字："疌在合、盍、洽、狎、業、乏部内，習在緝、葉、帖部内。"又《諧聲補逸》卷三十部甘字："甘、湇、合、燮、ユ古音在緝、葉、帖部内。"又《諧聲補逸》卷五血部盍字："盍、某、縺古音在合、盍、洽、狎、業、乏部内。"是故緝部由入聲緝、葉、帖構成，合部由入聲合、盍、洽、狎、業、乏構成。

脂部之構成。《諧聲補逸》卷一玉部瓊字："古音術、物、迄、没爲脂、微、齊、皆、灰之入聲。"又《諧聲補逸》卷四肉部夐字："尼、昵、自、矢、米、未皆在脂、微、齊、皆、灰部内。"是故脂部平聲由脂、微、齊、皆、灰構成，術爲脂之入。

祭部之構成。《諧聲補逸》卷四叕部叕字："蘗在祭部，古音祭、泰、夬、廢、月、曷、末、鎋、黠、薛爲元、寒、桓、删、山、仙之轉聲。"又《諧聲補逸》卷五血部盍字："蓋、大、世古音在祭、泰、夬、廢部内。"是祭部由去聲祭、泰、夬、廢及入聲月、曷、末、鎋、黠、薛構成。

至部之構成。《諧聲補逸》卷二齒部齓字："八、七同在質、櫛、屑韵内。"《諧聲補逸》卷三支部徹字："徹聲、乙聲、密聲、必聲在質、櫛、屑部内；鬲聲、厄聲、鼏聲在陌、麥、昔、錫部内。"《諧聲補逸》卷四肉部肛字："乙在質、櫛、屑，意在志、代。"《諧聲補逸》卷一一魚部鯽字："則，古聲在職、德；即，古音在質、櫛、屑。"據以上所舉四例，知至部由質、櫛、屑構成。

復考《諧聲補逸》卷八老部毊字："至古讀如姪，故偏旁諧聲之字以及古人有韵之文,皆作入聲。"是宋保以从至聲之字爲入聲而非去聲。考諸《廣韵》,从至聲之字多在入聲質韵,宋説確然有據。細思宋説之意,蓋古有四聲説既出,去、入兩聲自不可等同,故从至諧聲之字多至之入。

屋爲侯之入。《諧聲補逸》卷一玨部玨字:"古音在屋,爲侯之入聲。"又《諧聲補逸》卷九石部确字:"古音入屋爲侯之入聲。"

依前文所考,《諧聲補逸》之韵部體系似可列表如下:

聲調 韵目	平	去	入
第一部	東		
第二部	蒸		
第三部	侵		
第四部	談		
第五部	陽		
第六部	耕		
第七部	真		
第八部	文		
第九部	元		
第十部	歌		
第十一部	支		錫
弟十二部		至	質
第十三部	脂		術
第十四部		祭	月
第十五部			盍
第十六部			緝

續表

韵　目＼聲　調	平	去	入
第十七部	之		職
第十八部	魚		鐸
第十九部	侯		屋
第二十部	幽		毒
第二十一部	宵		沃

今以《諧聲補逸》韵部體系比勘王念孫古韵二十一部,知《諧聲補逸》韵部體系與王念孫古韵二十一部如出一轍,並無發明,則宋保沿承王念孫學説,較然明甚。

綜合前文言之,《諧聲補逸》稿成於嘉慶八年(1803),付梓年月在嘉慶十五年(1810)之後,而從《諧聲補逸》與王念孫學術淵源關係言之,《諧聲補逸》成書過程有兩階段:嘉慶八年(1803)之前,宋保親炙王念孫之學,《諧聲補逸》成稿經由王念孫改訂,今《諧聲補逸》稿本稱引"王先生"云云即屬此例;《諧聲補逸》稿成之後,在嘉慶十五年(1810)又經王念孫簽正,此後宋保依從王念孫簽記,改訂《諧聲補逸》,并以王念孫相關簽記散入正文,而後付梓,今《諧聲補逸》刊本稱引"王先生"云云同於王念孫簽記,即屬明證。

《諧聲補逸》間亦引及"家大人"即宋保之父宋綿初學説,如《諧聲補逸》卷七宀部宋字即然,但《諧聲補逸》發明《説文解字》文字之聲音通轉,所採用韵部不出王念孫之古韵二十一部之範圍,故《諧聲補逸》之撰定,多受王念孫學説之啟發。

第四章　王念孫古韵二十二部
（古有四聲）之成立

　　陸宗達據王念孫《合韵譜》稿本之韵目，斷其《合韵譜》稿本之韵部體系爲二十二部。[①] 道光元年（1821）王念孫寓書江有誥，"孔氏分東冬爲二，念孫亦服膺其獨見。然考《蓼蕭》四章，皆每章一韵，而第四章之'冲冲''雝雝'，既相對爲文，則亦相承爲韵"，[②] 猶未信孔廣森東、冬分部之誼。同年王念孫寓書丁履恒所謂"弟向所酌定古韵，凡廿二部"[③] 以及丁履恒覆書王念孫"尊恉分二十二部"之語，[④] 則王念孫從孔氏東冬部之説，析古韵爲二十二部，當在道光元年（1821）。王念孫《詩經群經楚辭合韵譜》東冬合韵"濃冲雝同（《蓼蕭》四章）"，即從孔廣森説之確證。

　　今檢諸王念孫九種《合韵譜》稿本，知《詩經群經楚辭合韵譜》《周秦諸子合韵譜》《兩漢合韵譜》[⑤]《逸周書穆天子傳戰國策合韵譜》《新語素問易林合韵譜》《史記漢書合韵譜》之韵部體系與陸説相契。陸宗達所列《古韵譜》古韵二十二部韵目，[⑥] 其與王念孫諸《合韵譜》

---

　　①　陸宗達：《王石臞先生〈韵譜〉〈合韵譜〉遺稿後記》，國立北京大學《國學季刊》1935 年第 5 卷第 2 期，第 152—154 頁。

　　②　王念孫：《答江晉三論韵學書》，《王光禄遺文集》卷四，清咸豐七年刻《高郵王氏家集》本，第 9—10 頁。

　　③　王念孫：《與丁大令若士書》，《王石臞先生文稿》，收入《國家圖書館藏鈔稿本乾嘉名人別集叢刊》，第 23 册，北京：國家圖書館出版社，2010 年，第 85 頁。

　　④　丁履恒：《丁履恒致王念孫書》，羅振玉輯：《昭代經師手簡初編》，民國七年（1918）景印本。

　　⑤　《兩漢合韵譜》所收韵段主要源自《韓詩外傳》《列女傳》《春秋繁露》《淮南子》《太玄》《説苑》等，而與《西漢（〈楚辭〉中）合韵譜》《西漢（〈文選〉中）合韵譜》《史記漢書合韵譜》殊異。

　　⑥　此表見陸宗達：《王石臞先生〈韵譜〉〈合韵譜〉遺稿後記》，國立北京大學《國學季刊》1935 年第 5 卷第 2 期，第 154 頁。

二十二部並非盡合。如《合韵譜》韵目"合"作"盇"、"蕭"作"宵"，與陸表不同，是知陸表韵目殆未盡依王念孫《合韵譜》稿本舊貌。又如"黝"乃幽部之上聲，非幽部之去聲，陸表蓋涉筆偶誤。今覈諸《合韵譜》稿本，知"黝"爲"幼"之訛，"有"當易作"黝"。兹列王念孫《合韵譜》二十二部韵目如次：

聲　調 韵　目	平　聲	上　聲	去　聲	入　聲
第一部	東			
第二部	冬			
第三部	蒸			
第四部	侵			
第五部	談			
第六部	陽			
第七部	耕			
第八部	真			
第九部	諄			
第十部	元			
第十一部	歌			
第十二部	支	紙	忮	錫
第十三部			至	質
第十四部	脂	旨	鞁	術
第十五部			祭	月
第十六部				盇
第十七部				緝

聲調 韵目	平　聲	上　聲	去　聲	入　聲
第十八部	之	止	志	職
第十九部	魚	語	御	鐸
第二十部	侯	厚	候	屋
第二十一部	幽	黝	幼	毒
第二十二部	宵	小	笑	藥

　　王念孫《合韵譜》稿本所見類目並非完全一致,以上所列古韵二十二部類目,《詩經群經楚辭合韵譜》《兩漢合韵譜》《新語素問易林合韵譜》悉具,[①]而《周秦諸子合韵譜》無錫、盍、笑,《逸周書穆天子傳戰國策合韵譜》無錫、至、盍、志、小、笑、藥,《史記漢書合韵譜》無紙、錫。

　　王念孫《合韵譜》入聲韵段標目具有一定特殊性,《古韵廿一部》所立凡同諧聲必同部原則,並不完全適用於《合韵譜》去聲、入聲韵段。《合韵譜》與去聲韵協韵之入聲韵段,其韵目或以去聲標目;與平聲韵、入聲韵協韵之去聲韵段,其韵目或以入聲標目。

　　《古韵廿一部》以世聲、曷聲、大聲、蓋聲等爲去聲祭部,《詩經群經楚辭合韵譜》鞈祭合韵韵段"外大位害"(《渙》象傳)、"大位"(《月令》命太尉贊傑俊五句)、"世位"(先人就世句),《兩漢合韵譜》鞈祭合韵韵段"利害利位世"(故以神爲主者九句)、"大細"(《泰族》故因

---

　　① 　案:關於王念孫《詩經群經楚辭合韵譜》《素問合韵譜》之整理,分別見趙曉慶:《王念孫〈合韵譜〉〈古韵譜〉比較研究》,《漢語史學報》第 21 輯,上海:上海教育出版社,2019 年,第 38—53 頁。錢超塵:《黃帝内經太素研究》,北京:人民衛生出版社,1998 年,第 191—296 頁;《王念孫〈素問合韵偈譜〉及依韵校勘》,北京師範大學民俗典籍文字研究中心編:《陸宗達先生百年誕辰紀念文集》,北京:中國廣播電視出版社,2005 年,第 129—134 頁。

則大化則細矣），《史記漢書合韵譜》鞋祭合韵韵段“泄外害氣泄”（《扁鵲傳》太子病血氣不時六句）等均屬此例。

《兩漢合韵譜》鞋祭合韵韵段“廢泄昧”（《淮南·原道》故夫形者七句），“伐竭害察大蔽厲世逝泄惠”（《列女傳》柳下惠妻誄夫詞），廢、伐、逝諧聲聲符在《古韵廿一部》祭部入聲月類，而《兩漢合韵譜》以去聲祭標韵目。賴聲在《古韵廿一部》去聲祭部月類，《史記漢書合韵譜》術月合韵韵段“會勢貴瘁世賴”（同上），即其證，而《史記漢書合韵譜》鞋祭合韵韵段“讟賴”（《揚雄傳·反騷》），賴又以祭標韵目。此即《合韵譜》與去聲韵協韵之入聲韵段，其韵目或以去聲標目之例。

《詩經群經楚辭合韵譜》元月合韵韵段“發偈怛”（《匪風》一章），質月合韵韵段“蓋閉泄”（《禮記·月令》上事勿作六句），術月合韵韵段“大月物”（《大戴禮·哀公問五義篇》故其事大五句）、“孛竭”（《誥志篇》則日月不食五句），《兩漢合韵譜》術月合韵韵段“竭出”（《本經》取焉而不損三句）等，偈、蓋、泄、大、竭等諧聲聲符在《古韵廿一部》去聲祭部祭類，《合韵譜》則以入聲月標韵目。此即《合韵譜》與平聲韵、入聲韵協韵之去聲韵段，其韵目往往以入聲標目之例。

第五章　段玉裁、王念孫韵部
體系關係考辨

　　清儒古韵分部,前人所分未密,後人更定而轉精。顧炎武《音學五書》離析《唐韵》,分古韵爲東、支、魚、蕭、歌、陽、耕、蒸、侵、真十部,江永《古韵標準》以真、元分部,侵、談分部,侯、尤、幽合爲一部,分古陰聲韵、陽聲韵爲東、支、魚、真、元、宵、歌、陽、耕、蒸、幽、侵、談十三部。[①] 乾隆三十一年(1766)、三十二年(1767)間,段玉裁成《詩經韵讀》《群經韵讀》各一帙,析支、脂、之爲三,尤與侯、真與文各爲二,分古韵爲之、蕭、尤、侯、魚、蒸、侵、談、東、陽、耕、真、文、元、脂、支、歌十七部,乾隆三十八年(1773)段玉裁更定入聲爲八。[②] 段玉裁分古韵爲十七部,錢大昕稱彼有"鑿破混沌"之功,[③]戴震稱彼析支、脂、之爲三,"能發自唐以來講韵者所未發"。[④] 段玉裁於《古韵標準》古韵十三部而外,更分脂、之、侯、文四部,此乃段玉裁之卓識,故爲時賢所激賞。

　　王念孫寓江有誥書云:"念孫少時服膺顧氏書,年二十三入都會試,得江氏《古韵標準》,始知顧氏所分十部猶有罅漏。旋里後,取三百五篇反覆尋繹,始知江氏之書仍未盡善,輒以己意重加編次,分古音爲二十一部,未敢出以示人。及服官後,始得亡友段君若膺所撰《六書音均表》,見其分支、脂、之爲三,真、諄爲二,尤、侯爲二,皆與鄙見若合符節,唯入聲之分合及分配平、上、去,與念孫多有不合。

---

　　① 郭錫良:《談談張民權對萬光泰古音學未刊稿的發掘和評述》,華學誠主編:《文獻語言學》2017年第四輯,北京:中華書局,2017年,第25頁。

　　② 段玉裁:《江氏音學序》,《經韵樓集》卷六,上海:上海古籍出版社,2008年,第124頁。

　　③ 段玉裁:《寄戴東原先生書》,《六書音均表》卷首,清乾隆四十二年富順官廨序刻本,第3頁。

　　④ 戴震:《戴東原先生來書》,《六書音均表》卷首,第2頁。

嗣值官務殷繁，久荒舊業，又以侵、談二部分析未能明審，是以書雖成，而未敢付梓。"①

　　王念孫此札撰於道光元年（1821），而段玉裁已於嘉慶二十年（1815）九月辭世。王念孫札中自謂其古韵二十一部之作成於獲見《六書音均表》之前，唯未付梓耳，又謂支、脂、之分部，真、諄（文）分部，尤、侯分部乃其獨立發明，而與段説闇合。王引之《石臞府君行狀》、阮元《王石臞先生墓誌銘》皆承此説，②《清史列傳》《清史稿》王念孫本傳並襲此意。③ 近今學者所論，大要不出此範圍，唯羅常培稱："王氏（案：王念孫）分部以段氏（案：段玉裁）十七部爲據"，④堪稱卓見。

　　羅常培所論，先獲我心。今更從王念孫古韵分部之源流考之，益知羅常培所論並非虛言。本書第一章《王念孫初分古韵爲十七部考》已論上海圖書館所藏清人過錄王念孫校本《六書音均表》、王念孫《古韵十七部韵表》及其《平入分配説》僅具古韵十七部，且基於段玉裁《六書音均表》更定平入分配體系，是知王念孫古韵二十一部早成説乃屬虛語。

　　王念孫古韵二十一部既本諸段玉裁古韵十七部，則諄（文）、侯、支、之四部獨立説蓋非其獨立發明，王念孫別創至、祭、緝、盍四部獨立説，而此四部獨立説當源於《六書音均表》。今徵諸相關文獻，始知王念孫書札之語，乃別有隱情，今依《六書音均表》及王念

---

　　① 王念孫：《答江晉三論韵學書》，《王光禄遺文集》卷四，清咸豐七年刻《高郵王氏家集》本，第 8 頁。

　　② 王引之：《皇清誥授中憲大夫直隸永定河道重宴鹿鳴欽賜四品銜晉封光禄大夫工部尚書加二級顯考石臞府君行狀》，《王文簡公遺文集》卷六，清咸豐七年刻《高郵王氏家集》本，第 19 頁；阮元《王石臞先生墓誌銘》，《揅經室續集》卷二下，清道光間阮氏文選樓刻本，第 4 頁。

　　③ 《清史列傳》卷六八《儒林傳·王念孫傳》，北京：中華書局，1987 年，第 5535 頁；《清史稿》卷四八一《儒林傳二·王念孫傳》，北京：中華書局，1977 年，第 13212 頁。

　　④ 羅常培：《中國聲韵沿革表附説》，《羅常培文集》第六卷，濟南：山東教育出版社，2008 年，第 139 頁。

孫諸文稿,討論王念孫諄（文）、侯、脂、之、至、祭、緝、盍八部獨立之源流。

第一節　諄、侯、脂、之四部獨立説
非王念孫之獨立發明

　　江沅《説文解字音均表弁言》云:"支、脂、之之爲三,真、臻、先與諄、文、䰟、痕之爲二,皆陸氏（案:陸法言）之舊也。段氏（案:段玉裁）謂前此未有發明其故者,遂矜爲獨得之秘。"①江説失之未允,段氏支、脂、之分部,真、文分部,乃源自《詩經》群經之韵讀,並非陸法言《切韵》之舊例。② 據學者披露,康熙、雍正年間,蔣驥《山帶閣注楚辭》已分古韵支、脂、之三部,③乾隆十三年（1748）萬光泰《古音表考正》已有脂、之、真、文四部獨立説,④略知段玉裁、王念孫之前已有學者離析脂、之、真、文四部,然則王念孫諄（文）、侯、支、之四部獨立説並非其發明。

　　臺北傅斯年圖書館藏清抄本《高郵王氏父子論音韵文稿》,收錄《答江晉三書》,中國國家圖書館藏民國間抄本《王念孫遺文》題作《又與江有誥書》。⑤ 此札即《王光祿遺文集》、《王石臞先生遺文》

---

　　①　案:江沅《説文解字音均表》稿本,今北京大學圖書館、上海圖書館、臺北故宮博物院竝有館藏。上圖本已收入《續修四庫全書》,然屬初稿本,且非全帙,前引"段氏謂"作"段氏爲",今據臺北文海出版社 1974 年影印臺北故宮博物院藏本。

　　②　案:陳新雄謂段玉裁支、脂、之分部受江永"入聲分配陰聲"之啟發,真、文分部則受江永"數韵共一入"之啟示,見陳新雄:《江永古學學説對段玉裁古韵分部之啟示》,《陳新雄語言學論學集》,北京:中華書局,2010 年,第 92—96 頁。

　　③　洪誠:《中國歷代語言文字學文選》引胡小石説,收入《洪誠文集》,南京:江蘇古籍出版社,2000 年,第 202、204 頁。今檢諸胡小石著述,惜未得之。

　　④　張民權:《清代前期古音學研究》（下）,北京:北京廣播學院出版社,2002 年,第305—306 頁;《萬光泰音韵學稿本整理與研究》,北京:社會科學文獻出版社,2017 年,第54—59、270—272、275—278 頁。

　　⑤　王念孫:《王念孫遺文》,收入《國家圖書館藏鈔稿本乾嘉名人別集叢刊》,第 23册,北京:國家圖書館出版社,2010 年,第 131—140 頁,又見第 204—213 頁。

(《高郵王氏遺書》本)卷四所收《答江晉三論韵學書》,亦即江有誥
《江氏音學十書》卷首附刻《王石臞先生來書》,但三者俱闕一段文
辭,兹據《高郵王氏父子論音韵文稿》本逐録其文如下,兼依《王念孫
遺文》本參合校補:

　　段氏分真、諄爲二,近來言古韵者皆非之,而念孫獨以爲
是。真、諄之通,周秦間多有之(案:《遺文》本"間"字後有"書"
字,疑《文稿》本脱之),而三百篇未之有也。韵莫古於三百篇,
因當奉以爲宗。夫子(案:《遺文》本作"天子",誤)繫《易》,真、
庚二部多通用,然庚衹(案:《遺文》本"衹"作"但")通真,而不通
諄,其用諄部之字,則皆在本部,而不與真通。《易》韵較寬,而
猶不通用,則他書之通用者,皆不可從也。[①]

《高郵王氏父子論音韵文稿》《王念孫遺文》所存王念孫删汰文辭,當
屬王念孫原擬書札而未寄出者,其中文辭本不欲示人,而王念孫文
集及《江氏音學十書》附刻者同出一源,則爲王念孫删定本。《高郵
王氏父子論音韵文稿》等所存王念孫删汰文辭恰恰透露出王念孫古
韵分部之實態。段玉裁真、文分部,時人多疑其説,而王念孫"獨以
爲是"。繹此語,知段氏真、文之分,必在王念孫之前。非唯真、諄分
部如此,尤、侯分部,支、脂、之分部,恐亦如是。
　　王念孫《論音韵》云:"真、諄、元之分,侵、覃之分,支、脂、
之之分,魚、侯之分,蕭、尤之分,術、月之分,仍須博考周秦之音,以補顧
氏、江氏、段氏之闕。雖一字二字闌入他韵者,亦必詳爲考證。"[②]
　　今繹其説,"以補顧氏、江氏、段氏之闕"云者,知顧炎武《音學五

　　①　王念孫:《高郵王氏父子論音韵文稿》,臺北傅斯年圖書館藏清抄本;王念孫:《王
念孫遺文》,收入《國家圖書館藏鈔稿本乾嘉名人别集叢刊》,第23册,北京:國家圖書館
出版社,2010年,第133—134頁,又見第206—207頁。
　　②　王念孫:《論音韵》,見李宗焜編:《景印解説高郵王氏父子手稿》,臺北:"中研
院"歷史語言研究所,2000年,圖版及釋文分别見第201、203頁。

書》、江永《古韵標準》、段玉裁《六書音均表》，王念孫竝已獲見。詳
繹“真、諄、元之分，侵、覃之分，支、脂、之之分，魚、侯之分，蕭、尤之
分，術、月之分，仍須博考周秦之音”云者，知江永真、元分部，侵、覃
分部，侯、尤、幽合爲一部，術、月分部，段玉裁真、諄分部，支、脂、之
分部，侯部獨立説，王念孫尚且存疑，必以周秦之音證之，方爲信服。
本書第二章《王念孫〈論音韵〉所見古韵二十二部（古無去聲）考》已
論王念孫《論音韵》撰於其批校《六書音均表》之後，而彼仍有此疑。
若王念孫早持諸韵部獨立説，必不作斯語。故不妨認爲諄、侯、支、
之四部獨立説，乃段氏發明在前，王念孫不過承其緒論耳。

第二節　　至、祭、緝、盍四部獨立説源於《六書音均表》

　　王念孫析古韵爲二十一部，即於段玉裁古韵十七部外，更分至、
祭、緝、盍四部。羅常培論及王念孫至、祭、緝、盍四部之獨立，云：“惟
于段氏之第十二部中分出至部，第十五部中分出祭部，第七部中分出
緝部，第八部中分出盍部，故得二十一部。”①羅常培所言，已得其要旨。
然拙見與羅常培之論略有不同，王念孫至部並非單從《六書音均表》第
十二部真部析出，戴震、王念孫均有祭部獨立説，其兩者之關聯，不可
不辨，且段玉裁《六書音均表》已具至、祭、緝、盍四部獨立之端倪，而徵
諸文獻材料，王念孫至、祭獨立之源流，昭然可見，故更爲之考述。

　　王念孫祭部獨立説，蓋受益於戴震《答段若膺論韵》。丁履恒
《形聲類篇》引張惠言稱莊述祖云：“冬一部也，泰一部也，冬有平去
而無上入，泰有去入而無平上。”②王念孫《形聲類篇》簽記云：“分祭、

---

①　羅常培：《中國聲韵沿革表附説》，《羅常培文集》第六卷，濟南：山東教育出版社，
1999 年，第 139—140 頁。

②　丁履恒：《形聲類篇》卷一，清光緒十五年陽湖楊葆彝刻《大亭山館叢書》本，第 13
頁。案：莊述祖語見張惠言、張成孫撰《論部分弟一》，《諧聲譜》卷二，民國二十三年武林
葉氏石印本，第 2 之 1 頁。

泰、夬、廢及月、曷、末、鎋、薛自爲一部,先師戴氏(案:戴震)及念孫皆有此説,非始於莊君(案:指莊述祖)。"①然戴、王祭部之構成,並非盡同。戴震之祭部由祭、泰、夬、廢構成,王念孫之祭部由去聲祭、泰、夬、廢及入聲月、曷、末、鎋、薛構成。

　　乾隆四十一年(1776)戴震《答段若膺論韵》,遍舉《詩經》祭、泰、夬、廢與月、曷、末、黠、鎋、薛分别協韵之例,遂分祭、月兩部。②戴震精於審音,疏於考古,未以祭、月統歸一部,但書札中所臚列祭、月合用韵段,王念孫《詩經群經楚辭韵譜》與之悉合。③乾隆四十二年(1777)孔繼涵微波榭刻《聲類表》,④王念孫任校勘之役,《聲類表》卷三、卷八卷尾竝有"受業高郵王念孫校字",戴震《答段若膺論韵》未收入微波榭刻本戴震《文集》中,而附刻於《聲類表》卷首。是王念孫祭部獨立説,或受其師戴震學説之啓發,不過王念孫祭部獨立説與《六書音均表》之關係更爲值得注意。

　　嘉慶二十一年(1816)王念孫覆書李賡芸云:"《音均表》以此四部(案:祭、泰、夬、廢)與至、未等部合爲一類,入聲之月、曷等部,亦與術、物等部合爲一類,於是《蓼莪》五章之'烈''發''害'與六章之'律''弗''卒',《論語》八士之'達''适'與'突''忽',《楚辭·遠遊》之'至''比'與'厲''衛'皆混爲一韵,而音不諧矣。其以月、曷等部爲脂部之入聲,亦沿顧氏之誤,而未改也。唯術、物等部乃脂部之入聲耳。"⑤

　　王念孫所謂"《楚辭·遠遊》之'至''比'與'厲''衛'皆混爲一

　　① 王念孫:《與丁大令若士書》,見《王石臞先生文稿》,收入《國家圖書館藏鈔稿本乾嘉名人别集叢刊》,第 23 册,北京:國家圖書館出版社,2010 年,第 92 頁。案:王念孫簽記丁書時,丁題《諧聲類篇》,後改題作《形聲類篇》。上海圖書館、傅斯年圖書館竝藏王念孫手校稿本《諧聲類篇》。

　　② 戴震:《答段若膺論韵》,《戴東原集》卷四,清乾隆五十七年經韵樓刻本,第 11—12、14 頁。

　　③ 王念孫:《詩經群經楚辭韵譜》卷下,第 6 頁,見《高郵王氏遺書》,民國十四年(1925)鉛印本。

　　④ 案:戴震祭部獨立説,《聲類表》亦有之,即《聲類表》卷七陰聲靄部。

　　⑤ 王念孫:《古韵廿一部》,今本《經義述聞》卷三一,清道光十年刻本,第 53—54 頁。

韵”，此據《六書音均表》爲辭，未正其韵段之誤。而王念孫寓書李賡
芸之語，可視爲其祭部獨立說提出之明證。《平入分配説》尚存王念
孫古韵分部之初貌，兩者引文相近，但所析韵部有古韵二十一部、古
韵十七部之分殊。本書第一章第三節《〈平入分配説〉之韵部體系》
已論《平入分配説》僅具古韵十七部，且從段玉裁古無去聲説，段玉
裁《六書音均表》以術（術、物、迄、没）、月（月、曷、末、黠、鎋、薛）同爲
脂部入聲，王念孫則以“術、月當分二部”，其《平入分配説》云：“併月
於術以承脂，而《蓼莪》之‘烈’‘發’‘害’與‘律’‘弗’‘卒’，《論語》之
‘達’‘适’‘突’‘忽’，《楚辭·天問》之‘繼’‘飽’與‘蠥’‘達’，《遠遊》
之‘至’‘比’與‘厲’‘衛’皆混爲一部。”①

　　《平入分配説》以《六書音均表》脂部入聲術、月當分爲二，並無
至部、祭部獨立説，今據此文略可管見兩部形成之脈絡。《平入分配
説》所舉《毛詩》《論語》《楚辭》之韵段，竝源自段玉裁《詩經韵分十七
部表》《群經韵分十七部表》。② 兹徵諸文獻，以明王念孫之説。

　　如《毛詩·小雅·蓼莪》云：

　　　南山烈⦿，飄風發⦿。民莫不穀，我獨何⦿。（五章）
　　　南山律⦿，飄風弗⦿。民莫不穀，我獨不⦿。（六章）

王念孫以爲《毛詩·蓼莪》五章、六章各自爲韵，故烈、發、害與律、
弗、卒並非同部，而段玉裁《六書音均表》以烈、發、害、律、弗、卒統歸
脂部入聲，並無分別。王念孫之意，“烈”“發”“害”屬入聲月部，而
“律”“弗”“卒”隸入聲術部。

---

　　① 王念孫：《平入分配説》，見劉盼遂輯：《王石臞文集補編》，第 7 頁，收入《段王學
五種》，民國二十五年(1936)北平來薰閣書店鉛印本。案：厲原作屬，誤，今據《王念孫遺
文》本。見王念孫：《王念孫遺文》，收入《國家圖書館藏鈔稿本乾嘉名人別集叢刊》，第 23
册，北京：國家圖書館出版社，2010 年，第 130、203 頁。
　　② 段玉裁：《六書音均表》卷四，清乾隆四十二年富順官廨序刻本，第 43 頁；《六書音
均表》卷五，第 18—19 頁。

又如《論語・微子》云：

> 周有八士：伯達、伯适、仲突、仲忽、叔夜、叔夏、季隨、季騧。

段玉裁《六書音均表》以爲達、适、突、忽同爲脂部入聲，上海圖書館藏清人過錄王念孫校本《六書音均表》，達、适右側標△，突、忽右側標○，[①]即王念孫以爲達、适、突、忽分別協韵，"達""适"屬月部，而"突""忽"屬術部，故術、月當分爲二。

又如《楚辭・天問》云：

> 閔妃匹合，厥身是㉈，胡維嗜不同㉃，而快鼂㉅？
> 啟代益作后，卒然離㉄，何啟惟憂，而能拘是㉆？

段玉裁《群經韵分十七部表》"飽"字外有合韵標識○，屬合韵之例，可置不論。上海圖書館藏清人過錄王念孫校本《六書音均表》，繼字後增味字，蠥、達右側標△，[②]即王念孫以"繼""味""飽"屬術部，"蠥""達"隸月部，《楚辭》此兩章分用。此外，段玉裁《群經韵分十七部表》脂部入聲韵段"至比厲衛（《遠遊》）"，[③]王念孫以"至""比"爲術部，"厲""衛"爲月部。此兩例爲《楚辭》術、月當析爲二之證。

　　合觀上文，王念孫以術、月並不合用，術、物、迄、没（即術部）與月、曷、末、黠、鎋、薛（即月部）界埒分明。是以《平入分配説》析術、月爲二，《論音韵》則以術、月獨立成部。上海圖書館藏清人過錄王念孫校本《六書音均表》僅以△或○分別術、月，並無祭部獨立説。至《詩經群經楚辭韵譜》，抉摘《群經韵分十七部表》脂部韵段"至比厲衛（《遠遊》）"標注之失，"至比"源自《楚辭・悲回風》"歲忽忽其若

---

①　段玉裁：《六書音均表》卷五，上海圖書館藏阮元校本，第18頁。
②　段玉裁：《六書音均表》卷五，上海圖書館藏阮元校本，第18頁。
③　段玉裁：《六書音均表》卷五，清乾隆四十二年富順官廨序刻本，第19頁。

頮兮，峕亦冉冉而將至。繁蘅槁而節離兮，芳以歇而不比"，而非《楚辭·遠遊》。上文所舉《毛詩·蓼莪》六章律弗卒、《論語·微子》突忽、《楚辭·天問》繼味飽、《楚辭·悲回風》至比，均爲《詩經群經楚辭韵譜》脂部韵段，[①]《毛詩·蓼莪》五章烈發害、《論語·微子》達适、《楚辭·天問》蠤達、《楚辭·遠遊》厲衞，均爲《詩經群經楚辭韵譜》月部韵段。[②] 王念孫《詩經群經楚辭韵譜》猶從段氏古無去聲説，而祭、月合用，故以祭月獨立爲月部。[③] 而《詩經群經楚辭韵譜》月部韵段多未出《六書音均表》脂部入聲韵段之右，唯取《六書音均表》脂部入聲祭、月獨立成月部，此乃王念孫之發明。

　　兹列下表以明王念孫《詩經群經楚辭韵譜》月部獨立説與《六書音均表》之關係：

《六書音均表》脂部		王念孫《詩經群經楚辭韵譜》月部	
平聲	脂、微、齊、皆、灰		
入 聲	至、未、霽、祭、泰、怪、夬、隊、廢 術、物、迄、月、没、曷、末、黠、鎋、薛	入 聲	祭、泰、夬、廢 月、曷、末、黠、鎋、薛

　　《六書音均表》以質爲真之入，段玉裁以至字古本音在真部，至字外有合韵標識○，[④]則至、質同爲真之入。如至、質從真部析出，獨立成部，則與王念孫至部獨立説不別。王念孫《詩經群經楚辭韵譜》主古無去聲説，至部韵目以入聲韵質標目。而上海圖書館藏清人過錄王念孫校本《六書音均表》真部入聲新增"日日《易·蠱》象辭""日

　　① 王念孫：《詩經群經楚辭韵譜》卷下，第 5、6 頁，見《高郵王氏遺書》，民國十四年(1925)鉛印本。

　　② 王念孫：《詩經群經楚辭韵譜》卷下，第 6、7 頁，見《高郵王氏遺書》。

　　③ 陸宗達：《王石臞先生〈韵譜〉〈合韵譜〉遺稿後記》，國立北京大學《國學季刊》1935 年第 5 卷第 2 期，第 129—131 頁。《高郵王氏遺書》本以祭標目，誤也。

　　④ 段玉裁：《六書音均表》卷四，清乾隆四十二年富順官廨序刻本，第 44 頁。

日《巽》九五""節潔節《大戴·誥至》""至室《禮記·月令》""室閉'審門閭'三句""一失《越語下》范對""畢橘《爾雅·釋天》"等韵段,①《詩經群經楚辭韵譜》質部大體略同,所言具體出處更爲詳細。② 王念孫批校《六書音均表》,至、霽爲諄之入,質爲真之入,而其《詩經群經楚辭韵譜》則依周秦有韵之文,以去聲至、霽與入聲質、櫛、屑合用爲多,故以至、質獨立爲質部,此乃王念孫之創獲。

　　兹列下表以明王念孫《詩經群經楚辭韵譜》質部獨立説與《六書音均表》之關係:

《六書音均表》脂部		《六書音均表》真部	王念孫《詩經群經楚辭韵譜》月部	
平聲	脂、微、齊、皆、灰	真、臻、先		
入聲	至、未、霽、祭、泰、怪、夬、隊、廢、術、物、迄、月、没、曷、末、黠、鎋、薛	質、櫛、屑	入聲	至、霽質、櫛、屑

　　王念孫《詩經群經楚辭韵譜》月、質兩部與其祭、至兩部之範圍並無本質區別,因從段氏古無去聲説,故以入聲月、質標目,後持古有四聲説,改以去聲祭、至標部。《六書音均表》已具至、祭兩部獨立説之端倪,惜段玉裁離析古韵,以入聲韵當與平聲韵相配,不足以獨立成部,所謂"各韵有有平無入者,未有有入無平者","入者,平之委也",③段玉裁既恪守此法,則彼離析入聲韵,未盡從《詩經》群經用韵

---

①　段玉裁:《六書音均表》卷五,上海圖書館藏阮元校本,第 15 頁。

②　王念孫:《詩經群經楚辭韵譜》卷下,第 2 頁,見《高郵王氏遺書》,民國十四年(1925)鉛印本。

③　段玉裁:《答江晉三論韵》,《經韵樓集》卷六,上海:上海古籍出版社,2008 年,第 132 頁。案:黄易青、王寧、曹述敬歸納段説爲"入爲平委"。見黄易青、王寧、曹述敬:《傳統古音學論著選注》,北京:商務印書館,2018 年,第 193 頁。

之例，此正其説瑕隙之處。王念孫至、祭獨立説，以《詩經》群經用韵之例爲準，去聲、入聲韵可以獨立成部。

　　非唯王念孫至、祭兩部獨立説與《六書音均表》相關，緝、盍（合）兩部獨立説當亦如是。江永《古韵標準》既析侵、覃（談）爲二，又以緝、合爲侵、覃之入。① 段玉裁《六書音均表》雖沿承江氏侵、覃分部之旨，但侵、覃、緝、合四部之構成與江説竝非盡同。江永以入聲“緝、分合、分葉、分洽”構成緝部，② 入聲“分合、盍、分葉、帖、業、洽、狎、乏”構成合部。③ 段玉裁則以入聲緝、葉、帖構成緝部，入聲合、盍、洽、狎、業、乏構成盍部。而王念孫緝、盍之構成，與段説同，而異於江説。嘉慶二十四年（1819）王念孫寓書陳奂云：“又蒙垂問古韵分部，即於段茂堂先生《音均表》十七部中分出緝、葉、帖一部，合、盍、洽、狎、乏一部。”④ 此王念孫主段説而不取江説之證。

　　段玉裁《六書音均表》侵、談之入聲如下表所示：

韵　　目	入　　聲
侵	緝、葉、帖
談	合、盍、洽、狎、業、乏

　　段玉裁《平入分配説》云：“二十六緝以下八韵，古分二部，其平入相配一也。”⑤ 詳繹段氏此説，知段玉裁以緝、盍乃侵、談之入，循《廣韵》平入分配之例，且謂此與《詩經》、群經、《楚辭》古韵合。而《詩經》群經韵讀中，入聲緝、盍與平聲侵、談合用爲少，獨用爲多，是

---

　　① 案：江永雖有“數韵同一入”説，但“緝、合以下九部爲侵、覃九韵所專，不爲他韵借，他韵亦不能借”。江永：《四聲切韵表凡例》，《四聲切韵表》卷首，清乾隆三十六年恩平縣衙刻《貸園叢書初集》本，第10頁。

　　② 江永：《古韵標準》卷四，清咸豐元年沔陽陸建瀛刻《江氏韵書三種》本，第18頁。

　　③ 江永：《古韵標準》卷四，第20頁。

　　④ 王念孫：《致陳碩甫書》，《王光禄遺文集》卷四，清咸豐七年刻《高郵王氏家集》本，第16頁。

　　⑤ 段玉裁：《六書音均表》卷一，清乾隆四十二年富順官廨序刻本，第14頁。

以王念孫取段氏《六書音均表》侵、談之入聲,獨立爲緝、盍兩部。清人過錄王念孫校本《六書音均表》《詩經群經楚辭韵譜》盍部韵段與《六書音均表》談部入聲韵段無別,緝部韵段在《六書音均表》侵部入聲韵段基礎上,新增"合洽(《大戴禮記·三本》)""法合(《禮記·儒行》)""入集洽合(《九辯》)"等韵段,①故王念孫緝、盍兩部獨立説源自《六書音均表》,大體可以斷言。

今更而論之,王壽同《叔父六十壽辰徵詩節略》云:"先光祿公少時在里,與賈稻邨先生肆力於詩者,最早胎息漢、魏,足以亂真,繼而從事小學,遂不時作。"②王壽同乃王念孫嫡孫,王念孫封贈"光祿大夫",故王壽同有"先光祿公"云云。是故王念孫早年肆力詩文,於音韵訓詁之研究並不系統,③至乾隆四十年(1775)禮部中式,旋乞假歸里,隱居湖濱精舍,始校正《説文解字》等。④　而乾隆十九年(1754)段玉裁從蔡泳遊,初知古韵學,⑤乾隆二十八年(1763)聞江永古韵學緒論,復逢會試屢次不售,退而遍繹《詩經》、群經、《楚辭》韵段,承繼江永古韵十三部,進而更定古韵爲十七部。乾隆三十五年(1770)《詩經韵譜》《群經韵譜》注釋完竣,乾隆四十年(1775)《六書音均表》成書,⑥乾隆四十二年(1777)《六書音均表》刊刻之役告竣。是以王念

---

① 段玉裁:《六書音均表》卷五,上海圖書館藏阮元校本,第9頁;王念孫:《詩經群經楚辭韵譜》卷下,第8頁,見《高郵王氏遺書》,民國十四年(1925)鉛印本。

② 王壽同:《觀其自養齋爐餘錄》卷三,收入《王念孫手稿》,北京大學圖書館藏稿本。中國國家圖書館藏民國間抄本《觀其自養齋爐餘錄》無。

③ 乾隆三十四年(1769)冬,王念孫稱貸購汲古閣刻《説文解字》,曰:"歸而發明字學,欲作書四種,以配亭林顧氏《音學五書》也。"李文藻《南澗文集》卷上《送馮魚山説文記》,清光緒間刻《功順堂叢書》本,第26頁。王念孫治《説文解字》,蓋始於斯年。

④ 案:乾隆四十一年(1776)冬,賈田祖、李惇造訪王念孫,時王念孫正注《説文》,賈田祖賦詩云:"君志不在隱,所志在著書。"賈田祖:《稻孫詩集》卷四,清乾隆四十九年刻本,第23—24頁。

⑤ 段玉裁:《蔡一帆先生傳》,《經韵樓集》卷九,上海:上海古籍出版社,2008年,第231頁。

⑥ 段玉裁:《寄戴東原先生書》,《六書音均表》卷首,清乾隆四十二年富順官廨序刻本,第2—4頁。

孫發明古韵分部，當在段玉裁之後，故彼承襲段玉裁之説，當不以爲異。

　　道光元年（1821）王念孫寓江有誥書札所言，乃屬虛語。王念孫諄、侯、脂、之四部獨立説並非其獨立發明，乃段玉裁言之在前，王念孫證之在後。段玉裁《六書音均表》已具至、祭、緝、盍獨立説之端倪，惜彼恪守入聲當與平聲相配之定見，而未別創四部獨立説。王念孫批校《六書音均表》《古韵十七部韵表》及其《平入分配説》以術、月爲諄、元之入，繼而以入聲韵獨立成部，此即王念孫之發明。

　　王念孫寓江有誥書札所言與實情相悖，當別有隱情，時王念孫《廣雅疏證》《經義述聞》業已付梓，《讀書雜志》亦陸續刊行，王念孫之小學獨步當時，爲時賢碩學所推重，故而諱言其古韵發明之始末，而其書札所言，不免争勝之嫌。

　　清人諸如此類隱諱其辭而有意扭曲事實，並非罕見。管見所及，即如嘉慶十七年（1812）七月段玉裁《答江晉三論韵》言彼於是年四月、六月間兩接江有誥手書，并兩次覆書答之，[①]而江有誥獨言“有誥于壬申（案：嘉慶十七年）三月寄書于先生，七月接到復書”[②]；江有誥初不從段玉裁真、文分部之説，段玉裁《答江晉三論韵》引江有誥有“《表》（指《六書音均表》）分真、諄爲二，某嘗遍考三代有韵之文，皆不能合，唯三百篇差近，然其中不合者亦有數章，《表》中未之錄耳”云云，[③]此似爲江有誥嘉慶十七年（1812）三月寓段玉裁書中語，而今《江氏音學十書》卷首所附《寄段茂堂先生原書》已無此語，此即諱言其非，而追改舊札之例。道光元年（1821）江有誥致王念孫

---

　　①　段玉裁：《答江晉三論韵》，《經韵樓集》卷六，上海：上海古籍出版社，2008年，第126頁。

　　②　江有誥：《寄段茂堂先生原書》識語，《江氏音學十書》卷首，清嘉慶道光間刻本，第4頁。

　　③　段玉裁：《答江晉三論韵》，《經韵樓集》卷六，第126頁。

書云："段氏之分真、文,孔氏之分東、冬,人皆疑之,有誥初亦不之信也。"①亦可證成江有誥初不從段氏真、文分部。江有誥《寄段茂堂先生原書》所謂"如此增立三部(案：祭、緝、葉),合先生之所分,共二十部",②嘉慶十七年(1812)三月江有誥初未析真、文爲二,故初分古韵僅十九部,而後更定古韵爲二十部。

---

① 江有誥:《復王石臞先生書》,《江氏音學十書》卷首,清嘉慶道光間刻本,第4頁。
② 江有誥:《寄段茂堂先生原書》,《江氏音學十書》卷首,第2頁。

結　語

　　王念孫《答江晉三論韵學書》自謂其古韵二十一部成於獲見《六書音均表》之前，諄(文)、侯、支、之四部獨立說乃其獨立發明。而歷來討論王念孫古音學者，多沿襲書札之文，鮮有疑義。本書主要考論者，其要有二：其一，探究王念孫古韵二十二部形成之脈絡，辨明王念孫古韵二十一部脱胎於其古韵十七部，成於王念孫獲讀《六書音均表》以後；其二，分析至、祭、緝、盍、諄、侯、支、之八部獨立問題，闡明王念孫此八部獨立說受《六書音均表》之啓發。

　　乾隆四十一年(1776)王念孫《群經識小》簽記已辨析《周易》用韵，且已著手校閱群經，而王念孫古韵分部作何形態，史料難徵，或已有術、月分部等說。王念孫《古韵十七部韵表》依《廣韵》平聲韵韵目次第排比韵目(東、支、脂、之、魚、真、諄、元、蕭、歌、陽、庚、蒸、尤、侯、侵、談)，近承顧炎武、江永之舊例，或爲王念孫古韵分部韵目排列之較早形態。而乾隆四十二年(1777)《六書音均表》刊竣，促成王念孫古韵分部六階段依次展開。

　　段玉裁、王念孫古韵分部之分殊，平入分配問題(包括平入分配說、異平同入說)爲主要焦點，而平入分配爲王念孫探尋古韵分部之重要起點。乾隆四十五年(1780)王念孫批校《六書音均表》，改訂或新增段玉裁古韵十七部韵段，調整段玉裁蕭、尤、侯、文、元、脂等部入聲，撰定《古韵十七部韵表》《平入分配說》，重論“異平同入說”。在王念孫批校《六書音均表》及分析周秦有韵之文過程中，入聲韵質、術、月、緝、合(盍)與平聲韵真、文、元、脂、侵、談之關係成爲重點，質、術、月、緝、合是否可以無需與平聲相配，而獨立成部爲其探索焦點。王念孫《論音韵》初擬質、術、月、緝、合五部獨立，析古韵爲二十二部，後以周秦有韵之文，脂、術合用爲多，遂廢止術部獨立說，以質、月、緝、盍四部獨立成部，由此定古韵爲二十一部。王念孫古韵十七部、古韵二十二部至古韵二十一部之確立，爲王念孫古韵分部之探索階段。

　　入聲韵質、月、緝、盍四部獨立之後，聲調成爲影響王念孫古韵分部之關鍵因素。乾隆四十六年(1781)左右，古音學界聲調説主要以段玉裁古無去聲説、孔廣森古無入聲説顯赫一時。王念孫在聲調上初無定見，其古韵十七部、古韵二十二部、古韵二十一部，均從段玉裁古無去聲説；至乾隆四十六年(1781)孔廣森《詩聲類》發明古無入聲説，王念孫復改宗孔氏之旨；至乾隆五十三年(1788)或稍前，王念孫最終持古有四聲説，陽聲韵僅具平上去，陰聲韵(歌、至、祭、緝、盍之外)四聲俱列，其古韵二十一部由探索階段步入成熟階段。

　　在王念孫古韵二十一部聲調觀念演變中，去聲、入聲具有標誌性作用。王念孫《詩經群經楚辭韵譜》在《九經補韵》之後，更爲明確析古韵爲二十一部。王念孫古韵二十一部韵目排列以東、蒸、侵、談、陽、耕、真、諄、元、歌、支、至、脂、祭、盍(合)、緝、之、魚、侯、尤、宵(蕭)爲次，以陽聲韵、陰聲韵及合音最近爲原則，既未盡從《廣韵》韵目次第，又未依《六書音均表》之説。《詩經群經楚辭韵譜》之外，《周秦諸子韵譜》《淮南子韵譜》亦爲古無去聲，《易林韵譜》《西漢(〈楚辭〉中)韵譜》《西漢(〈文選〉中)韵譜》更作古無入聲，至《史記漢書韵譜》古有四聲説出，王念孫古韵二十一部最終確立，而後更撰《合韵譜》,《西漢(〈楚辭〉中)合韵譜》《西漢(〈文選〉中)合韵譜》《易林合韵譜》僅具古韵二十一部。

　　乾隆四十六年(1781)前後，段玉裁古無去聲説、孔廣森古無入聲説煊赫一時，段玉裁、孔廣森之聲調説促成王念孫重新審視聲調問題。王念孫編訂周秦兩漢諸書《韵譜》,初從段説，後依孔説，王念孫至、祭兩部僅具去聲、入聲，至、祭韵目受其聲調説之直接影響而相應調整，至編訂《史記漢書韵譜》,王念孫據《史記》《漢書》重新審視段孔聲調學説。王念孫發明古有四聲説，關鍵在於所編訂《史記漢書韵譜》中，陰聲韵(歌、緝、盍之外)去聲、入聲獨用韵段比例遠高於去、入合用韵段，故不復持段、孔之説，最終提出古有四聲説。

王念孫古韵分部，在段、孔之間，擇善而從，左右採獲，道光元年（1821）王念孫更從孔廣森東、冬分部之説，確立古韵二十二部。《詩經群經楚辭合韵譜》《周秦諸子合韵譜》《兩漢合韵譜》《逸周書穆天子傳戰國策合韵譜》《新語素問易林合韵譜》《史記漢書合韵譜》均爲古韵二十二部。王念孫《古韵廿一部》確立凡同諧聲必同部原則，而《合韵譜》去聲、入聲韵段標目具有一定特殊性。與去聲韵協韵之入聲韵段，其韵目或以入聲標目；與平聲韵、入聲韵協韵之去聲韵段，其韵目或以入聲標目。自乾隆四十五年（1780）至道光元年（1821），歷時近三十七年，王念孫古韵二十二部歷經古韵分部六階段，最終定型（見附録三《王念孫古韵分部六階段簡表》）。

王念孫古韵二十二部主要基於《六書音均表》而後確立，段玉裁文（諄）、侯、脂、之獨立説，王念孫不過承段玉裁緒論，更作論證。至於至、祭、緝、盍四部獨立問題，《六書音均表》已具其端倪，而段玉裁囿於“入爲平委”之成見，以入聲韵不足以獨立成部，王念孫捨棄入聲韵必與平聲韵相配之理念，以《詩經》、群經、《楚辭》等韵段合用爲據，取入聲韵（緝、盍），去聲韵與入聲韵（至、祭）獨立成部，遂確立至、祭、緝、盍四部。

段、王古韵分部，段玉裁以宏觀理論見長，王念孫以思維縝密見勝。段玉裁《六書音均表》與《説文解字注》互爲經緯，而王念孫在《六書音均表》之外，更博考周秦兩漢有韵之文，撰《韵譜》《合韵譜》，其中討論韵部與《廣雅疏證》《經義述聞》《讀書雜志》等往往互見，其音韵訓詁著述之撰定近於同步進行，具體觀點多一脈相承，音韵、訓詁密切結合，體系嚴密，遂集音韵、訓詁學之大成。

入聲韵獨立成部，王念孫、江有誥並有此説，而王念孫、江有誥古韵分部之分殊，在於至部是否獨立。道光元年（1821）王念孫覆書江有誥稱：“段氏以質爲真之入，非也，而分質、術爲二則是；足下謂質非真之入，是也，而合質與術以承脂，則似有未安。……念孫以爲質、月二部皆有去而無平上，術爲脂之入，而質非脂之入，故不與術

通,猶之月非脂之入,故亦不與術通也。"①遂啟王、江關於質、術分合
之爭端。道光元年(1821)江有誥覆王念孫書,以"論古韵必以《詩》
《易》《楚辭》爲宗,今此部于《詩》《易》似若可分",而質、術《楚辭》"分
用者五章""合用者七章",以及"質、術二部,《詩》中與祭部去入合用
十一章"爲兩證,以"至、霽二部爲質之去者十之二,爲術之去者十之
八,賓勝于主,無可擘畫"。② 道光三年(1823)王念孫覆翰江有誥,
"既云《詩》《易》似若可分,則當以《詩》《易》爲主,不當捨此而從彼
也",並駁正江説,以質、術"《楚辭》"分用者有七章,合用者僅三章
耳","且質、術之相近,猶術、月之相近,《詩》中術、月之通,較多質、
術,而足下毅然以爲不可通者,以月部之字,皆有去、入而無平、上
也。念孫所分質部之字,亦是有去、入而無平、上,無平、上則不可與
平、上通,亦猶緝、盍九部之無平、上、去","此念孫所以必分去聲至、
霽二部之至、寴、閟等字及入聲質、櫛、屑別爲一類,而不敢苟同
也"。③ 王念孫駁難江有誥,言之鑿鑿,江有誥如何覆翰,史料闕如,
而江有誥《唐韵四聲正》卷首所覆《石臞先生復書》與上引《答江晉三
書》本屬同札,而書札中王念孫關於質、術分部之討論,片言不錄,頗
爲耐人尋味。

---

① 王念孫:《答江晉三論韵學書》,《王光禄遺文集》卷四,清咸豐七年刻《高郵王氏
家集》本,第9頁。

② 江有誥:《復王石臞先生書》,《江氏音學十書》卷首,清嘉慶道光間刻本,第3—
4頁。

③ 王念孫:《答江晉三書》,見李宗焜編:《景印解説高郵王氏父子手稿》,臺北:"中
研院"歷史語言研究所,2000年,圖版及釋文分別見第79—80、82、84、87—89頁。

附錄一　北京大學圖書部編《中文登錄簿》(I)
(登錄號：5090—5149)細目

登錄號數	著作者	書　名	卷數	册數	函數	版本及出版處	書價	來源
5090		高郵王氏父子韵書手稿，韵譜，周秦諸子		1		原稿本	$ 2 000.00	購置
5091		高郵王氏父子韵書手稿，韵譜，楚辭中之西漢		2		原稿本		
5092		高郵王氏父子韵書手稿，韵譜，楚辭中之西漢				原稿本		
5093		高郵王氏父子韵書手稿，韵譜，文選中之西漢		3		原稿本		
5094		高郵王氏父子韵書手稿，韵譜，文選中之西漢				原稿本		
5095		高郵王氏父子韵書手稿，韵譜，文選中之西漢				原稿本		
5096		高郵王氏父子韵書手稿，韵譜，淮南子		1		原稿本		

登錄號數	著作者	書　名	卷數	冊數	函數	版本及出版處	書價	來源
5097		高郵王氏父子韵書手稿,韵譜,易林		9		原稿本		
5098		高郵王氏父子韵書手稿,韵譜,易林				原稿本		
5099		高郵王氏父子韵書手稿,韵譜,易林				原稿本		
5100		高郵王氏父子韵書手稿,韵譜,易林				原稿本		
5102		高郵王氏父子韵書手稿,韵譜,易林				原稿本		
5103		高郵王氏父子韵書手稿,韵譜,易林				原稿本		
5104		高郵王氏父子韵書手稿,韵譜,易林				原稿本		
5105		高郵王氏父子韵書手稿,韵譜,易林				原稿本		
5106		高郵王氏父子韵書手稿,韵譜,史記漢書		2		原稿本		
5108		高郵王氏父子韵書手稿,合韵譜,詩經群經楚辭		3		原稿本		

登錄號數	著作者	書　名	卷數	册數	函數	版本及出版處	書價	來源
5109		高郵王氏父子韵書手稿,合韵譜,詩經群經楚辭				原稿本		
5110		高郵王氏父子韵書手稿,合韵譜,詩經群經楚辭		3		原稿本		
5111		高郵王氏父子韵書手稿,合韵譜,周秦諸子		3		原稿本		
5112		高郵王氏父子韵書手稿,合韵譜,周秦諸子				原稿本		
5113		高郵王氏父子韵書手稿,合韵譜,周秦諸子				原稿本		
5114		高郵王氏父子韵書手稿,合韵譜,周書穆傳國策		1		原稿本		
5115		高郵王氏父子韵書手稿,合韵譜,西漢		3		原稿本		
5116		高郵王氏父子韵書手稿,合韵譜,西漢				原稿本		
5117		高郵王氏父子韵書手稿,合韵譜,西漢				原稿本		

登錄號數	著作者	書　名	卷數	册數	函數	版本及出版處	書價	來源
5118		高郵王氏父子韵書手稿,合韵譜,楚辭中之西漢		1		原稿本		
5119		高郵王氏父子韵書手稿,合韵譜,文選中之西漢		2		原稿本		
5120		高郵王氏父子韵書手稿,合韵譜,文選中之西漢				原稿本		
5121		高郵王氏父子韵書手稿,合韵譜,素問新語易林		4		原稿本		
5122		高郵王氏父子韵書手稿,合韵譜,素問新語易林				原稿本		
5123		高郵王氏父子韵書手稿,合韵譜,素問新語易林				原稿本		
5124		高郵王氏父子韵書手稿,合韵譜,素問新語易林				原稿本		
5125		高郵王氏父子韵書手稿,合韵譜,易林		5		原稿本		
5126		高郵王氏父子韵書手稿,合韵譜,易林				原稿本		

登錄號數	著作者	書　名	卷數	冊數	函數	版本及出版處	書價	來源
5127		高郵王氏父子韻書手稿,合韻譜,易林				原稿本		
5128		高郵王氏父子韻書手稿,合韻譜,易林				原稿本		
5129		高郵王氏父子韻書手稿,合韻譜,易林				原稿本		
5130		高郵王氏父子韻書手稿,合韻譜,史記漢書		3		原稿本		
5131		高郵王氏父子韻書手稿,合韻譜,史記漢書				原稿本		
5132		高郵王氏父子韻書手稿,合韻譜,史記漢書				原稿本		
5133		高郵王氏父子韻書手稿,音韻訓詁雜義,雅詁雜纂		1		原稿本		
5134		高郵王氏父子韻書手稿,音韻訓詁雜義,爾雅分韻		4		原稿本		
5135		高郵王氏父子韻書手稿,音韻訓詁雜義,爾雅分韻				原稿本		

登錄號數	著作者	書　名	卷數	冊數	函數	版本及出版處	書價	來源
5136		高郵王氏父子韵書手稿,音韵訓詁雜義,爾雅分韵				原稿本		
5137		高郵王氏父子韵書手稿,音韵訓詁雜義,爾雅分韵				原稿本		
5138		高郵王氏父子韵書手稿,音韵訓詁雜義,方言廣雅小爾雅分韵		4		原稿本		
5139		高郵王氏父子韵書手稿,音韵訓詁雜義,諧聲譜上		2		原稿本		
5140		高郵王氏父子韵書手稿,音韵訓詁雜義,諧聲譜下				原稿本		
5141		高郵王氏父子韵書手稿,音韵訓詁雜義,古音索隱		一包		原稿本		
5142		高郵王氏父子韵書手稿,音韵訓詁雜義,古音義雜記		一包		原稿本		
5143		高郵王氏父子韵書手稿,音韵訓詁雜義,疊韵轉語		一包		原稿本		

登錄號數	著作者	書　名	卷數	册數	函數	版本及出版處	書價	來源
5144		高郵王氏父子韵書手稿,讀書雜志叢稿		一包		原稿本		
5145		高郵王氏父子韵書手稿,觀其自養齋爐餘錄		一包		原稿本		
5146		高郵王氏父子韵書手稿,雅古韵列稿		一包		原稿本		
5147		高郵王氏父子韵書手稿,抄六書音韵表中之聲母		一包		原稿本		
5148		高郵王氏父子韵書手稿,古音叢稿		一包		原稿本		
5149		高郵王氏父子韵書手稿,未檢之叢稿		一包		原稿本		

附錄二　羅常培致傅斯年書

孟真吾兄：

　　久不得信爲念。北大所藏王念孫手稿經弟促動之結果，已由陸宗達手全部交出，即由出版組影印，兹寄上進行計劃一份，請指正爲本。本所所藏一部分爲段氏説文簽記，近已爲奉天人吳甌印入《稷香館叢書》，《釋矜》《釋地》已印入《王氏遺書》，《觀其自齋爐餘錄》（王壽同稿）只有卷三譯本，（北大七卷）其餘均係殘稿，無關重要者可否交丁（案：丁聲樹）或周（案：周祖謨）整理，由所中單印或即付入北大一部分印行。目錄已抄寄本所圖一份，請字閱後斟酌示覆爲荷。專此，即頌

　　撰安

　　　　　　　　　　　　弟常培謹啟　廿五，十一，廿一。

國立北京大學所藏王念孫手稿影存
全書細目

《韵譜》凡十八册
《周秦諸子韵譜》一册
《淮南子韵譜》一册
《西漢（〈楚辭〉中）韵譜》二册
《西漢（〈文選〉中）韵譜》三册
《易林韵譜》九册
《史記漢書韵譜》二册

《合韵譜》凡二十五册

《詩經群經楚辭合韵譜》三册

《周秦諸子合韵譜》三册

《周書穆傳合韵譜》一册

《西漢合韵譜》三册

《西漢（〈楚辭〉中）合韵譜》一册

《西漢（〈文選〉中）合韵譜》二册

《易林合韵譜》五册

《素問新語易林合韵譜》四册

《史記漢書合韵譜》三册

《古音義雜記》三十二單葉

《疊韵轉語》二册

《雅詁雜纂》一册

《雅爾分韵》四册

《方言廣雅小爾雅分韵》一册

《諧聲譜》二册

《雅詁韵列》五十八葉

《説文聲母》九十六葉

《讀書雜誌》

坿《王壽同觀其自養齋爐餘錄》七册

付印辦法

（一）分景印排印兩種，排印者每種必附景原樣一二葉於首。

（二）景印稿件

1.《韵譜》原十八册

2.《合韵譜》原二十五册

3.《古音義雜記》

4.《古音義索隱》

5.《疊韵轉語》已裝訂（併行）

6.《雅詁雜纂》原一册(併)

7.《殘稿》三種:

《諧聲譜》原二册

《説文聲母》

《雅詁韵列》

(三) 排印稿件

1.《爾雅分韵》原四册

2.《廣雅方言小爾雅分韵》原一册

3.《讀書雜誌》(圖書館部分合入)待裱裝後分別整理排印

4.《觀其自養齋燼餘錄》

(四) 韵譜之編排

依原書分印韵譜合韵譜二種,韵譜後坿古音義雜記,合韵譜後坿古音義索隱。

印行王念孫手稿計劃

總名

　　國立北京大學所藏王念孫手稿影存

總目

　　用王靜安文(本校《國學季刊》已發表者),再加跋語注明本校購自羅氏清單(即編印緣起)。

廣告

　　發行預約辦法由李曉宇先生估價後酌定。

付印步驟

　　先發影印稿件,並裱裝雜記等件

　　排印稿件,先付抄,由陸穎明指導史岫海抄寫。

提要

　　每種稿件如總目,王文未及詳述者,應加提要,由陸穎明主稿。

校對

　　排印稿件校對辦法

　　　　初校　　　史岫海

　　　　覆校　　　陸穎明

　　　　末校　　　馬幼漁　　鄭石君　　羅莘田　　魏建功

　　　　序例

　　　　總序　　　馬幼漁

　　　　經過　　　陸穎明

　　　　跋尾　　　陸穎明　　羅莘田　　鄭石君　　魏建功

　　此札今藏"中研院"歷史語言研究所傅斯年圖書館（檔案號元122—37）

附錄三　王念孫古韻分部
六階段簡表

乾隆四十五年至乾隆四十六年 (1780—1781)			乾隆四十六年至乾隆五十三年 (1781—1788)	乾隆五十三年至道光元年 (1788—1821)	道光元年 (1821)
古韵十七部	古韵二十二部 (《論音韵》)	古韵二十一部 (古無去聲)	古韵二十一部 (古無入聲)	古韵二十一部 (古有四聲)	古韵二十二部 (古有四聲)
東	東	東	東	東	東
					冬
蒸	蒸	蒸	蒸	蒸	蒸
侵	侵	侵	侵	侵	侵
談	談	談	談	談	談
陽	陽	陽	陽	陽	陽
耕	耕	耕	耕	耕	耕
真	真	真	真	真	真
文	諄	諄	諄	諄	諄
元	元	元	元	元	元
歌	歌	歌	歌	歌	歌
支	支	支	支	支	支
	質	質	至	至	至

乾隆四十五年至乾隆四十六年 (1780—1781)		乾隆四十六年至乾隆五十三年 (1781—1788)	乾隆五十三年至道光元年 (1788—1821)	道光元年 (1821)
脂	脂	脂	脂	脂	脂
	月	月	祭	祭	祭
	盍	盍	盍	盍	盍
	緝	緝	緝	緝	緝
之	之	之	之	之	之
魚	魚	魚	魚	魚	魚
侯	侯	侯	侯	侯	侯
幽	幽	幽	幽	幽	幽
蕭	蕭	宵	宵	宵	宵
	術				

《經義述聞》
作者疑案研究

第一章　研究史概說

高郵王氏父子"經學精卓""善讀古書",[①]留心眼前習見之文,而發前人未發之覆。《經義述聞》題王引之撰,乾嘉時人猶無疑義。《經義述聞》作者疑案之肇端,應始自王氏父子稿本流入市面。

1922年,羅振玉購得高郵王氏手稿叢稿一箱,[②]其後王國維獲觀其中王念孫訂《日知錄》之文,知王念孫案語原題作"念孫案",後塗改作"家大人曰",1930年,劉盼遂刊《高郵王氏父子著述考》一文,據王國維之語,斷《經義述聞》"家大人曰"應屬王念孫原稿,並非王引之"融會疏記";又言《經義述聞》乃王引之"略入己說,而名爲己作",所據有三:王念孫寓宋保書云"念孫於公餘之暇,惟耽小學,《經義述聞》而外,擬作《讀書雜記》一書";羅振玉所購王氏父子手稿凡七十餘冊,皆王念孫手翰;傅斯年所購王念孫《呂氏春秋雜志》稿本,凡引王引之說者,《讀書雜志》皆爲"念孫案"。劉盼遂又引其師王國維、林志鈞、梁啟超等首肯之語,[③]足見其說聳動一時。

1928年至1933年間,許維遹撰定《呂氏春秋集釋》,參據傅斯年所購王念孫《呂氏春秋》校本,[④]彼業已察及《呂氏春秋》校本原爲王念孫校語,而《讀書雜志》題作"引之曰"。1935年,許氏《郝蘭皋夫婦

---

① 曾國藩:《曾文正公家訓》,北京:世界書局,1948年,第7、9頁。

② 羅振玉輯:《高郵王氏遺書》卷首《目錄》後附羅氏識語,民國十四年(1925)鉛印本。

③ 以上見劉盼遂:《高郵王氏父子著述考》,原刊《國立北平圖書館館刊》1930年第4卷第1期,見《高郵王氏父子年譜》附錄,收入《段王學五種》,民國二十五年(1936)北平來薰閣書店鉛印本,第40頁。

④ 許維遹撰《呂氏春秋集釋》年月,今據許氏自序,《呂氏春秋集釋》卷首,1935年北平國立清華大學出版事務所年鉛印本。案:王念孫《呂氏春秋》校本初屬曹秉章舊藏,後於民國十一年託傅增湘售去。見傅增湘:《藏園群書經眼錄》,北京:中華書局,2009年,第554頁。傅斯年所購者即此。

年譜》嘉慶九年言《讀書雜志》有王念孫託名王引之之嫌，"《吕氏春秋雜志》計引伯申十條，今覆按底本，有七條爲石渠所校。又《十二紀》'雷始收聲'條，陳觀樓引作'石渠云'，與底本合；而《經義述聞》校《月令》爲'引之案'，其痕跡不可掩矣。"①

1980 年，張文彬刊行《〈經義述聞〉作者之商榷——兼駁劉盼遂"〈述聞〉係王引之竊名"之説》一文，力駁劉説爲非，張文彬引王念孫《群經識小序》"兒子引之撰《經義述聞》"，此與王念孫寓宋保書異，故稱《經義述聞》應爲王氏父子合著。②

2001 年，陳鴻森據王念孫《經義雜志》及彼寓陳奂書，其中所論經義與《經義述聞》"家大人曰"略合，謂《經義述聞》稱"家大人曰"部分，應出王念孫原稿，"初無待乎王引之另爲條録其説也"，陳鴻森又據王念孫寓朱彬書有增補《經義述聞》二刻本之辭，而王引之在《經義述聞》二刻本、三刻本刊刻期間，歷官要職，無暇用心於學，遂謂"《述聞》三刻本較二刻本所增諸條，其實多出王念孫之手，特王氏託名歸美其子耳"。③ 2006 年，陳鴻森又論及《經傳釋詞》作者疑義，舉《經義述聞》初刻本"歌以訊止"條爲例，稱此條雖題出王引之手筆，但王念孫《廣雅疏證·釋詁》"誶，諫也"已發之，④復爲《經義述聞》作者疑案平添力證。

許維通據王念孫《吕氏春秋》校本，更謂《吕氏春秋雜志》所引王引之學説，實出王念孫手筆，學者視此爲《經義述聞》有王念孫"歸

　　① 許維通：《郝蘭皋夫婦年譜》，《清華學報》1935 年第 10 卷第 1 期，第 201—202 頁。

　　② 張文彬：《〈經義述聞〉作者之商榷——兼駁劉盼遂"〈述聞〉係王引之竊名"之説》，《國文學報》1980 年第 9 期，第 87—94 頁。案：張文彬《高郵王氏父子學記》（臺灣師範大學國文研究所博士論文，1978 年，第 98 頁)已有此説。蒙臺灣師範大學國文系賴貴三教授惠賜張文彬博士學位論文，書此致謝。

　　③ 以上見陳鴻森：《阮元刊刻〈古韵廿一部〉相關故實辨正——兼論〈經義述聞〉作者疑案》，《"中研院"歷史語言研究所集刊》2005 年第 76 本 3 分，第 461、462 頁。

　　④ 陳鴻森：《〈經傳釋詞〉作者疑義》，《傳統中國研究集刊》第 2 輯，上海：上海人民出版社，2006 年，第 474—475 頁。

美"嫌疑之確證。① 但自許維遹《呂氏春秋集釋》印行而後,學者多不知王念孫《呂氏春秋》校本所歸。

2008 年,張錦少在臺北傅斯年圖書館尋獲得之,此本乃乾隆五十四年(1789)畢沅刻《經訓堂叢書》本,天頭處有王念孫眉批。② 2011 年,張錦少刊發《〈經義述聞〉、〈經傳釋詞〉作者疑義新證》一文,重論《經義述聞》《經傳釋詞》作者疑義,張錦少據王念孫《呂氏春秋》《管子》校本,謂王念孫校語簡略,而《讀書雜志》稱引王引之說詳贍,兩者不可等同,《讀書雜志》"引之云"乃王引之博考而成,後更據臺灣圖書館所藏王引之《尚書訓詁》稿本,一則稱此書多探究虛詞,乃《經傳釋詞》之長編;二則謂王念孫《經義雜志》諸說並未盡載於《經義述聞》中,故《經義述聞》"家大人曰"蓋非王引之直錄王念孫之說,而是經王引之"融鑄";三則言此書明確稱引王念孫經說,並無塗抹嫁名之跡,進而謂《經義述聞》《經傳釋詞》爲王引之自著,並非王念孫託名歸美之作。③

學者探討《經義述聞》作者疑案,所論漸趨深入,而其要在於《讀書雜志》《經義述聞》所見王引之學說是否均爲王引之發明。《讀書雜志》所見王引之學說之來源,直接關乎《經義述聞》有無王念孫歸

---

① 陳鴻森:《阮元刊刻〈古韵廿一部〉相關故實辨正——兼論〈經義述聞〉作者疑案》,《"中研院"歷史語言研究所集刊》2005 年第 76 本 3 分,第 449 頁;陳鴻森:《〈經傳釋詞〉作者疑義》,《傳統中國研究集刊》第 2 輯,第 473、475—476 頁。

② 張錦少:《王念孫古籍校本研究》,上海:上海古籍出版社,2014 年,第 130—131 頁。參見李宗焜:《王念孫批校本〈呂氏春秋〉後案》,《出土文獻與傳世典籍的詮釋——紀念譚朴森先生逝世兩周年國際學術研討會論文集》,上海:上海古籍出版社,2010 年,第 495—503 頁。補記:本稿稿成後,而後獲頌虞萬里《王氏父子著述體式與〈經義述聞〉著作權公案》(《文史》2015 年第 4 輯,第 121—182 頁)。虞文後經改訂,改題《高郵二王著作疑案考實》,上海:上海教育出版社,2019 年。其說與本稿所論有相類之處,特附記於此,以免誤會。本稿初題《〈讀書雜志〉稱引王引之學說探源——〈經義述聞〉作者疑案考實》,刊於《漢學研究》2016 年 34 卷 2 期,第 207—244 頁。

③ 張錦少:《王念孫古籍校本研究》,上海:上海古籍出版社,2014 年,第 343—355、357—367 頁。

美之嫌。近年王氏父子群書校語陸續公布，可知《讀書雜志》諸條札記脫胎於王氏父子群書校語，更作博考而成。

今反復尋繹，《讀書雜志》稿本及刊本所見王引之說，不但其立說要旨已見王念孫校語，非王引之發明，且其引典據明，不乏本諸王念孫成說者，繼而比覈《經義述聞》諸稿本及刊本“引之謹案”，同樣具此跡象。今更夷考王引之《尚書訓詁》稿本諸說，非足以明《經義述聞》《經傳釋詞》無王念孫歸美之嫌，復以《尚書訓詁》之經始原委考之，知此書編纂性質並非《經傳釋詞》之長編。是故《經義述聞》作者疑義，僅據王氏父子稿本立論，殊非確證。姑參酌前輩時賢之文，紬繹王氏喬梓之作，再探《經義述聞》作者疑案，特拈出相關疑竇，覼縷管見，以質諸當世博雅君子。

第二章　《讀書雜志》部分條目"引之曰"源出王念孫學説考

依《讀書雜志餘編》卷首《目錄》後附王引之識語，^①知《讀書雜志》刊成於道光十一年(1831)，乃王念孫生前所刻，而《讀書雜志餘編》乃王念孫卒後，王引之據其遺稿付梓，是故《讀書雜志》《讀書雜志餘編》雖刊刻時日不盡相同，但兩者皆王念孫所自著，則並無分歧。

《讀書雜志》《讀書雜志餘編》稱引王引之説，現存王念孫諸校本中不乏明證。如王念孫《管子雜志序》(《管子雜志》卷首)云："長子引之亦妻(屬)以所見質疑，因取其説附焉。"今上海圖書館所藏王念孫引之父子校萬曆十年(1582)趙用賢《管韓合刻》本《管子》，有題作"引之曰"者，此與《管子雜志》合。^② 王念孫校閲《淮南子》，王引之時作參訂，^③今《淮南子雜志》稱引"引之曰"者不乏其例。王念孫《管子》校本或未題"引之曰"，《讀書雜志》則作王引之學説，而嘉慶十四年(1809)洪頤煊撰《管子義證》引及王引之學説，學者據之以明《管子》校語爲王引之發明。^④ 今比勘《管子義證》"念孫案""引之案"，雖不乏類於校語而《讀書雜志》未收者，而博考之諸條近於《讀書雜志》，詳於校語，今疑《管子義證》所引者蓋屬王氏父子彙整之札記，並非全屬校語原貌，故《讀書雜志》"引之曰"之來源，仍需加以探討。

《呂氏春秋雜志》稱引"引之曰"者凡十條，據張錦少披露，《呂氏春秋雜志》引王引之説十條，其中七條見於王念孫《呂氏春秋》校本，不題"引之曰"，餘三則校本無之，又謂此並非《呂氏春秋雜志》有託名

---

① 王念孫：《讀書雜志餘編》卷首，第1頁，清道光十二年刻本。

② 張錦少：《王念孫古籍校本研究》，上海：上海古籍出版社，2014年，第222—223頁。

③ 傅增湘：《藏園群書經眼錄》，北京：中華書局，2009年，第554頁著錄朱彬《淮南子跋》。

④ 張錦少：《王念孫古籍校本研究》，上海：上海古籍出版社，2014年，第224—225頁。

王引之之確證，如《吕氏春秋雜志》"煙火"條，王念孫校本僅據舊抄本《北堂書鈔》及玄應《一切經音義》引文圈改"煙"作"煙"，《讀書雜志》則博採典籍，與校本不同，而《淮南子雜志》《晏子春秋雜志》《韓子雜志》中，凡"煙"誤作"煙"而詳爲考證諸例，皆題作"引之曰"。張錦少據此以爲《吕氏春秋雜志》所引王引之説，乃王引之受其父校語之啓發，更爲"融會疏記，旁推曲證"而成，兩者不可等同。①

王念孫《吕氏春秋》校語所具此跡象，其《淮南子》校語亦有之。陳昌齊《淮南子正誤》屢引王念孫之説，王欣夫條録八條王念孫學説未見於《讀書雜志》者，②而録文間涉筆誤。兹據中國國家圖書館所藏抄本校正如次：

其引石臞校數十條，如《覽冥訓》"攻城濫殺，覆高爲安"。石臞曰："爲，讀當如碼。《俶真訓》云：'休於天鈞而不碼。'注：'敗也。'《列子·黄帝篇》云：'肌骨無碼。'"（案：碼原誤作譌）《精神訓》"且惟無我而物無不備者乎"。石臞曰："惟疑作雖。"《本經訓》"兵革羽旄金鼓斧鉞所以飾怒也"。石臞曰："羽旄二字（案：羽旄前脱'按《御覽》羽旄作鐃摩，注：鐃，名也'），因上文而誤。"《齊俗訓》"有虞氏之祀，其社用土"，石臞曰："土讀當爲杜。"又"殷人之禮，其社用石"。石臞曰："石讀當爲柘。"《道應訓》"詹子曰：'不能自勝則從之，從之神無怨乎。'"石臞曰："怨讀爲苑，病也。"《氾論訓》"訾行者不容於衆"。石臞曰："訾行，小行也。《管子·形勢篇》：'訾訾之人勿與任大。'"《要略訓》"俶真者（案：者原作訓）窮逐終始之化，嬴垺有無之精"。石臞曰："垺當作垺（案：此四字爲陳昌齊校語），垺與坿通。《爾雅》'强醜抌'（案：此處脱'郭注云：以脚自相摩抌'），蓋訓抌爲摩，與此注同。"各條皆爲《讀書雜志》所不載。其已載者，往往易爲伯申名，可證實皆石臞所作也。

《淮南子正誤》十二卷並未梓行，所幸中國國家圖書館藏陳昌齊《賜書堂全集》收有墨筆抄配本。傳本鮮見，王欣夫所據本屬傳抄本，中國國家圖書館藏陳昌齊《賜書堂全集》所收者爲墨筆抄配本，應與王欣夫所據者同出一源。王欣夫所錄者，間有遺漏，如《淮南子正誤》卷五引王念孫云："損讀爲抎。"此條《讀書雜志》亦未載。張錦少以爲陳昌齊所引者乃王念孫《淮南子》校語，①此説可從。陳昌齊《吕氏春秋正誤》亦引及王念孫學説凡六條，而《吕氏春秋正誤》及《淮南子正誤》稱引王念孫校語之年月，張錦少以爲在乾隆四十四年（1779）至嘉慶十四年（1809）間。② 山西省博物院藏朱彬過錄王念孫《淮南子》校本，今訪求而未允借觀，而依嘉慶元年（1796）朱彬《淮南子跋》稱"從王給事假得校本"，③則是年王念孫已有《淮南子》校本。更據王念孫《陳觀樓先生文集序》"先生爲余詞館先輩，後又同值諫垣，公事之暇，屢以古義相告"云云，④明清時"諫垣"爲科道別名，而陳昌齊在乾隆五十五年（1790）任河南道御史，補兵科給事中，旋丁外艱歸里，⑤王念孫則在乾隆五十七年（1792）任吏科給事中，兩者"同值諫垣"而以古義相切劘，其時日約在乾隆五十七年（1792）之後，即乾隆末年。

通檢《淮南子正誤》稱引王念孫説，凡二十四條，彼書原作王念孫説，而《讀書雜志》"易爲伯申名，可證實皆石臞所作也"，王欣夫未

① 張錦少：《王念孫古籍校本研究》，上海：上海古籍出版社，2014 年，第 350 頁。

② 張錦少：《王念孫古籍校本研究》，第 141、359 頁。

③ 傅增湘：《藏園群書經眼錄》，北京：中華書局，2009 年，第 555 頁。

④ 王念孫：《王光禄遺文集》卷三，清咸豐七年刻《高郵王氏家集》本，第 3 頁。

⑤ 阮元修，陳昌齊等纂：《（道光）廣東通志》卷三〇〇《雷州府·陳昌齊傳》，清道光二年刻本，第 21 頁。

條舉其例。據《淮南子正誤》引"石曜云"，勘驗《讀書雜志》之文，知《淮南子正誤》原引王念孫校語，原爲王念孫之發明，而《讀書雜志》稱"引之曰"者凡八條。① 此類跡象，未知朱彬過錄王念孫《淮南子》校本有幾。張錦少以爲王念孫《淮南子》校語頗爲簡要，而《讀書雜志》則詳爲稽考，其中所見王引之説仍出王引之手筆。②

　　結合近來陸續公布之王念孫校語，《讀書雜志》撰述過程大體歷經批校群書、迻錄相關校語並增訂爲札記、彙編成書三階段，彙編成書即《讀書雜志》成稿階段，稿本又有初稿、修改稿、謄清稿之分。今中國國家圖書館藏王念孫《漢書雜志》五卷（卷六至卷一○）、《墨子雜志》六卷稿本，疑即付梓前之寫樣所據謄清稿（卷中有校格式"低三格""低一格"等語），諸條內容近於寫定，間有一二修改跡象（附錄二：書影一），卷中所題"念孫案""引之曰"，③與刊本悉合。故據此謄清稿，不足以斷定《讀書雜志》"引之曰"之發明權。《讀書雜志》"引之曰"雖云引據博贍，而從其學説與王念孫校語之關係言之，未必盡屬王引之所爲。

第一節　王念孫諸書校語、札記與《讀書雜志》稱引"引之曰"引據相類例

　　中國國家圖書館藏王念孫批校明萬曆十年（1582）趙用賢刻本《韓非子》，此即《韓子雜志》所謂"舊本"，④可謂王念孫校讀《韓非子》之底本。《韓子雜志》凡十四則，稱引"引之曰"計五例，即"輕誣强秦

---

① 分别爲《淮南子雜志》卷五"青土""格"，卷七"石礫　顀醜""若眛"，卷一二"若亡其一"，卷一六"不用劍"，卷一九"攻""禹生於石　五聖四俊"，所論諸説，《淮南子正誤》所引王念孫説均已發明之。

② 張錦少：《王念孫古籍校本研究》，上海：上海古籍出版社，2014年，第350頁。

③ 案：《讀書雜志》稿本"引之曰"或題作"引之謹案"，如《漢書雜志》稿本卷六"鮦陽"條，後改題作今名。

④ 案：《韓非子·十過篇》："靈公起，曰"，《韓子雜志》"此道奚出"條云："舊本曰上衍公字，今據《論衡·紀妖篇》删。"（王念孫：《讀書雜志餘編》卷上，清道光十二年刻本，第57頁）而萬曆十年（1582）趙用賢刻本《韓非子》有"公"字，則《韓子雜志》所謂"舊本"即此。

之實禍""突隙之烟""執靷持扞　扞弓""得無徵""侵孟"諸條,而《韓非子》校本並未無王引之校語,前舉《韓子雜志》引王引之説,"侵孟"條而外,雖繁簡有别,餘均見於王念孫《韓非子》校本。

今觀王念孫《韓非子》校語,所考略備,較之《韓子雜志》"突隙之烟"條,唯未言及舊抄本《北堂書鈔》及《一切經音義》,餘如引《吕氏春秋·慎小篇》《淮南子·人間訓》之文,王念孫校語悉已具之。[①] 而王念孫校語援引《淮南子·説林》"一家失煙,百家皆燒",《韓子雜志》"突隙之烟"條無之,而《晏子春秋雜志》"寸之煙"條有之。[②] 是知《韓子雜志》"突隙之烟"、《晏子春秋雜志》"寸之煙"條辨析煙當爲熛之文,並非盡出王引之手筆,而張錦少舉此例以明《讀書雜志》援引王引之學説,乃王引之所爲,[③]實非確據。

王念孫諸書校本原爲王念孫案語,而《讀書雜志》作"引之曰"者頗爲習見。如《讀書雜志》"顇醜"條王引之學説,不但《淮南子正誤》引王念孫校語有之,又見於《廣雅疏證·釋詁》"顇,醜也"。[④] 王念孫校語勘稱精要,《讀書雜志》稱引"引之曰"不過略增旁證,且又有不乏與王念孫校語差可等同者。

如《淮南子雜志》"若亡其一"條"引之曰"、《淮南子正誤》卷八"石韞云"兩條所論,[⑤]王念孫校語僅未引及《莊子·齊物論》及司馬彪注。又如《淮南子·精神訓》"覺而若昧,以生而若死",一本昧作眛,《淮南子正誤》卷五引王念孫説,以眛"讀若寐",並舉《説文》、《莊子·天運篇》司馬彪注爲證,[⑥]《廣雅疏證·釋言》"寠,厭也"條,舉《説文》、《淮南子·精神訓》高誘注、《西山經》郭璞注、《莊子·天運

---

① 《韓非子》卷三,明萬曆十年趙用賢刻本,第 3 頁天頭處王念孫校語。

② 王念孫:《晏子春秋雜志》卷一,收入《讀書雜志》,清道光十一年刻本,第 17 頁。

③ 張錦少:《王念孫古籍校本研究》,上海:上海古籍出版社,2014 年,第 343、345—347 頁。

④ 王念孫:《廣雅疏證》卷二下,清嘉慶四年刻本,第 15 頁。

⑤ 王念孫:《淮南子雜志》卷一二,收入《讀書雜志》,第 11—12 頁;陳昌齊:《淮南子正誤》卷八,中國國家圖書館藏清嘉慶間刻《賜學堂全書》抄配本,第 4 頁。

⑥ 陳昌齊:《淮南子正誤》卷五,第 5 頁。

篇》司馬彪注，所論要旨與《淮南子》校語同。① 而《淮南子雜志》"若
眜"雖題云"引之曰"，而所舉書證，王念孫《淮南子》校語、《廣雅疏
證》均有之，要旨不别，不過更謂高誘注"暗也"二字乃後人所加，又
以"眜與死、體爲韵，若作昧，則失其韵矣"。② 然則眜、死、體俱脂部
字，故而協韵，此乾隆四十五年(1780)以後王念孫《淮南子韵譜》已明
之。③ 是故《讀書雜志》"若眜"條所言諸説，王念孫著述中多已備具。

是故王念孫諸書校語、札記與《讀書雜志》稱引"引之曰"不乏引
據相類者，凡此之屬，並非純出王引之所爲。

第二節 《讀書雜志》稱引"引之曰"
可徑視純出王念孫手筆例

《讀書雜志》所見王引之學説，非惟本諸王念孫成説，更有甚者，
部分條目可徑視純出王念孫所爲。如《吕氏春秋·察微篇》云："故
智士賢者相與積心愁慮以求之。"高誘注："積累其仁心，思慮其善
政，以求致治也。"王念孫校語云："愁讀爲'百禄是揫'之'揫'，聚也，
與積同意。《鄉飲酒禮(案：禮疑當作義)》：'秋之爲言愁也'，鄭讀愁
爲揫。"④《讀書雜志》"愁慮"條引王引之云："高解愁慮二字之義未
明，愁讀爲揫，揫，斂聚也。積心揫慮，其義一也。《爾雅》曰：'揫，聚
也。'《説文》曰：'𥬖，收束也，或作揫。'又曰：'揫，束也。'引《商頌·
長發篇》'百禄是揫'，今《詩》作'遒'，毛傳曰：'遒，聚也。'《鄉飲酒
義》：'秋之爲言愁也，愁之以時察，守義者也。'鄭注曰：'愁讀爲揫。
揫，斂也。'《漢書·律曆志》曰：'秋，𥬖也，物𥬖斂，乃成孰。'𥬖、揫、

---

① 王念孫：《廣雅疏證》卷五上，清嘉慶四年刻本，第17頁。

② 王念孫：《淮南子雜志》卷七，收入《讀書雜志》，清道光十一年刻本，第11頁。

③ 參見羅常培、周祖謨：《漢魏晉南北朝韵部演變研究》，北京：科學出版社，1958年，第253頁所錄王念孫稿本。

④ 此據張錦少《王念孫古籍校本研究》，上海：上海古籍出版社，2014年，第208頁錄王念孫校語。

愁、遒,古同聲而通用。"①王念孫依聲破字,讀愁作揫,王念孫校本所據者乃《商頌·長發》《鄉飲酒義》鄭注,而《廣雅疏證·釋詁》"揫,小也"所據者爲《鄉飲酒義》鄭注、《漢書·律曆志》《説文》《方言》,②《漢書雜志》"愁民"、《管子雜志》"含愁"兩條所據者有《爾雅》及《鄉飲酒義》鄭注,③是故《吕氏春秋雜志》"愁慮"條"引之曰"所據諸書,王念孫著述中悉已備具。

王念孫諸書校本縱未傳世,而據王氏相關案語及書札所述,亦可明此跡象。如任大椿輯《小學鉤沈》十九卷,前十二卷經王念孫手校,後七卷由王引之校正。《小學鉤沈》卷一一《古今字詁》云:"鋻即題,音徒啟反。"王念孫此處作案語,④所論略同於《後漢書雜志》"奉盤錯鋻"條王引之云云。⑤ 比勘兩處文辭,王念孫案語乃爲《古今字詁》"鋻即題,音徒啟反"而發,故不必更舉《古今字詁》,而《後漢書雜志》所引諸書,《廣韻》《集韻》而外,餘均見於王念孫《古今字詁》案語,且又言"《字詁》鋻與題同",今雖未詳王念孫《後漢書》校語作何,但《後漢書雜志》"奉盤錯鋻"條乃全出王念孫手筆,應無疑義。

又如以道光十二年(1832)所刊《文選雜志》"憭慄愀慄"條王引之學説,比閲道光三年(1823)王念孫寓江有誥書,⑥兩者其要旨在乎藉《楚辭》用韵之通例,以明宋玉《風賦》"憭慄愀慄"當爲"愀慄憭慄"。《文選雜志》引文,《黄鳥》穴與慄爲韵而外,餘均見諸王念孫書札。將爲王念孫未知《黄鳥》穴與慄爲韵乎?王念孫博考周秦諸書之韵段,王念孫《詩經群經楚辭韵譜》已言《黄鳥》一二

①　王念孫:《讀書雜志餘編》卷上,清道光十二年刻本,第48頁。
②　王念孫:《廣雅疏證》卷二上,清嘉慶四年刻本,第22頁。
③　王念孫:《漢書雜志》卷一五,第22頁;《管子雜志》卷二,第15頁,收入《讀書雜志》,清道光十一年刻本。
④　任大椿:《小學鉤沈》卷一〇,清嘉慶二十二年汪廷珍刻本,第3頁。
⑤　王念孫:《讀書雜志餘編》卷上,第2頁。
⑥　王念孫:《讀書雜志餘編》卷下,第32頁。李宗焜編:《景印解説高郵王氏父子手稿》,臺北:"中研院"歷史語言研究所,2000年,圖版及釋文分别見第80、87頁。

三章穴、慄爲韵。① 是故《文選雜志》所舉諸例，王念孫著述中有明文可考，視此條乃王念孫所爲，並非爲過。

《讀書雜志》部分條目"引之曰"，既屬王引之因仍王念孫學説而成，可徑視爲純出王念孫手筆，故二王學説乃至文辭亦近乎雷同，當不以爲異。是故取王念孫諸學説，並觀《讀書雜志》稱引"引之曰"，王引之糅合王念孫文辭之跡象，歷歷可見。

如《韓子雜志》"輕誣强秦之實禍"條云：

> 引之曰：……誣即輕之譌，《韓策》及《史記·韓世家》俱無誣字，是其證也。今作"輕誣强秦之實禍"者，一本作輕，一本作誣，而後人誤合之耳。凡從亟、從巫之字，傳寫往往譌溷。説見《經義述聞·大戴禮》"喜之而觀其不誣"下。②

考《韓非子》卷三第 12 頁王念孫眉批云：

> 《爾雅》："葝菜，蒤蘺。"《釋文》："葝，亡符反，讀者又户耕反"，蓋葝字或作莖，與莖相似，因譌而爲莖，故讀者又户耕反也。誣即輕之譌校，書者旁記輕字，後人因並載之耳。今據《韓策》及《史記·韓世家》删誣字。隸書或爲誙，形與輕字相似，故輕譌爲誣。
>
> 《楚辭·招魂》："帝告巫陽。"巫一作亟，《方言》："誣、諙，與也。"今本作誙。

又《經義述聞》初刻本"喜之而觀其不誣也"條（中國國家圖書館藏稿本同）云：

---

① 王念孫：《詩經群經楚辭韵譜》卷下，第 2 頁，《高郵王氏遺書》，民國十四年(1925)鉛印本。案：上海圖書館藏清人過録王念孫校本《六書音均表》卷五第 15 頁"瑟慄(《九辨》)"無校語。

② 王念孫：《讀書雜志餘編》卷上，清道光十二年刻本，第 58 頁。

家大人曰：……《韓子·十過篇》曰："聽楚之虚言，而輕誣強秦之實禍。"蓋本作"誙強秦之實禍"（《韓策》作輕強秦之禍），誙與誣相似，因謁而爲誣，今本作"輕誣強秦之實禍"者，蓋一本作輕，一本作誣，而後人誤合之也。以《大戴禮》《韓子》互相考證，則誙爲輕之借字，誣爲誙之謁字明矣。

比覈《韓子雜志》"輕誣強秦之實禍"條引王引之説、王念孫校本《韓非子》（卷三，第12頁）眉批以及《經義述聞》初刻本"喜之而觀其不誣也"條文辭，可知《韓子雜志》"誣即輕之謁，《韓策》及《史記·韓世家》俱無誣字，是其證也"，源於王念孫《韓非子》校語"今據《韓策》及《史記》《韓世家》删誣字。隸書或爲誙，形與輕字相似，故輕謁爲誣"，而"今作'輕誣強秦之實禍'者，一本作輕，一本作誣，而後人誤合之耳。凡從巠、從巫之字，傳寫往往謁溷"云者，本諸《經義述聞》初刻本（稿本同）王念孫"今本作'輕誣強秦之實禍'者，蓋一本作輕，一本作誣，而後人誤合之也"之語。故王引之糅合王念孫文辭之跡象，歷歷可見。

第三節 《讀書雜志》稱引"引之曰"適補 王念孫學説所未言，仍宜 視作純出王念孫手筆例

王念孫諸書《讀書雜志》之刊行雖始於嘉慶十七年（1812），而彼校正諸書遠在此前。據上文所考，乾隆末年、嘉慶初年之際，王念孫已有《吕氏春秋》《淮南子》校本，故陳昌齊、朱彬均錄其校語。

《廣雅疏證》發軔於乾隆五十三年（1788），成於嘉慶元年（1796）。以周法高等編《廣雅疏證引書目錄》言之，[①]《經義述聞》《讀

---

① 周法高主編：《廣雅疏證引書索引》，香港：中文大學出版社，1978年。

書雜志》所收之典籍，《廣雅疏證》均引及之。取上文所舉《廣雅疏證·釋詁》“頩，醜也”、《釋言》“瘳，厭也”兩條，比觀《淮南子正誤》《淮南子雜志》引文，以及以《釋言》“姣，侮也”比勘《淮南子雜志》“燕雀佼之”條言之，①知《廣雅疏證》雖較《淮南子正誤》略詳，又不及《淮南子雜志》博考。而《史記雜志》“阿縞”條與《廣雅疏證·釋器》“綯、縞，練也”、②《漢書雜志》“不孽”條（稿本同）與《廣雅疏證·釋言》“瀻，疑也”、③《管子雜志》“䲪䲪”條與《廣雅疏證》“粗，大也”所論均略同。④ 凡此之類，茲不備舉。據此，乾隆五十年(1785)以後王念孫已漸次寫定部分群書札記條目，而《廣雅疏證》所見王念孫學説，正處於諸書校語與《讀書雜志》之間。《讀書雜志》刊行在《廣雅疏證》之後，據《廣雅疏證》相關學説，益知《讀書雜志》“引之曰”乃因仍王念孫之説。

　　《廣雅疏證·釋詁》“抓，引也”云：“抓之言歼也。《説文》：‘歼，滿弓有所鄉也。’字亦作扜。《呂氏春秋·壅塞篇》‘扜弓而射之’，高誘注云：‘扜，引也。’古聲竝與抓同。”⑤《呂氏春秋》扜原作扝，王念孫引文已正其誤。而《廣雅·釋詁》：“扜，揚也。”各本扜原作扝，王念孫辨其形誤，訂作扜。⑥《廣雅疏證》未引及《韓非子》，而《韓非子》同有此誤。《韓非子·説林下》云：“羿執鞅持扝，操弓關機，越人争爲持的，弱子扜弓，慈母入室閉戶。”王念孫《韓非子》校本於扝字旁批作扜，⑦而扜、扝乃異體字。

　　今本《呂氏春秋》《韓非子》《廣雅》扜原皆作扝，而王念孫悉易扝作

---

　　① 王念孫：《廣雅疏證》卷五上，清嘉慶四年刻本，第35頁；《淮南子雜志》卷六，收入《讀書雜志》，清道光十一年刻本，第7頁。

　　② 王念孫：《史記雜志》卷五，第11頁，收入《讀書雜志》；《廣雅疏證》卷七下，第21頁。

　　③ 王念孫：《漢書雜志》卷九，第26頁，收入《讀書雜志》；《廣雅疏證》卷五下，第11頁。

　　④ 王念孫：《管子雜志》卷七，第9頁，收入《讀書雜志》；《廣雅疏證》卷一上，第2頁。

　　⑤ 王念孫：《廣雅疏證》卷一下，第35頁。

　　⑥ 王念孫：《廣雅疏證》卷四下，第20頁。

　　⑦ 《韓非子》卷八，中國國家圖書館藏王念孫批校明萬曆十年趙用賢管韓合刻本，第3頁。

扞,未詳彼何所據。考《韓子雜志》"執靮持扞　扞弓"條王引之云:"其弱子扞弓之扞,當作扜,字從于,不從干。扜弓,引弓也。《説文》'扜,滿弓有所鄉也',字或作扝。《大荒南經》'有人方扜弓而射黄蛇',郭注:'扜,挽也,音紆。'《吕氏春秋·壅塞篇》'扜弓而射之',高注云:'扜,引也。'《淮南·原道篇》'射者扜烏號之弓',高注曰:'扜,張也。'弱子扜弓,則矢必妄發,故慈母入室閉户。若作扞禦之扞,則義不可通。(今本《吕覽》《淮南子》扜字皆誤作扞,唯《山海經》不誤,則賴有郭音也。)"[1]《韓子雜志》所引文,《山海經》《淮南子》而外,《廣雅疏證》及王念孫《韓非子》校語悉已具之。今中國國家圖書館藏王念孫校本《山海經》,王念孫於《大荒南經》"有人方扜弓而射黄蛇,郭注:扜,挽也,音紆"處未作批語,[2]而據《韓子雜志》此説,知王念孫改字所本者即郭璞《山海經》注扜"音紆"。是故《廣雅疏證》有論而未明者,《讀書雜志》稱引"引之曰"適補其未備,凡此諸例,仍可徑視爲純出王念孫手筆。

　　上文臚舉三例,討論王念孫諸書校語、《廣雅疏證》、書札論説等與《讀書雜志》之關係,以明《讀書雜志》"引之曰"不乏因仍王念孫成説者,但並非以證王引之不過徒具虚名。如《廣雅疏證》三處稱引王引之之説,今《楚辭雜志》《文選雜志》俱題作"引之曰",[3]可謂前後如一。王引之校閲百家之語,今不乏未見於《讀書雜志》者。如嘉慶二十三年(1818)王引之寓書王紹蘭,論及《管子·形勢篇》"抱蜀不言",當從明人朱東光以"抱蜀"原作"抱器"説;《地員篇》"蘪蕪椒連""蓮與

---

① 　王念孫:《讀書雜志餘編》卷上,清道光十二年刻本,第60—61頁。

② 　《山海經》卷一五《大荒南經》,中國國家圖書館藏清康熙五十四年項絪群玉書堂刻本,第2頁。劉思亮以王念孫朱筆批校《山海經》在乾隆四十七年(1782)至乾隆四十九年(1784)之間,墨筆批校在其晚年。見劉思亮:《王念孫批校〈山海經〉初考——兼及〈河源紀略·辨訛〉纂修者》,《文獻》2021年第3期,第164—177頁。

③ 　如《廣雅疏證》卷二上《釋詁》"爰,恚也",清嘉慶四年刻本,第10頁,見《讀書雜志餘編》卷下《楚辭雜志》"曾傷爰哀"條,第9頁;《廣雅疏證》卷六上《釋訓》"馣馣,香也",第14頁,見《讀書雜志餘編》卷下《文選雜志》"芳酷烈之閜閜"條,第37—38頁;《廣雅疏證》卷六上《釋訓》"徜徉,戲蕩也",第40頁,見《讀書雜志餘編》卷下《文選雜志》"當年遨遊"條,第46頁。

蘪蕪”，“連”“蓮”皆蘭之假借；《輕重篇》“雙武之皮”，唐房玄齡注：
“雙虎之皮”，正文當作虎，注文避諱當作武，此寫者上下顛倒所致。①
此三説，《管子雜志》、上海圖書館所藏王念孫、王引之校本《管子》並
無之，②且王引之以“抱蜀”原作“抱器”説，此與《廣雅疏證》從惠棟
《周易述》“抱蜀”即“抱一”説大異。③

　　王念孫引之父子疏通旁推，發明古書之正解，取法甚近，《讀書
雜志》所見諸説之旁徵博採，究出何人手筆，如無確證，多不易判定。
許維遹、王欣夫以王念孫校語勘驗《讀書雜志》“引之曰”，知諸説之
發明有源出王念孫者。王念孫校語或寥寥數語，或僅具隻字，或僅
圈改而已，此與《讀書雜志》“引之曰”乃博採稽考之札記固不可等
同，但《讀書雜志》所見王引之諸説又不乏因仍王念孫成説者。是故
《讀書雜志》部分條目，雖題作“引之曰”，但有名無實，縱不易徑視王
念孫有假託之嫌，但其實兩者差可等同。

---

　　①　王引之：《王文簡公遺文》，《國家圖書館藏鈔稿本乾嘉名人別集叢刊》，第 32 册，
北京：國家圖書館出版社，2010 年，第 577—578 頁。此札云“憶昨于役臨安”，“至仲冬朔
日復命塗中”，考王引之於嘉慶二十三年(1818)簡放浙江鄉試正考官，故此札撰於是年十
一月初一日。
　　②　此據張錦少《王念孫古籍校本研究》，上海：上海古籍出版社，2014 年，第 254—
273 頁錄王念孫校語。
　　③　王念孫：《廣雅疏證》卷一上，清嘉慶四年刻本，第 26 頁。

第三章　王氏父子與《經義述聞》
之撰修與刊行

　　上文討論《讀書雜志》"引之曰"之來源問題,比覈王念孫諸書校語及其著述,《讀書雜志》"引之曰"雖爲王念孫稱引,但部分條目實屬王引之糅合王念孫成説,可徑視純出王念孫手筆,是故以《讀書雜志》"引之曰"純出王引之"融會疏記,旁推曲證",信非的論。《讀書雜志》所見王引之因仍王念孫成説之實態,既已究明,而《經義述聞》有無王念孫歸美之嫌,仍俟考覈其實。

　　《經義述聞》單行本有三,即十五卷本、二十二卷本及三十二卷本。審視今中國國家圖書館所藏《經義述聞》稿本(善本書號05187),三種刻本稿本均略存之,且均出王引之手筆(附錄三:《中國國家圖書館藏〈經義述聞〉稿本述要》)。《經義述聞》遞經反復謄抄及改訂,如《周易述聞》"隤然"條(附錄二:書影二),前後字跡略異,仍屬王引之墨跡。若《經義述聞》有王念孫歸美之嫌,原稿本似應初作"家大人曰",而後圈改作"引之謹案",方合乎此説,但稿本情形並非如此。

　　《經義述聞》初刻本稿本有四條,稿本原作"引之案",後改作"家大人曰"者,如《周易述聞》"夕惕若"、《毛詩述聞》"有捄棘匕"、《周禮述聞》"巾絮"、《左傳述聞》"稱舍於墓"諸條,均屬此例;另有三條,稿本初題"引之案",後在"引之""案"之間增"謹"字,繼而又改作"家大人曰",若《毛詩述聞》"作之屏之"、《禮記述聞》"文王之詩也"、《左傳述聞》"輘輷鞃鞟"諸條皆然,今初刻本悉同於改定後之文本。若據此類跡象,或可證成《經義述聞》爲王引之自著説。

　　《經義述聞》稿本或屬修改稿,或爲謄清稿,據之雖可獲悉王引之改訂《經義述聞》之過程,但王氏父子群經校語與《經義述聞》之關係，則難以窺知。王氏父子群經校本，今不知飄墮何所，^①而以乾隆四十年至五十年間（1775—1785）王念孫經説比覈《經義述聞》稿本及諸刻本，《經義述聞》又不乏王引之本諸王念孫經説者。《經義述聞》初刻本稿本原作"引之案""引之謹案"，後改作"家大人曰"諸例，其中仍有原委可探。所謂《經義述聞》作者疑案，仍有討論之必要。

第一節　王引之與《經義述聞》
之成書與刊行

《經義述聞》初刻本序云："引之學識駑淺，無能研綜，旦夕趨庭，聞大人講授經義，退而錄之，終然成帙，命曰《經義述聞》"，末署"嘉慶二年三月望日"[《經義述聞》稿本初作嘉慶元年（1796），後改作嘉慶二年（1797）。附錄二：書影三]。據嘉慶二年（1797）王引之此序，《經義述聞》經始之由，乃王引之趨庭過錄王念孫講授經義，而後彙整成書。今更徵諸文獻，序文所言未必可信，《經義述聞》初刻本撰定之原委，略可考見。

一、王引之與《經義述聞》之經始

《昭代經師手簡二編》收錄阮元致王引之書四云：

> 承示經訓數十條，皆細閲過，（中略）所詮釋虛字十餘條，（中略）呂氏《東萊博議》卷末曾有解釋虛字文意一卷，惜乎太淺陋。今用此例爲之，以爲讀經者之助，亦甚妙也。（中略）據鄙意，何不將"逢，大也"諸條刪去，別入他蕖，專將詞氣注成一帙乎？^②

阮元札中所稱"承示經訓數十條"，或可疑王引之寄示者蓋即《經義述聞》

---

① 案：浙江圖書館藏題云王引之批校嘉慶十一年（1806）張青選清芬閣刻本《周禮》六卷，未克獲見，但此書刊成於《經義述聞》初刻本之後，似非《經義述聞》所據王引之原校本。
② 羅振玉輯：《昭代經師手簡二編》（民國七年景印本）所收阮元致王引之書四。

初刻本稿本,但《經義述聞》初刻本條目凡三百七十一條,①而此僅言"數十條",條目懸殊。此札又言"據鄙意,何不將'逢,大也'諸條删去",而阮元所言"逢,大也"條,《經義述聞》初刻本(稿本)題作"子孫其逢"。若以阮元獲見者即《經義述聞》初刻本稿本,則與札中所言不免齟齬。

今臺灣圖書館藏王引之《尚書訓詁》鈔本一册,疏通《尚書》之實詞與虛字凡二十三條,所釋實詞有"立""爲""逢""弔""昏""敷""依""應保""依""昌""咸劉""猷裕""富""尚""陳""别求"計十六條,虛字有"丕""攸""剪""作""繇""乃　其""于"凡七條。② 其中"逢"條開篇即言"逢,大也",③此與札言合,而與《經義述聞》"子孫其逢"條置此語於句中不同。

玩味阮元書札之意,比觀《尚書訓詁》之詮釋,阮元獲閲之書"所詮釋虛字十餘條",而《尚書訓詁》所釋虛字不及十條,此兩者之異處,餘如"據鄙意,何不將'逢,大也'諸條删去,别入他稿,專將詞氣注成一帙乎",即建言詮釋實詞、虛字分别成書,此與《尚書訓詁》契合,故阮元所閲者或即《尚書訓詁》稿本,而彼書條目較今臺灣圖書館所藏本爲多。

學者以爲《尚書訓詁》成於乾隆五十五年(1790)至五十九年(1794)間,④今揆其稿成年月約在王引之入都之後,即乾隆五十五年(1794)或稍晚。王引之《經傳釋詞序》(《經傳釋詞》卷首)自稱乾隆五十五年(1794)入都後,嘗發明《尚書》虛詞,"竊嘗私爲之説,而未敢定也",而《尚書訓詁》發明虛詞諸條,合乎《經傳釋詞序》所言,則

---

①　今所據《經義述聞》初刻本爲北京大學圖書館藏本,其中《周易述聞》"童蒙求我"條重出。陳鴻森統計數目爲三百六十五條(陳鴻森:《〈經傳釋詞〉作者疑義》,《傳統中國研究集刊》第2輯,上海:上海人民出版社,第472頁),與鄙説微有差異。另,中國科學院國家科學圖書館所藏《經義述聞》初刻本三種,條目分别爲三百六十一條、三百六十五條、三百六十八條。

②　詳見許華峰:《王引之〈尚書訓詁〉的訓詁方法》,蔣秋華主編:《乾嘉學者的治經方法》上册,臺北:"中研院"中國文哲研究所籌備處,2000年,第438—460頁。

③　許華峰:《王引之〈尚書訓詁〉的訓詁方法》,蔣秋華主編:《乾嘉學者的治經方法》上册,第449頁。

④　許華峰:《王引之〈尚書訓詁〉的訓詁方法》,蔣秋華主編:《乾嘉學者的治經方法》上册,第412頁。

《尚書訓詁》應即王引之"私爲之説"之作。《尚書訓詁》兼釋《尚書》實詞與虚詞，今分別見於《經義述聞》《經傳釋詞》，即《尚書述聞》主實詞，《經傳釋詞》偏虚字，是故《尚書訓詁》並非單爲《經傳釋詞》之長編而已，可視作《尚書述聞》《經傳釋詞》之初稿。①

　　王引之《尚書述聞》，濫觴於《尚書訓詁》，但兩書間改編之原委，今不可詳知。嘉慶四年（1799）或稍後孫星衍寓書王引之云："閣下所撰《尚書故聞》，可再采諸經改名，亦思抄一副本。"②今雖未詳《尚書故聞》《尚書述聞》之異同，而據孫星衍此札，知孫星衍勸王引之旁推群經，而後易名。據此，《經義述聞》所收群經札記，其彙整時日在嘉慶四年（1799）之後，而非序中所謂嘉慶二年（1797）。

　　舊據《經義述聞》初刻本序文年月，以爲彼書鋟梓在嘉慶二年（1797），但此説難稱精確。《經義述聞》初刻本成書經年，遲至嘉慶十年（1805）間始刊刻告竣，故王氏父子朋輩如段玉裁、朱彬、張敦仁、焦循、阮元、陳壽祺獲讀《經義述聞》時在嘉慶十年（1805），③臧庸獲閲《經義述聞》在嘉慶十一年間（1806），④王引之寄呈孫星衍《經義述聞》則遲至嘉慶十二年（1807）。⑤

　　《經義述聞》之名雖屬晚定，而在彙整成書之前，歷經批校群書、

---

　　①　近期趙曉慶討論王念孫稿本所見虚詞（趙文稱作《虚詞譜》），僅具《詩經》書證，略見《經傳釋詞》"家大人曰"之來源，遂盛推王念孫創始之功，但其忽略王引之《尚書訓詁》，則有未安。趙曉慶：《從〈虚詞譜〉到〈經傳釋詞〉——兼論〈經傳釋詞〉之成書及編排問題》，《古漢語研究》2022年第1期，第42—50頁。

　　②　《昭代經師手簡二編》（民國七年景印本）所收孫星衍致王引之書五。此札撰年未明，今以文末"同館（案：指翰林院）愚弟孫星衍頓首"，知其撰年在王引之之登科入翰林院之後。

　　③　羅振玉輯：《昭代經師手簡》（民國七年景印本）所收段玉裁致王念孫書二；《昭代經師手簡二編》所收朱彬致王引之書二，張敦仁致王引之書一，焦循致王引之書二，阮元致王引之書一，陳壽祺致王引之書六。

　　④　《昭代經師手簡》所收臧庸致王念孫書二。

　　⑤　以上分別見《昭代經師手簡》所收段玉裁致王念孫書二；《昭代經師手簡二編》所收朱彬致王引之書二，張敦仁致王引之書一，焦循致王引之書二，阮元致王引之書一，陳壽祺致王引之書六；《昭代經師手簡》所收臧庸致王念孫書二；《昭代經師手簡二編》所收孫星衍致王引之書三。

迻錄相關校語並增訂爲札記兩階段,此有稿本可證。《經義述聞》稿本現存《校書錄》一册,僅存五條,各條均不具題名,且多以“案”字啟下文,未署名氏。内容近於《國語述聞》“水無沈氣”(初刻本稿本有之,諸刊本無)、“弗震弗渝”“其語迂”“滯久而不震”“載稻與脂”諸條。而以《經義述聞》初刻本稿本覈之,僅“其語迂”條題“家大人曰”,餘四條均作“引之謹案”。諦審其書法,均屬王引之墨跡。《校書錄》諸條不具名氏,《尚書訓詁》諸條雖無“引之謹案”,而引及王念孫學說,如“逢”“尚”兩條,題云“引之聞於父”。據《校書錄》題名,知此前乃王氏父子《國語》校語,而後迻錄爲經義札記,王引之彙整作《校書錄》。關於《校書錄》之撰述年月,《廣雅疏證·釋言》“輸,寫也”先引《小雅·蓼蕭》及枚乘《七發》兩書證,次引王引之學說,[1]所述與《校書錄》“弗震弗渝”相類(附錄二:書影四),所異者,《廣雅疏證》所引《蓼蕭》《七發》,《校書錄》則易爲夾注,《國語述聞》仍之,題此條曰“引之謹案”,則《校書錄》與《廣雅疏證》撰年相當或稍晚,約在乾隆五十三年(1788)以後。

二、王引之與《經義述聞》之刊行

從《經義述聞》之刊行過程言之,《經義述聞》付刻之前,歷經初稿、修改稿、謄清稿、錢梓之後,又有校正紅樣、校正試印本等工序,王引之獨任其事。《經義述聞》刊成後,王引之有增補《經義述聞》條目跡象,如中國國家圖書館所藏《經義述聞》王引之增補嘉慶十年(1805)刻本(善本書號 A02046),其中有王引之手寫補入新成條目形成《經義述聞》二刻本主要文本來源。[2]《經義述聞》諸條目之形成,歷經反復增删,《經義述聞》三種稿本均有王引之眉批、圈改及籤記跡象。如《經義述聞》三刻本稿本卷一〇“納采用鴈、下大夫相見

---

① 王念孫:《廣雅疏證》卷五下《釋言》“輸,寫也”,清嘉慶四年刻本,第 3 頁。
② 參見張琦:《經義述聞解題》,第 8、25—30 頁,張琦:《經義述聞十五卷本以前各本條目對照表》,蔣鵬翔、沈楠主編:《經義述聞》,桂林:廣西師範大學出版社,2020 年,第 1779—1825 頁。

以鴈"條，天頭眉批："李涪《刊誤》曰……而後人以鵞代之也"，今刊本已補入此説；又如同卷"公士、公卿大夫室老貴臣"條，天頭處眉批爛然，且又別紙附簽記。而此類跡象，題云"家大人曰"者亦然。如《爾雅述聞二》稿本"漠察清也"條引文增昭公二十八年《左傳》及杜注。此處引文未必屬王引之發明，但其經由王引之謄錄，則無疑義。

《經義述聞》三種刻本付梓前寫樣所據稿本，亦均由王引之謄清。《經義述聞》二刻本序雖言及《爾雅》，實未收之。今檢視《經義述聞》稿本，收錄題作《爾雅》者三册（一、二、五），第一册書衣後附跋文（疑出王引之三男王壽同之手）有"此手寫本《爾雅》原底，此册乃付江西盧明經（案：盧宣旬）刻時原本稿"及"因係先人手錄者"之語，知二刻本《爾雅述聞》稿本由王引之謄清。中國國家圖書館又藏《爾雅述聞》刊本五册（善本書號 A02046），即依此稿本付刻。而《經義述聞》二刻本未收之，其刊成時日宜在二刻本之後。又如道光九年（1829）《皇清經解》收錄《經義述聞》二十八卷本，寫樣所據稿本之謄清及寄送，由王引之任之。①《經義述聞》發刻後，紅樣及試印本之校勘，亦由王引之任之。如朱希祖獲見王引之校正《經義述聞》三刻本紅樣，②中國國家圖書館、上海圖書館均藏王引之批校《經義述聞·太歲考》三刻試印本（附錄二：書影五），③均屬此例。

三、王引之與《經義述聞》相關學説之發明

由《經義述聞》諸刻本所見王引之學説之發明言之，張錦少稱《禮記述聞》"雷始收聲"條乃王引之由王念孫學説"觸類推之"而成，④此説

---

① 《昭代經師手簡二編》（民國七年景印本）所收道光八年嚴杰致王引之書。

② 朱希祖：《朱希祖日記》，北京：中華書局，2012 年，第 314 頁。

③ 書影見陳先行、石菲：《明清稿鈔校本鑒定》，上海：上海古籍出版社，2009 年，第 5 頁。原鑒定作嘉慶初刻本，誤也。案：今本《經義述聞》已改從中國國家圖書館所藏本改訂之處，而上海圖書館藏本所改訂者，則仍其舊。

④ 張錦少：《王念孫古籍校本研究》，上海：上海古籍出版社，2014 年，第 348—349 頁。

可從。又如《尚書述聞》"應保殷民"條，王引之據《廣雅·釋詁》"應，受也"訓應作受解，《國語述聞》"廷見"條，王引之據《廣雅·釋詁》"迁，往也"改廷作迁，凡此之類，《廣雅疏證》未發明之，王念孫《廣雅疏證補正》援引王引之説，①即屬王引之"觸類推之"之例。

《經義述聞》"引之謹案"爲王引之發明，《廣雅疏證》"引之曰"以及王引之友朋書札所載均可爲證。上文已舉《經義述聞》初刻本"弗震弗渝"條與《廣雅疏證》引王引之説相類，又如《廣雅疏證》稱引王引之《尚書》説凡四條，②《詩》説共四條，③《周禮》《禮記》《左傳》經説各一條，④今皆見諸《經義述聞》初刻本。嘉慶二十二年(1817)王紹蘭寓書王引之，略載王引之經説，⑤王引之所呈寄經説，今《經義述聞》二刻本"無弱孤有幼""兹不忘大功　永不忘在王室""沈酗于酒""聰作謀"諸條始見之，⑥蓋源出《經義述聞》二刻本或稿本。

---

① 分別見王念孫《廣雅疏證補正》(民國十七年《殷禮在斯堂叢書》石印本)第2、27頁。

② 《經義述聞》"遠乃猷裕　告君乃猷裕"條，清嘉慶十年刻本，見《廣雅疏證》卷三上《釋詁》"裕，道也"，清嘉慶四年刻本，第33頁;《經義述聞》"以孝烝烝"條，見《廣雅疏證》卷六上《釋訓》"烝烝，孝也"，第28頁;《經義述聞》"萬邦黎獻　民獻有十夫"條，見《廣雅疏證》卷五上《釋言》"儀，賢也"，第20頁;《經義述聞》"啟籥見書"條，見《廣雅疏證》卷八上《釋器》"籥，籃也"，第28頁。

③ 《經義述聞》"受小球大球　受小共大共"條，見《廣雅疏證》卷一上《釋詁》"捄，澟也"，第12頁;《經義述聞》"嘆其濕矣"條，見《廣雅疏證》卷二上《釋詁》"嘿，曝也"，第7頁;《經義述聞》"曰止曰時"條，見《廣雅疏證》卷三下《釋詁》"跱，止也"，第4頁;《經義述聞》"行役夙夜無寐"條，見《廣雅疏證》卷四下"沬，已也"，第8頁。另，劉盼遂以爲《廣雅疏證》卷一即引王引之學説，而王引之之"年纔二十二，從事舉業"[劉盼遂:《高郵王氏父子年譜》，收入《段王學五種》，民國二十五年(1936)北平來薰閣書店鉛印本，第40頁]，但須知《廣雅疏證》成書經年，書稿又經改易，相關内容有此後增益之嫌，不得以各卷成書年月論定相關内容撰定時日。

④ 《經義述聞》"鞭度"條，見《廣雅疏證》卷八上《釋器》"度，杖也"，第31頁;《經義述聞》"呻其佔畢"條，見《廣雅疏證》卷八上《釋器》"笘，籃也"，第28頁;《經義述聞》"秣馬蓐食"條，見《廣雅疏證》卷三下《釋詁》"蓐，厚也"，第1頁。

⑤ 王紹蘭:《許鄭學廬存稿》卷六《又答伯申》，清道光二十九年刻本，第8頁。

⑥ 《經義述聞》二刻本卷二，北京大學圖書館藏清嘉慶二十二年綠柳山房序刻本，第22—23、26—27、29—31頁。

　　據《廣雅疏證》所引王引之學説，又可知《經義述聞》諸刊本之刊刻與諸條學説之發明，在時間上並非完全同步。《廣雅疏證》引述王引之《周易》説一條，《爾雅》説一條以及訓庤爲“養也”條，[①]《經義述聞》初刻本俱無之，而二刻本始收《周易》“女子貞不字”、《爾雅》“革中絶謂之辨　革中辨謂之羣”兩條，[②]三刻本始具“通説·養　射”條。[③]據此，《經義述聞》二刻、三刻本所收部分條目，雖刊成時日在嘉慶十年之後，但其學説之發明則在乾隆末、嘉慶初，唯未付諸剞劂耳。

　　綜合上文言之，《經義述聞》之經始，與王引之關係至要。乾隆末年、嘉慶初年間王氏父子《國語》札記經由王引之彙整作《校書錄》，此即《國語述聞》之最初形態；乾隆五十五年（1790）或稍晚王引之發明《尚書》實詞與虛詞，初成《尚書訓詁》，而後從阮元、孫星衍建言，始具《經義述聞》《經傳釋詞》之名。而《經義述聞》諸經札記之彙整，諸稿本之改訂、謄清及校樣等工序，均由王引之任之。至若《經義述聞》諸刻本所載經義，王引之引申觸類，多有發明，視《經義述聞》乃王引之“略入己説，而名爲己作”，誠非允愜。

第二節　王念孫與《經義述聞》之撰修

一、《經義述聞》“家大人曰”乃王引之謄錄王念孫經説考

　　上文討論王引之與《經義述聞》之經始及刊行，而正如僅據《讀書雜志》稿本不足以管窺王引之學説之來源，《經義述聞》稿本亦然。《經義述聞》稿本雖由王引之之寫就，而嘉慶十五年（1810）王念孫寓書宋保云：“念孫於公餘之暇，惟耽小學，《經義述聞》而外，擬作《讀書雜記》一

---

　　①　分別見《廣雅疏證》卷一下《釋詁》“字，生也”，第 11 頁；《廣雅疏證》卷四上《釋詁》“羣，詘也”，第 5 頁；《廣雅疏證》卷一上《釋詁》“庤，養也”，第 26—27 頁。
　　②　《經義述聞》二刻本卷一，北京大學圖書館藏清嘉慶二十二年綠柳山房序刻本，第 4—5 頁；中國國家圖書館藏二刻本《爾雅述聞三》，第 5—6 頁。
　　③　今本《經義述聞》卷三一，清道光十年刻本，第 37—38 頁。

書,或作或輟,統計所成,尚未及三分之二,剞劂正未有期也。"①據此札,知王念孫視《經義述聞》如同己作,則王念孫與《經義述聞》之纂修,亦不可忽視。

近來學者於《經義述聞》稱引"家大人曰"是否出王念孫手筆,猶有分歧。今所存《校書錄》,據其題名及內容,即由《國語》校語迻寫之經義札記。若依《經義述聞》所題,《校書錄》"其語迂"爲王念孫經説,則《校書錄》此條經王引之謄錄可知。王引之《經義述聞》初刻本序云:"聞大人講授經義,退而錄之,終然成帙,命曰《經義述聞》。'述聞'者,述所聞於父也。"《經義述聞》二刻本、三刻本序則云:"引之過庭之日,謹錄所聞於大人者,以爲圭臬,日積月累,遂成卷帙。"《經義述聞》初刻本稿本或因仍《尚書訓詁》,引述王念孫經説或題作"引之聞於父",即與"述所聞於父"相合,如《尚書述聞》"萬邦作乂""予仁若考""肆王惟德用和懌先後迷民用懌先王受命""予惟率肆矜爾""義民",《毛詩述聞》"終風且暴""亦莫我聞""宜言飲酒""素衣朱",《周禮述聞》"巾絮""師都建旗",《左傳述聞》"寡君舉群臣",後統改爲"家大人曰"。今以王氏父子《國語》札記經由王引之彙整謄錄言之,所謂趨庭過聞或即此意。若謂《經義述聞》"家大人曰"並非王引之條錄王念孫經説,則有未然。

考汪喜孫寓書朝鮮學者金正喜云:"王先生(案:即王念孫)經説,半存於《述聞》,父子著述,不可强分爲二。"②王念孫雖有經説,但未獨立付梓,即《經義述聞》所見王念孫説題"家大人曰",然則《經義述聞》所載王念孫引之父子經説並非"不可强分爲二",王念孫自撰經説,多與《經義述聞》"家大人曰"同,其著述中猶可考見。

臺北傅斯年圖書館藏《高郵王氏父子手稿》,其中收錄整理者名

---

① 王念孫:《致宋小城書》,《王光祿遺文集》卷四,清咸豐七年刻《高郵王氏家集》本,第7頁。

② 藤塚鄰:《清朝文化東傳の研究》,東京:國書刊行會,1975年,第409頁;劉玉才:《異域隻眼——藤塚鄰的東亞學術交流研究述評》,《國際漢學研究通訊》第七期,北京:北京大學出版社,2013年,第235頁。

爲《經義雜志》者，凡十八條（整理者謂凡二十條，未盡確切），以討論經義爲主。《尚書·洪範》舊讀以"子孫其逢吉"絶句，至李惇《群經識小》始以"子孫其逢"絶句，而王念孫此文以《尚書·洪範》"子孫其逢"絶句，又有"此條本出足下，不過增成之耳"云云，故學者疑此文乃王念孫經義札記，以就正李惇者。①

今更據文末"倉促錄得十八條，本欲再謄清稿呈閲，恐再遲則緩不及事，且案頭無書，不能考證，祇據意見所到爲之，故多所未安，務祈考訂原書，重加改正。文不成文，字不成字，唯知己諒之而已。念孫叩"，味其語，知此文乃王念孫寓李惇之書，所謂"倉促錄得十八條""務祈考訂原書，重加改正"，乃王念孫簽正李惇《群經識小》凡十八條，是以《群經識小》"濯溉"條引王念孫説與《經義雜志》略同。②而《群經識小》"衍文""教胄子""笙頌""笪筦簾""禫或爲導"諸條，③皆見諸《經義雜志》，④推究其故，蓋《群經識小》非李惇生前所刻，乃道光五年（1825）李培紫據其父稿本付梓，而原稿本所存王念孫簽記，未題"念孫案"，刻本誤移植入正文。

李惇病卒於乾隆五十年（1785），而其《群經識小》在乾隆四十一年（1776）成稿，王念孫《群經識小序》云："歲在丙申，余乞假歸，進士衰集説經之文，顏以《群經識小》。"⑤則王念孫獲閲並簽記此書稿約在乾隆四十一年（1776）或稍後。

王念孫《群經識小》簽記所陳經説，多題"謹案"，而《經義述聞》題作"家大人曰"，如《經義述聞》初刻本《周易》"不速之客來、敬之終吉"

① 陳鴻森：《阮元刊刻〈古韵廿一部〉相關故實辨正——兼論〈經義述聞〉作者疑案》，《"中研院"歷史語言研究所集刊》2005年第76本3分，第450—451頁。

② 李惇：《群經識小》卷三，清道光間刻本，第9頁；李宗焜編：《景印解説高郵王氏父子手稿》，臺北："中研院"歷史語言研究所，2000年，第61頁。

③ 李惇：《群經識小》卷一，第11頁；卷二，第1—2、3—4頁；卷四，第7、8頁。

④ 李宗焜編：《景印解説高郵王氏父子手稿》，第59—61、63—64頁。

⑤ 王念孫：《群經識小序》，《王光禄遺文集》卷三，清咸豐七年刻《高郵王氏家集》本，第5頁。

"比,吉也",《尚書》"于其無好德""子孫其逢",《詩》"可以濯溉",《禮記》"瓦不成味""故聖人制之以道鄉人士君子"諸條,今《群經識小》簽記已具之,①雖考訂間有未備,如《經義述聞》"于其無好德"條以"德"字乃衍文,稽考詳備,而《群經識小》簽記僅言:"《書·洪範》'于其無好德',德字蓋因上節'予攸好德'而衍。(此條須查《史記·宋世家》注補入,《史記》適不在案頭,故無從辨證。)"②但須知《經義述聞》後出轉詳。《群經識小》簽記所見經説,王念孫日後遞有增補,故《經義述聞》"家大人曰",不過直錄王念孫經説,易"謹案"作"家大人曰"耳。

　　乾隆四十年(1775)以後,王念孫治經所得,《群經識小》簽記而外,又有《詩經群經楚辭韵譜》。《經義述聞》初刻本所收"輝光日新""不速之客　來敬之終吉""習貫之爲常",均略見於《詩經群經楚辭韵譜》。③此外,《廣雅疏證》亦值得關注。王念孫群經校本暫不可得見,但王念孫經義札記多存於《廣雅疏證》之中。《廣雅疏證》成於嘉慶元年(1796),刻竣於嘉慶四年(1799),④初印本與後印本略有異同。凡《經義述聞》"家大人曰"釋義與《廣雅》古義相關者,《廣雅疏證》多可考見,或不及《經義述聞》詳贍,據此足以明《經義述聞》"家大人曰"經王念孫增訂。

　　《經義述聞》三刻本"厖有也""綝善也"兩條明引"家大人《廣雅疏證》曰",⑤而未引者,《廣雅疏證》亦可考見。《經義述聞》初刻本所收《易》説,題"家大人曰"者凡十五條,"即鹿無虞"條,《經義述聞》二刻本、三刻本均無之,"八卦相錯"條二刻本有之,三刻本無

---

　　①　李宗焜編:《景印解説高郵王氏父子手稿》,臺北:"中研院"歷史語言研究所,2000年,第59—62頁。

　　②　李宗焜編:《景印解説高郵王氏父子手稿》,第60頁。

　　③　參見本書《王念孫古韵分部研究》第一章附《上海圖書館藏舊題阮元校本〈六書音均表〉爲清人過錄王念孫校本辨》。

　　④　嘉慶四年(1799)陳鱣入都,時《廣雅疏證》適刊竣,王念孫持初印本贈之。詳陳鱣:《廣雅疏證跋》,《簡莊文鈔》卷三,清光緒十四年羊復禮刻本,第6頁。

　　⑤　今本《經義述聞》卷二六,清道光十年刻本,第4—6頁。

之，而《廣雅疏證》悉具之；《經義述聞》初刻本所收《尚書》説，題"家大人曰"者凡十九條，而見諸《廣雅疏證》者計八條；《經義述聞》初刻本所收《詩》説，題"家大人曰"者凡三十六條，而二十一條《廣雅疏證》已見之；《經義述聞》初刻本收錄王念孫《禮記》説，見於《廣雅疏證》者一條；《經義述聞》初刻本所載《左傳》説，題"家大人曰"者凡三十一條，而其中四條，已見諸《廣雅疏證》；《經義述聞》載王念孫《國語》説凡二十一條，而見諸《廣雅疏證》者凡四條；《經義述聞》初刻本所釋"時""猶豫""從容""無慮"諸條，均見於《廣雅疏證》（詳附錄一）。《經義述聞》"家大人曰"與《廣雅疏證》往往互見，而《經義述聞》經始於乾隆末年，故《經義述聞》"家大人曰"不過王引之直錄其父之成説，"家大人曰"多置於諸條句首。

　　《經義述聞》或置"家大人曰"於句中者，乍觀之，"家大人曰"之前文辭，似出王引之手筆，及紬繹《廣雅疏證》，知相關論説全出王念孫手筆，王引之並無發明。如"薄言有之""被之僮僮、被之祁祁""臨衝閑閑"諸條，[1]"家大人曰"四字置於句中，而《廣雅疏證》則單作"案"字，[2]此乃王念孫自陳己説之提示語，王引之抄錄王念孫經説，不過改"案"作"家大人曰"耳。

　　復取《經義述聞》與《廣雅疏證》相比覈，《廣雅疏證》所載王念孫經説原無"案"字，而王引之增"家大人曰"四字，遂使王念孫經説前後割裂。如《經義述聞》三種刻本"執我仇仇　亦不我力"條，[3]"家大人曰"之前引《爾雅》郭璞注、《詩》毛傳、鄭箋似出王引之手筆，"家大人曰"之後始爲王念孫案語。而若以博考《爾雅》郭璞注、《詩》毛傳、鄭箋非王念孫之文，則下文"與《爾雅》、毛傳、《詩》箋皆異"無所本。

---

　　① 今本《經義述聞》卷五，清道光十年刻本，第2—3頁；卷五，第6—7頁；卷六，第41頁。

　　② 《經義述聞》"薄言有之"條，見《廣雅疏證》卷一上，清嘉慶四年刻本，第30頁；《經義述聞》"被之僮僮、被之祁祁""臨衝閑閑"條，均見《廣雅疏證》卷六上，第20頁。

　　③ 《經義述聞》二刻本卷四，北京大學圖書館藏清嘉慶二十二年綠柳山房序刻本，第1頁；今本《經義述聞》卷六，第13—14頁。

比勘《廣雅疏證·釋訓》“扴扴,緩也”,[①]知《廣雅疏證》之文唯不具“仇仇或作扴扴,《廣雅》曰:扴扴,緩也”,“亦不我力,亦當如《緇衣》注所解,《詩》箋謂不問我在位之功力,非也”,餘則多同,是知《經義述聞》“執我仇仇　亦不我力”條純出王念孫所爲,《經義述聞》“家大人曰”四字乃王引之所增,而王引之實無所發明。

又如《經義述聞》初刻本“匪直也人”條,[②]取《廣雅疏證·釋言》“匪,彼也”並觀之,[③]知“家大人曰”之前博採顧炎武《左傳杜解補正》、惠棟《毛詩古義》之文乃王念孫所考。據此,《經義述聞》稱引王念孫經説既純出王念孫之手,而《經義述聞》置“家大人曰”於句中,此乃王引之謄錄王念孫經説,復作割裂所致。

二、王念孫增補《經義述聞》諸刊本考

《經義述聞》稿本由王引之寫就,王引之謄抄其父之經説,或因仍舊貌,或略經王引之割裂,“家大人曰”並非王引之之趨庭過聞所記可知。《經義述聞》刻本所收條目,屢經增易,題“家大人曰”者亦然,但此類條目亦有王念孫增删改定跡象。王念孫預纂並改訂《經義述聞》條目,文獻中歷歷可見。

《群經識小》簽記、《廣雅疏證》所見王念孫經説,未必盡載於《經義述聞》初刻本。嘉慶二十一年(1816)《經義述聞》二刻本刊行,[④]而《廣雅疏證》所收經説有見其中者,如《經義述聞》二刻本《周禮述聞》“純帛”、《儀禮述聞》“純衣”,[⑤]依聲破字,以純、黗相通,純當訓作黑,

---

①　王念孫:《廣雅疏證》卷六上,第 3 頁。

②　今本《經義述聞》卷五,清道光十年刻本,第 21 頁。

③　王念孫:《廣雅疏證》卷五下,清嘉慶四年刻本,第 32—33 頁。

④　案:北京大學圖書館藏《經義述聞》二刻本初印本,刊記作“嘉慶丙子阮元著/經義述聞/綠柳山房藏板”,誤題此書乃阮元著,後印本削此刊記。

⑤　《經義述聞》二刻本卷五,北京大學圖書館藏清嘉慶二十二年綠柳山房序刻本,第 14 頁;卷六,第 2—3 頁。

而《廣雅疏證・釋器》"黗，黑也"已引《周禮》《儀禮》之文發此説。①
又如《經義述聞》初刻本（稿本同）"喜之而觀其不誣也"條，猶無"《楚
辭・招魂》：'帝告巫陽。'巫一作茲，《方言》：'誣、憮，與也。'今本作
誣。《爾雅》：'莁荑，蔱蘠。'《釋文》：'莁，亡符反，讀者又户耕反。'蓋
莁字或作莖，譌作莖，故讀者又户耕反也"，《經義述聞》二刻本始增
此文，②但此語源出上文所舉王念孫《韓非子》校本（卷三，第 12 頁）
眉批，其由王念孫增補可知。

　　道光元年（1821）夏，王念孫寓書朱彬云："《經義述聞》增補未竟"，
道光二年（1822）六月，王念孫貽書朱彬稱《經義述聞》二刻本多訛字，
"此書年來又續添三、四百條，擬於都中再刻之"。③　道光十年（1830）
《經義述聞》三刻本刊成，此本即札中所云"擬於都中再刻之"。據此
兩札，知《經義述聞》二刻本刻竣後，王念孫陸續增易《經義述聞》二
刻本條目，而《群經識小》簽記、《詩經群經楚辭韵譜》《廣雅疏證》所
具王念孫經説，《經義述聞》三刻本始收之。如《群經識小》簽記"顧
氏炎武言《詩》有半句爲韵者"，④所舉《詩經》《周易》《禮記》用韵之
例，今《經義述聞》三刻本"古詩隨處有韵"條錄之，而所論益詳；⑤《經
義述聞》三刻本中，《大戴禮記述聞》"靡不息"條、《禮記述聞》"未有
絲麻"條，均源於《詩經群經楚辭韵譜》⑥；又如《左傳》襄公十三年：
"君子尚能而讓其小，小人農力以事其上。"杜預注未釋"農力"之意，

---

　　①　王念孫：《廣雅疏證》卷八上，第 61 頁。

　　②　《經義述聞》二刻本卷七，北京大學圖書館藏清嘉慶二十二年綠柳山房序刻本，第
8 頁；今本《經義述聞》卷一一，清道光十年刻本，第 34 頁。

　　③　此兩札見《王石臞文集補編》，收入《段王學五種》，民國二十五年（1936）北平來薰閣
書店鉛印本，第 21—22 頁。參見陳鴻森：《阮元刊刻〈古韵廿一部〉相關故實辨正——兼論
〈經義述聞〉作者疑案》，《"中研院"歷史語言研究所集刊》2005 年第 76 本 3 分，第 455 頁。

　　④　李宗焜編：《景印解説高郵王氏父子手稿》，臺北："中研院"歷史語言研究所，
2000 年，第 60 頁。

　　⑤　今本《經義述聞》卷七，第 31—36 頁。

　　⑥　參見本書《王念孫古韵分部研究》第一章附《上海圖書館藏舊題阮元校本〈六書音
均表〉爲清人過錄王念孫校本辨》。

《廣雅·釋詁》訓農爲勉,《廣雅疏證》引《左傳》襄公十三年文爲證,而《經義述聞》三刻本始收"農力"條,[①]正本於《廣雅疏證》舊説。如此諸類(詳附錄一),均屬王念孫陸續增訂《經義述聞》條目之明證。

此外,二刻本《爾雅述聞三》"水出其左營丘"條王念孫以《爾雅·釋丘》"其"字後脱"前而"二字,其説已見於乾隆五十三年(1788)所刻邵晉涵《爾雅正義》。[②]

今雖未獲見王念孫群經校本,但以《群經識小》簽記、《廣雅疏證》所載王念孫經義札記言之,或不及《經義述聞》"家大人曰"詳實,而此乃《經義述聞》後出轉詳所致。《經義述聞》稿本雖屬王引之手筆,而諸刊本"家大人曰"文辭亦經改易,其屬王念孫所爲,王引之不過謄錄王念孫改訂稿。

三、《經義述聞》部分條目"引之謹案"因仍王念孫經説考

《經義述聞》初刻本稿本原作"引之案(謹案)",後改作"家大人曰"諸條,豈王引之託名其父乎,抑或其中別有原委?

《校書錄》成於《經義述聞》稿本之前,而諸條不具名氏,屬王引之條錄父子所撰《國語》札記。若依《經義述聞》稿本及刊本所題,"引之謹案"應屬王引之自爲説,今夷考其實,殊有未然。如《國語·越語》:"句踐載稻與脂於舟以行。"韋昭注云:"稻,糜也。"《經義述聞》初刻本(稿本同)、二刻本"載稻與脂"條均以稻即糧,王引之云:

> 《説文》糧,糜和也,讀若譚,古音糧在侵部,稻在幽部,二部音相近,故字或相通。《士虞禮·記》:中月而禫,古文禫或爲導,《喪大記》:禫而内無哭者,禫或作道。《説文》楑,讀若三年導服;函,讀若三年導服之導;宊,讀若《禮》三年導服之導。

---

① 今本《經義述聞》卷一八,第 26 頁。

② 中國國家圖書館藏二刻本《爾雅述聞三》,第 11—13 頁;邵晉涵:《爾雅正義》卷一一《釋丘》,北京:中華書局,2017 年,第 617—618 頁。

　　《校書錄》僅以"案"字啟下文,文辭同於《經義述聞》,而禫、導二字相通説,已見於乾隆四十一年(1776)王念孫《群經識小》簽記,其文云:

> 　　許氏《説文》酉字注云:"讀若三年導服之導。"導即禫字也。《儀禮·士虞禮》:"中月而禫。"鄭注云:"古文禫或爲導。"《禮記·喪大記》:"禫而内無哭者。"鄭注云:"禫或皆作道。"是古禫、導字通,而近世字書皆未考也。①

　　《經義述聞》所舉《説文》棪、突兩例,王念孫《群經識小》簽記不具。若以《經義述聞》"載稻與脂"條出王引之所爲,則此條乃本諸王念孫經説而更爲之解,故所舉《儀禮·士虞禮》《禮記·喪大記》不言經文與鄭注,混爲之説,其相因之跡較然甚明。但《校書錄》初不具名氏,或屬抄錄王念孫經説,或爲王引之自爲説,而《經義述聞》初刻本稿本,有增入名氏跡象,如"爲"條增"家大人曰",但名氏之增添,難免淆亂,而《經義述聞》初刻本稿本原作"引之案",後改作"家大人曰"諸條,疑即屬此類。

　　《國語述聞》而外,其他諸經《經義述聞》撰述之前,是否均有王引之謄錄作不具名氏之《校書錄》,未可遽斷,但《經義述聞》"載稻與脂"條若非屬名氏誤植,應即王引之因仍王念孫經説而成。目前其他諸經《經義述聞》雖無《校書錄》可參,但《經義述聞》稿本及三種刻本均有此類跡象。

　　《廣雅疏證》所見王念孫經義札記,非惟可與《經義述聞》"家大人曰"相比勘,亦與"引之謹案"所言相類。上文已舉《國語述聞》"弗震弗渝"條有因仍《廣雅疏證》引文《蓼蕭》《七發》之跡象,又如《廣雅疏證·釋器》"餻,餌也"云:

> 　　餻,曹憲音高,今本《方言》"餌謂之餻,或謂之餈,或謂之

---

　　①　李宗焜編:《景印解説高郵王氏父子手稿》,臺北:"中研院"歷史語言研究所,2000年,第61頁。

鈴,或謂之餷,或謂之飿",《太平御覽》引《方言》餻作餳,又引郭
注音恚,《玉篇》"餳,餘障切,餌也",《廣韵》同,《集韵》引《方言》
"餳,餌也",或作餷,與《廣雅》及今本《方言》皆異,未知孰是。①

　　《廣雅疏證》博考《方言》之異文,此條近似王念孫《方言》校語,而上
海圖書館藏王念孫《方言》校本無之,②或即源出王念孫在戴震《方言
疏證》所作校語,此書今藏中國科學院國家科學圖書館,惜相關卷帙
闕焉。考《經義述聞》初刻本(稿本同)、二刻本、三刻本"兌爲羔"條,
所引例證全同於《廣雅疏證》,③故《經義述聞》"兌爲羔"條相關考證,
全然本諸《廣雅疏證》而成。

　　《經義述聞》初刻本(稿本)所見"引之謹案",不但其相關考證
取諸王念孫經説,又有因仍王念孫之要旨而更作引徵。如《經義述
聞》初刻本"教冑子"條雖云詳考,王念孫《廣雅疏證補正》亦引
之,④但其要旨在於闡明《堯典》"教冑子"即"教育子",⑤此王念孫
《群經識小》簽記已發之,⑥王引之不過更作博考。又若《經義述
聞》初刻本(稿本同)"歌以訊止"條,王引之詳考"訊"字非譌字,以
正戴震《毛鄭詩考正》之非,但此説《廣雅疏證·釋詁》"誶,諫也"已
發之。⑦又如《廣雅疏證·釋親》"姓,子也"謂《周南·麟之趾》"振

---

①　王念孫:《廣雅疏證》卷八上,清嘉慶四年刻本,第 7 頁。
②　華學誠:《王念孫手校明本〈方言〉初步研究》,《華學誠古漢語論文集》,北京:北
京語言大學出版社,2012 年,第 85—106 頁;張錦少:《王念孫古籍校本研究》,上海:上海
古籍出版社,2014 年,第 13—129 頁。
③　今本《經義述聞》卷二,清道光十年刻本,第 49 頁。
④　王念孫:《廣雅疏證補正》,民國十七年《殷禮在斯堂叢書》石印本,第 30—
31 頁。
⑤　《經義述聞》初刻本"教冑子"條,見今本《經義述聞》卷三,第 19—21 頁。
⑥　李宗焜編:《景印解説高郵王氏父子手稿》,臺北:"中研院"歷史語言研究所,
2000 年,第 64 頁。
⑦　詳參陳鴻森:《〈經傳釋詞〉作者疑義》,《傳統中國研究集刊》第 2 輯,上海:上
海人民出版社,2006 年,第 474—475 頁。

振公子，振振公姓”，姓乃生字，並引《禮記・玉藻》《禮記・喪大記》《左傳》《商頌・殷武》之文爲證，①而《經義述聞》初刻本（稿本同）“振振公姓　振振公族”條王引之所引諸文雖出《廣雅疏證》之外，但立意與《廣雅疏證》不別。

非唯《經義述聞》初刻本（稿本）有王引之本諸王念孫説者，二刻本《經義述聞》（稿本）、《爾雅述聞》（稿本）亦然。如二刻本《爾雅述聞一》（稿本同）“享孝也”條王引之稱“享、孝竝與養同義”，②所論同於《廣雅疏證》。③

據王念孫朋輩著述中所見其經説，亦可明此跡象。如桂馥《札樸》“《左傳補注》”條云：“王石臞給事曰：惠松崖《左傳補注》引《字林》‘藐，小兒笑也’，此本李善《文選》注，毛晉所刻有脱謬，一本云《字林》‘藐，小也。孩，小兒笑也’，毛刻脱三字。惠氏不檢，遂沿其誤。”④乾隆五十七年（1792）王念孫任吏科給事中，而嘉慶元年（1796）桂馥出宰雲南，則桂馥錄王念孫經説即在乾隆五十年末期。

依桂馥所錄王念孫經説，略可考見《經義述聞》王引之學説之來源。《經義述聞》二刻本（稿本同）“藐諸孤”條王引之云：“《文選・寡婦賦》‘孤女藐焉始孩’，李善注：‘《廣雅》曰：藐，小也。《字林》曰孩，小兒笑也。’是小兒笑，乃釋孩字。（出《説文》）非釋藐字。俗本《文選》注脱‘孩’字，而惠遂以‘藐’爲‘小兒笑’，其失甚矣。”⑤覈諸王念孫所言，此條可謂因仍王念孫經説，且又略去“俗本”即汲古閣刻本。

此外，《經義述聞》三刻本亦具王引之取採王念孫經説跡象。如

---

① 王念孫：《廣雅疏證》卷六下，清嘉慶四年刻本，第 4 頁。

② 見中國國家圖書館藏二刻本《爾雅述聞一》稿本及二刻本《爾雅述聞一》，第 23 頁。關於二刻本《爾雅述聞》問題，參見本書第三章第一節第 2 小節《王引之與〈經義述聞〉之刊行》及附錄三。爲與《經義述聞》二刻本相區別，本書稱作二刻本《爾雅述聞》。今本《經義述聞》卷二六，第 42 頁。

③ 《廣雅疏證》卷二上，第 17 頁；卷一上，清嘉慶四年刻本，第 26 頁。

④ 桂馥：《札樸》卷七，清嘉慶十八年李宏信小李山房刻本，第 7 頁。

⑤ 《經義述聞》二刻本卷一〇，北京大學圖書館藏清嘉慶二十二年綠柳山房序刻本，第 12—13 頁。

《群經識小》簽記所論《爾雅·釋詁》"基,謀也"之説,《經義述聞》三刻本"惟基謀也"條王引之所考更詳。① 又如《經義述聞》三刻本"載稻與脂"條所論與初刻、二刻本不同,《經義述聞》三刻本謂稻當即稤字之誤,韋昭《國語》注以稻訓爲糜者非是:

> 《廣雅》:"秄,糜,饘也。"秄與稤同。《月令》:"行糜粥飲食。"《淮南·時則訓篇》作秄鬻(道藏本如是,今本改秄爲秄)。②

考《廣雅疏證·釋器》"秄,糜,饘也"云:

> 秄亦糜也。《月令》:"行糜粥飲食。"《淮南·時則訓》作秄鬻。③

比觀《經義述聞》三刻本、《廣雅疏證》之文,知《經義述聞》取《廣雅疏證》之説,而更據道藏本《淮南子》辨版本間文字之異同,是《經義述聞》三刻本此條之語,差可謂全出王念孫手筆。

據上所考,以《校書錄》題名及内容言之,《校書錄》乃增訂校語而成之札記,可知王氏喬梓此前有群經校本。《廣雅疏證》所見王氏父子學説或略同於《經義述聞》,或不及《經義述聞》詳贍,則《廣雅疏證》所見經説處於群經校語與《經義述聞》之間。故《經義述聞》之撰述過程,與《讀書雜志》相類,亦有校訂群書、迻錄相關校語並增訂爲札記、彙整成書三階段。《經義述聞》稿本處於彙整成書階段,據之不足以證成《經義述聞》"家大人曰"乃王引之趨庭過聞所録,亦不足以斷言《經義述聞》"引之謹案"均屬王引之發明。

---

① 李宗焜編:《景印解説高郵王氏父子手稿》,臺北:"中研院"歷史語言研究所,2000 年,第 65 頁;今本《經義述聞》卷二六,第 6—7 頁。

② 今本《經義述聞》卷二一,清道光十年刻本,第 49—50 頁。

③ 王念孫:《廣雅疏證》卷八上,清嘉慶四年刻本,第 8 頁。

　　以乾隆四十年至五十年間（1775—1785）王念孫經説比勘《經義述聞》，知《經義述聞》"家大人曰"並非王引之趨庭過聞所記，而是彼謄録其父自撰經説；《經義述聞》稿本以及諸刊本"引之謹案"均不乏沿承王念孫經説之例，或其考證之文與王念孫經説一致，或立説要旨與王念孫成説契合。王引之學説因仍王念孫者，今未必皆可引徵，但此類跡象，《經傳釋詞》亦有之。① 若此之屬，其因何在？ 王念孫《群經識小》籤記已發明"教胄子"意即"教育子"，王引之博考群經而證成此説，《廣雅疏證補正》援引王引之經説以爲證。據此例言之，此條或屬王念孫授意王引之撰定，王引之承父説更爲詳考。

　　王氏父子撰定經説，取法甚近，《經義述聞》"引之謹案"究出孰人手筆，不易逐條甄别。是以王引之學説因仍王念孫成説有幾，今不得確切考定，但《經義述聞》所見王引之經説，部分條目王念孫乃授意王引之撰定而成，所謂《經義述聞》有歸美之嫌即此。是以錢鍾書代父爲文，故錢基博之作有出其子代筆者；② 王念孫有歸美之嫌，是以王引之學説中多存其父之語。

　　① 陳鴻森：《〈經傳釋詞〉作者疑義》，《傳統中國研究集刊》第 2 輯，上海：上海人民出版社，2006 年，第 478—484 頁。
　　② 李洪崇：《智者的心路歷程——錢鍾書的生平與學術》，石家莊：河北教育出版社，1995 年，第 68—72 頁；李桂秋：《錢鍾書爲錢基博"代筆"考》，王玉德主編：《錢基博學術研究》，武漢：華中師範大學出版社，2008 年，第 39—48 頁；謝泳：《錢鍾書的"代筆"之作》，《趣味高於一切》，重慶：重慶出版社，2013 年，第 176—177 頁。

結　語

歷來學者討論《經義述聞》作者疑案，其要有二，即《讀書雜志》"引之曰"以及《經義述聞》"引之謹案"諸條學說之發明，是否有王念孫歸美之嫌。所幸《讀書雜志》《經義述聞》均有部分稿本傳世，藉王引之《經義述聞》三種稿本，《經義述聞》諸條學說歷經反復增刪之跡歷歷可見，有此跡象，似可消弭《經義述聞》作者疑案。

前輩學者討論王引之與《經義述聞》之關係，猶有未盡。藉《校書錄》《尚書訓詁》《經義述聞》稿本以及相關文獻，知乾隆末年、嘉慶初年間王氏父子《國語》札記由王引之彙整作《校書錄》，且不題名氏；乾隆五十五年(1790)或稍晚王引之發明《尚書》實詞與虛詞，初成《尚書訓詁》，可視爲《尚書述聞》《經傳釋詞》之初稿，後從阮元建言以釋實詞、虛詞者分別獨立成書，嘉慶四年(1799)以後又納孫星衍倡言，彙整諸經札記，改題作《經義述聞》。而《經義述聞》諸經札記之彙整，諸稿本之改訂、謄清及校樣等工序，均由王引之任之。故《經義述聞》之經始及諸稿本之刊行，與王引之關係至要。

《讀書雜志》《經義述聞》之撰述過程，大體經歷校訂群書、迻錄相關校語並增訂爲札記、彙整成書三階段。今所存《讀書雜志》《經義述聞》稿本屬彙整成書階段，不足以反映學說之發明權，而討論《經義述聞》作者疑案，仍需從諸說之來源加以探討。乾隆三十四年(1769)王念孫始治《說文》學，是後陸續校閱群書，《讀書雜志》《經義述聞》之梓行雖云在嘉慶十年(1805)之後，而乾隆五十年(1785)以後王氏父子漸次寫定部分札記條目，《廣雅疏證》所見王念孫學說正處於校語與《讀書雜志》《經義述聞》之間。

王壽同稱："先君箸《經義述聞》，名《述聞》者，善則歸親之義，其中凡先光祿說十之三,先文簡公說十之七",①即《經義述聞》所署"家大人曰""引之謹案"代表其學說發明權。而藉王念孫校語、《廣雅疏證》及相關文獻,知《讀書雜志》部分條目"引之曰",不但其立說之要旨已見諸王念孫校語,且其引典據明,精核典贍,實乃王引之糅合王念孫學說而成,或可徑視作純出王念孫手筆;《經義述聞》諸稿本及刊本"引之謹案",均不乏王引之沿承王念孫經說之例,或其考證之文與王念孫經說一致,或立說要旨與王念孫成說契合。

推究其故,若《經義述聞》撰述之前,王氏父子經義札記均由王引之謄錄爲《校書錄》,且不具名氏,而後名氏之增添,或不免有誤植者。而以王念孫已發明"教胄子"意即"教育子",《廣雅疏證補正》復援引王引之經說爲證,則其因在於王念孫授意王引之撰定,王引之承父說更爲詳考。從《讀書雜志》《經義述聞》之成書過程言之,視《讀書雜志》《經義述聞》所見王引之學說略同於王念孫成說諸例,有王念孫歸美之嫌,並非爲過。

更就王念孫與《經義述聞》之關係論之,王念孫視《經義述聞》如出己作,據王念孫書札、校語及《廣雅疏證》,彼纂修及增補《經義述聞》之跡歷歷可見。《經義述聞》稱引"家大人曰",乃王引之抄錄或割裂王念孫自撰經說,並非王引之趨庭過聞所記。

王氏父子學說從發明至彙整成書,歷時經年。《讀書雜志》《經義述聞》諸刊本之刊行,均在嘉慶十年(1805)之後,而其中所見學說,王氏父子在乾隆四十年至五十年間(1775—1785)已發明之,不得以諸刊本之刊成時間論定相關學說之發明年月。

---

① 王壽同:《擬复龔定庵書》,《觀其自養齋爐餘錄》卷三,收入《王念孫手稿》,北京大學圖書館藏稿本。又見於中國國家圖書館藏民國間抄本《觀其自養齋爐餘錄》。

附錄一 《經義述聞》諸刻本與 《廣雅疏證》互見表

説明：

1. 本附錄取《經義述聞》三種刻本，凡其中"家大人曰"與《廣雅疏證》互見者，悉予以採錄。
2. 表格以四欄列寫：前三欄依次爲《經義述聞》三種刻本(二刻本《爾雅述聞》)包括之條目、卷帙及頁碼，末欄爲《廣雅疏證》卷帙及頁碼，以便於比對。
3. 《經義述聞》初刻本、二刻本悉據北京大學圖書館藏本，二刻本《爾雅述聞》據中國國家圖書館藏本，初刻本版心無頁碼。

《經義述聞》 初刻本	《經義述聞》 二刻本/ 《爾雅述聞》	《經義述聞》 三刻本	《廣雅疏證》
(《周易述聞》) "即鹿無虞"條	無	無	卷二下《釋詁》"虞，欺也"，第26—27頁
"八卦相錯"條	卷一，第40頁	無	卷三上《釋詁》"錯，磨也"，第9頁
(《尚書述聞》) "萬邦作乂"條	卷二，第17—18頁	卷三，第25頁	卷一上《釋詁》"作，始也"，第1頁
"嵎夷既略"條	卷二，第20頁	卷三，第28頁	卷三下《釋詁》"略，治也"，第8頁
"自作弗靖"條	卷二，第21—22頁	卷三，第33頁	卷一上《釋詁》"婧，善也"，第9頁
"用宏茲賁"條	卷二，第26頁	卷三，第37—38頁	卷一上《釋詁》"賁，美也"，第39頁

《經義述聞》初刻本	《經義述聞》二刻本/《爾雅述聞》	《經義述聞》三刻本	《廣雅疏證》
"泯亂"條	卷二, 第 42—43 頁	卷四,第 6 頁	卷三上《釋詁》"愍,亂也",第 13 頁
"勿辯乃司民湎于酒"條	卷二, 第 43—44 頁	卷四, 第 7—8 頁	卷一下《釋詁》"辯,使也",第 30 頁
"義民"條	卷二, 第 48—50 頁	卷四, 第 19—21 頁	卷二下《釋詁》"俄,衺也",第 24 頁
"農殖嘉穀"條	卷二, 第 53—54 頁	卷四, 第 24—25 頁	卷三上《釋詁》"農,勉也",第 21 頁
(《毛詩述聞》)"維葉莫莫"條	卷三,第 1 頁	卷五, 第 1—2 頁	卷六上《釋訓》"莫莫,茂也",第 18 頁
"薄言有之"條	卷三,第 2 頁	卷五, 第 2—3 頁	卷一上《釋詁》"有,取也",第 30 頁
"翹翹錯薪"條	卷三,第 2 頁	卷五,第 3 頁	卷六上《釋訓》"翹翹,衆也",第 22 頁
"被之僮僮"條	卷三, 第 5—6 頁	卷五, 第 6—7 頁	卷六上《釋訓》"童童,盛也",第 20 頁
"匪直也人"條	卷三, 第 17—19 頁	卷五, 第 21—22 頁	卷五下《釋言》"匪,彼也"條,第 32—33 頁
"子之還兮"條	卷三,第 2—24 頁	卷五,第 30 頁	卷一下《釋詁》"嫙,好也",第 5 頁
"揖我謂我儇兮"條	卷三,第 24 頁	卷五,第 31 頁	卷一下《釋詁》"姪,好也",第 4 頁

《經義述聞》初刻本	《經義述聞》二刻本/《爾雅述聞》	《經義述聞》三刻本	《廣雅疏證》
"亦孔之將"條	卷三,第 37 頁	卷五,第 47 頁	卷一上《釋詁》"將,美也",第 39 頁
"維其偕矣"條	卷三,第 39—40 頁	卷六,第 3—4 頁	卷五上《釋言》"皆,嘉也",第 9 頁
"我心則休"條	卷三,第 40—41 頁	卷六,第 4 頁	卷一下《釋詁》"休,喜也",第 20 頁
"執我仇仇"條	卷四,第 1 頁	卷六,第 13—14 頁	卷六上《釋訓》"扰扰,緩也",第 3 頁
"哿矣富人"條	卷四,第 3—4 頁	卷六,第 17 頁	卷三上《釋詁》"哿,可也",第 33 頁
"佻佻公子"條	卷四,第 8 頁	卷六,第 23—24 頁	卷六上《釋訓》"嬥嬥,好也",第 26—27 頁
"我從事獨賢"條	卷四,第 10 頁	卷六,第 26 頁	卷一下《釋詁》"賢,勞也",第 15 頁
"我庚維億"條	卷四,第 11 頁	卷六,第 26—27 頁	卷一上《釋詁》"臆,滿也",第 16 頁
"無自暱焉"條	卷四,第 14 頁	卷六,第 32 頁	卷一上《釋詁》"暱,病也",第 23 頁
"臨衝閑閑"條	卷四,第 21 頁	卷六,第 41 頁	卷六上《釋言》"閑閑、勃勃,盛也",第 20 頁
"瓜瓞唪唪"條	卷四,第 22 頁	卷七,第 1—2 頁	卷六上《釋言》"菶菶,盛也",第 18 頁
"則我不聞"條	卷四,第 27 頁	卷七,第 11 頁	卷一上《釋詁》"虞,有也",第 6 頁

《經義述聞》初刻本	《經義述聞》二刻本/《爾雅述聞》	《經義述聞》三刻本	《廣雅疏證》
"維今之疚"條	卷四，第 29 頁	卷七，第 17 頁	卷四下《釋詁》"疚，貧也"，第 23 頁
"我受命溥將"條	卷四，第 33 頁	卷七，第 23 頁	卷二上《釋詁》"將，長也"，第 26 頁
（《大戴禮記述聞》）"貸"條	卷七"貸乎如入鮑魚之次"，第 9 頁	卷一一，第 41 頁	卷八上《釋器》"臌，臭也"，第 13 頁
（《禮記述聞》）"燔黍捭豚"條	卷八，第 30 頁	卷一五，第 10—11 頁	卷八上《釋器》"焯，焦也"，第 6 頁
（《左傳述聞》）"日虞四邑之至"條	卷一〇，第 6 頁	卷一七，第 10 頁	卷一下《釋詁》"虞，望也"，第 20 頁
"謂之饕餮"條	卷一〇，第 21 頁	卷一七，第 47 頁	卷二上《釋詁》"饕餮，貪也"，第 1 頁
"不可億逞"條	卷一一，第 12 頁	卷一八，第 40—41 頁	卷一上《釋詁》"盈，滿也"，第 16 頁
"札瘥夭昏"條	卷一一，第 27—28 頁	卷一九，第 29 頁	卷三下《釋詁》"殰，死也"，第 32 頁
（《國語述聞》）"夭昏札瘥之憂"條	卷一二，第 6—7 頁	卷二〇，第 19 頁	卷三下《釋詁》"殰，死也"，第 32 頁
"汩越九原"條	卷一二，第 7 頁	卷二〇，第 19 頁	卷三下《釋詁》"越，治也"，第 8 頁
"於其心也戚然"條	卷一二，第 30 頁	卷二一，第 42—43 頁	卷五上《釋言》"忕、慎，愼也"，第 7 頁

續表

《經義述聞》初刻本	《經義述聞》二刻本/《爾雅述聞》	《經義述聞》三刻本	《廣雅疏證》
"不敢左右"條	卷一二，第30—31頁	卷二一，第43頁	卷四下《釋詁》"敢，犯也"，第22頁
(《通説》)"時"條	卷一五，第8頁	卷三一，第3頁	卷一上《釋詁》"時，善也"，第9頁
"猶豫"條	卷一五，第10—11頁	卷三一，第5—6頁	卷六上《釋訓》"躊躇，猶豫也"，第33頁
"從容"條	卷一五，第11—13頁	卷三一，第6—8頁	卷六上《釋訓》"從容，舉動也"，第34頁
"無慮"條	卷一五，第13—15頁	卷三一，第8—10頁	卷六上《釋訓》"無慮，都凡也"，第45—46頁
無	(《周禮述聞》)卷五"純帛"條，第14頁	卷八，第42—43頁	卷八上《釋器》"黗，黑也"，第61頁
無	(《儀禮述聞》)卷六"純衣"條，第2—3頁	卷一〇，第6—7頁	卷八上《釋器》"黗，黑也"，第61頁
無	(《禮記述聞》)卷九"言其上下察也"條，第21頁	卷一六，第26頁	卷一上《釋詁》"察，至也"，第8頁
無	二刻本《爾雅述聞二》"訊言也"條，第12—13頁	卷二七，第22—23頁	卷二上《釋詁》"言，問也"，第2頁
無	《爾雅述聞五》"白州驢"條，第15頁	卷二八，第38頁	卷六下《釋親》"尻、州，臀也"，第14頁

《經義述聞》初刻本	《經義述聞》二刻本/《爾雅述聞》	《經義述聞》三刻本	《廣雅疏證》
無	無	（《大戴禮記述聞》）卷一二"其禍將然"條,第3頁	卷三下《釋詁》"然,成也",第19頁
無	無	卷一三"不學而性辨"條,第4頁	卷一下《釋詁》"辯,慧也",第29頁
無	無	（《禮記述聞》）卷一五"設於地財"條,第16頁	卷二下《釋詁》"設,合也",第10頁
無	無	卷一五"橧巢"條,第12頁	卷七上《釋宫》"橧,巢也",第2頁
無	無	（《左傳述聞》）卷一八"農力"條,第25—26頁	卷三上《釋詁》"農,勉也",第21頁
無	無	卷一九"古之遺愛"條,第35頁	卷四上《釋詁》"惠、愛,仁也",第20頁
無	無	卷一九"物乃坻伏"條,第42—43頁	卷五上《釋言》"叝,隱也",第39頁
無	無	（《通說》）卷三一"貫"條,第15頁	卷一上《釋詁》"貫,行也",第22頁

附錄二　書　影

書影一　《漢書雜志》稿本"垂、搖"條
(中國國家圖書館藏品)

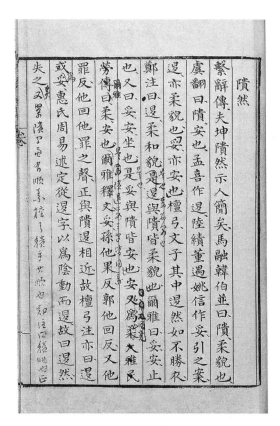

書影二　《經義述聞》初刻本稿本"隤然"條

（《經義述聞》（二），劉玉才、陳紅彥主編：《國家圖書館
藏未刊稿本叢書·著作編》，南京：鳳凰出版社，2021年，第
86頁）

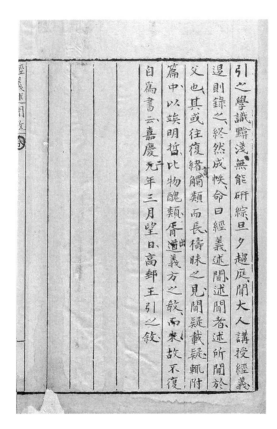

書影三 《經義述聞》初刻本稿本王引之叙

（《經義述聞》（一），劉玉才、陳紅彥主編：《國家圖書館
藏未刊稿本叢書·著作編》，南京：鳳凰出版社，2021 年，第
86 頁）

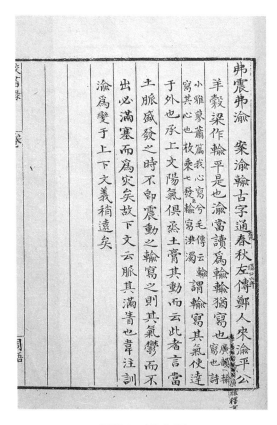

書影四　《校書錄》

（《經義述聞》（一），劉玉才、陳紅彥主編：《國家圖書館藏未刊稿本叢書·著作編》，南京：鳳凰出版社，2021 年，第46 頁）

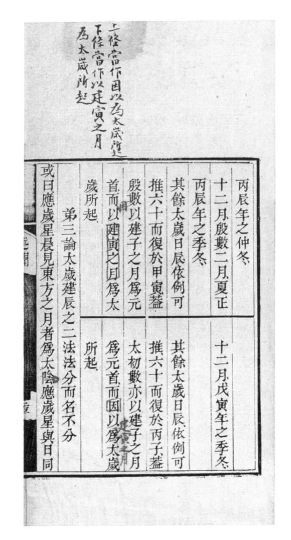

書影五　《經義述聞》三刻本試印本

（陳先行、石菲編：《明清稿鈔校本鑒定》，上海：上海古
籍出版社，2009 年，第 5 頁）

附錄三　中國國家圖書館藏《經義述聞》稿本述要

　　中國國家圖書館所藏《經義述聞》稿本,凡三十四册(一册無字),其入館年月,暫未確知。諦審其文稿,初未作分類,統曰"《經義述聞》稿本",稿本眉批點點,簽條累累,高郵王氏父子撰述之苦心,躍然紙上。1959 年《北京圖書館善本書目》著錄作《經義述聞》三十二卷本(即《經義述聞》三刻本)稿本,"存二十卷,一至十一、二十五至二十八、三十一至三十二,又《爾雅》一、二、五,附《雜稿》"。[①] 1989 年《北京圖書館古籍善本書目》(經部)所著錄略同。[②] 今諦審原稿,知此處原著錄内容難稱精確。今通閱文稿數過,方知《經義述聞》稿本依據撰寫年代爲序,主要由《校書錄》稿本、《經義述聞》初刻本稿本、《經義述聞》二刻本稿本、《經義述聞》三刻本稿本構成,兹觀述如次:

一、《校書錄》稿本(一册)

　　《校書錄》一册(第三十一册),或即《北京圖書館善本書目》《北京圖書館古籍善本書目》所言《雜稿》,今僅存五條,各條均不具題名,且多以"案"字啟下文,未署名氏。内容近於《國語述聞》"水無沈氣"(《經義述聞》稿本第三十三册)、"弗震弗渝""其語迂""滯久而不震""載稻與脂"諸條。

---

　　① 北京圖書館編:《北京圖書館善本書目》(經部),北京:中華書局,1959 年排印本,第 33 頁。

　　② 北京圖書館編:《北京圖書館古籍善本書目》(經部),北京:書目文獻出版社,1989 年,第 143 頁。

二、《經義述聞》初刻本稿本（八册）

《經義述聞》初刻本王引之自序末署"嘉慶二年"，而初刻本稿本初作"嘉慶元年"，後經墨筆改爲"嘉慶二年"。案諸《經義述聞》稿本，可目爲純屬初刻本稿本者凡八册，其具體彙整時間略有不同，大體析爲四批：其中第一册、第三十二册、第八册、第十三册條目相連續，爲第一批；第十四册、第二十八册條目相連續，爲第二批；第二十六册、第二十七册條目各自相連續，分别爲第三批、第四批。第一批各册所收條目偶有重出，但其性質略異：如第一册"隤然"條爲第十三册"隤然"條之謄清稿；第十三册先後收錄"昏棄厥肆祀弗答昏棄厥遺王父母弟不迪"條修改稿、謄清稿，至第三十二册更爲"昏棄"條則爲最終定稿；又如第十三册"辯使也""終風且暴"條尚未寫定，第八册"終風且暴"條、第三十二册"勿辯乃司民湎于酒"條則分别爲前兩者之增訂稿。《經義述聞》初刻本稿本四批，其經義條目之間並不重出，互爲補充，更近於王氏父子經義札記彙編。《經義述聞》初刻本稿本第二十七册條目次第或先《禮記》，後《大戴禮記》，至《經義述聞》初刻本付刻，始以《周易》《尚書》《毛詩》《周官》《儀禮》《禮記》《春秋左傳》《國語》《春秋公羊傳》《春秋穀梁傳》《通說》爲序。而在整合彙整稿本過程中，《經義述聞》初刻本未經詳定，其經義條目次第自不免淆亂。

三、《經義述聞》二刻本稿本（五册）

中國國家圖書館所藏《經義述聞》初刻本（善本書號 A02046）以初刻本爲基礎，增入新增訂條目。而《經義述聞》稿本收錄《經義述聞》二刻本稿本兩册，第二十九册收錄自《周易》至《大戴禮記》新增經義條目六十一條，第三十册收錄自《禮記》至《通說》新增經義條目三十九條，補充《經義述聞》初刻本新增條目所未備，兩者共同構成十五卷本之基本經義條目。

中國國家圖書館所藏《經義述聞》初刻本與《經義述聞》二刻本

稿本所收經義條目相類者，主要有二：（一）《經義述聞》初刻本"脩其灌廟"條天頭眉批："翟、兆古聲相近，故從翟、從兆之字多相通。《顧命》：'王乃洮頮水'，鄭讀洮爲濯。《小雅·大東篇》：'佻佻公子'，《韓詩》佻作嬥。《爾雅》：'蜃小者'，眾家本珧作濯。"《經義述聞》二刻本稿本第二十九冊"如灌　脩其灌廟"條已吸納此說。（二）《經義述聞》初刻本"牧協職　師尹維旅牧相　牧政聽縣"增定爲《經義述聞》二刻本稿本第三十冊"百官之政事師尹維旅牧相　牧協相"條。以上兩例，可證《經義述聞》二刻本稿本成於中國國家圖書館所藏《經義述聞》初刻本之後。

　　《經義述聞》二刻本稿本所收經義條目，其中四條，並不見於《經義述聞》二刻本、三刻本：（一）第二十九冊"奄有九有"條，辨惠棟《九經古義》引《韓詩》"九域"作"九或"；（二）第三十冊"葉公"條引王念孫說，證成王應麟、惠棟以《禮記·曲禮》"葉公之顧命"中"葉公"爲蔡公之說；（三）"云言也"條引王念孫說，以《國語·晉語》韋昭注"云，言也"原作"云，有也"；（四）"齊宣王見孟子於雪宮"條，王引之推演閻若璩《四書釋地》之說，以今本《孟子·梁惠王下》"齊宣王見孟子於雪宮"本作"孟子見齊宣王於雪宮"。

　　《經義述聞》稿本第二十二冊書衣後跋文稱："此手寫本《爾雅》原底，此冊乃付盧明經（案：盧宣旬）刻時原本稿，庚寅年（案：道光十年）增刻時，即取盧本與新增手寫本分付抄胥，合寫付梓，故此冊無目錄，且盧本無而庚寅年刻本所有者，此冊亦無之"，據其中"乃付盧明經刻時原本稿"，且各卷卷首題稱《爾雅》，可知此稿應即二刻本《爾雅述聞》稿本，現僅存三冊（第二十二冊、第二十三冊、第二十四冊）。今中國國家圖書館所藏《經書述聞》刻本（善本書號 A02047）收錄二刻本《爾雅述聞》試印本即據《爾雅述聞》稿本付梓，其板框與《經義述聞》二刻本略異，表明兩者刊刻時間不同，卷內條目或作批校，或附簽條，仍陸續作修訂。

　　《經義述聞》二刻本敘所言群經次第以《爾雅》殿後，即《爾雅述聞》稿本已寫就，且擬附刻於群經之末，但《經義述聞》二刻本並未與二刻本《爾雅述聞》合璧。推究其故,或在於《經義述聞》二刻本付刻時,梓人所據文本主要有《經義述聞》初刻本、新增手寫經義條目以及《爾雅述聞》稿本三類,梓人唯據前兩者付刊,未及《爾雅述聞》稿本,致使《爾雅述聞》未收在《經義述聞》二刻本,後單獨刊刻。

《爾雅述聞一》稿本(第二十二冊)收錄"林烝天帝皇王后辟公侯君也""業敘也""粵于爰曰也""爰粵于那都繇於也""綏繼也""湮落也""違遠也""引薦劉陳也""尸職主也尸宷寮官也""孟勉也""尚右也""從重也""肅疾也肅速也""虺穨元(案:即玄)黃癉逐病也""繇憂也""倫敕愉庸勞也""勞來謂勤也""攸傷憂思也""禧福也""墍墍暜戻厎止俟待也""肆故今也""載謨食詐僞也""徵止也""較道直也""儀榦也""昌敵彊應丁當也""哭息也""郡臻仍迺侯乃也""艾歷覢胥相也""俾拼抨使從也""享孝也""縱縮亂也""即尼也""妥安坐也""猷假已也""就終也"等,凡三十六條,見於二刻本《爾雅述聞》第一冊、第二冊。

《爾雅述聞二》(第二十三冊)收錄"齊中也""誃離也""疾齊壯也""翦齊也""矜苦也""潛深測也""誥誓謹也""蓋割裂也""漠察清也""淩慄也""慄感也""稱好也""獵虐也""師人也""謀心也""綯絞也""烝塵也""曷盍也""展適也""振訊也""閱恨也""懊忼也""窳廯也""訊言也""籧篨口柔也戚施面柔也"等,凡二十五條,見於二刻本《爾雅述聞》第三冊。

《爾雅述聞五》(第二十四冊)卷五收錄"鯉鱣鰋鮎鱧鯇""魴鰕""黿鼉蟾諸""魵貽貝""蚗蟁""鯢大者謂之鰕""鴰天狗""鶌鳩老鳸鴳""鳸周燕燕鳦""亢鳥嚨其粮嗉""麚牡麕""虎竊毛謂之虦貓""貘白豹""貔白狐其子縠""麠大麕""魋如小熊竊毛而黃""猱蝯善援玃父善顧威夷長脊而泥""麛麙短脰""獸鼠""鼶鼠""獸曰釁""膝上皆白惟馵 面顙皆白惟騯""白州驠""牡曰騭""驈白駁黃白騜""青驪繁鬣騥""一目白瞷二目白魚""㸶牛"等,凡二十八條,見二刻本《爾雅述聞》第四冊。(案:二刻本《爾雅述聞》第四冊又收錄《爾雅述聞四》,其稿本已佚)

四、《經義述聞》三刻本稿本（十八册）

《經義述聞》三刻本流布最廣，付梓年代在道光十年。《經義述聞》三刻本稿本凡十八册，第二册爲《經義述聞目錄》（止於卷一三《大戴禮記述聞下》），第三册、第四册爲《周易述聞》（上、下），第五册、第六册爲《尚書述聞》（上、下），第七册、第九册爲《毛詩述聞》（上、下），第十册、第十一册爲《周官述聞》（上、下），第十二册爲《儀禮述聞》，第十五册、第二十五册爲《大戴禮記述聞》（上、中），第十六册爲《春秋穀梁傳述聞》，第十七册、第十八册、第十九册爲《爾雅述聞》（上、中、下），第二十册、第二十一册爲《通說》（上、下）。

五、王氏父子經史札記彙編（一册）

《經義述聞》稿本第三十三册，所收經史札記凡十三條，大部分條目與《校書錄》《經義述聞》三種刻本稿本相關：（一）見於《校書錄》。"水無沈氣"條僅見於《校書錄》，而爲《經義述聞》初刻本刪汰未收。（二）見於《經義述聞》初刻本（稿本）者主要有兩類：1.《經義述聞》稿本（八册）經義條目未見，如"三百""以亢其讎"條。2. 見於《經義述聞》初刻本稿本第八册，而其撰寫時間偏早，如"謙尊而光"條爲最初修改稿，見於《經義述聞》稿本第一册，又如"眔㪅且狂"兩條（一條爲最初修改稿，一條爲較早修改稿），"能不我知　能不我甲"兩條（一條僅錄經義，未作案斷，一條爲較早修改稿）。（三）見於二刻本《爾雅述聞》。如"水出其左營邱"條始見於二刻本《爾雅述聞四》。（四）見於《經義述聞》三刻本主要有兩類：1. "其迹速"條始見於《經義述聞》三刻本（稿本）卷二八，且其撰寫時間較早；2. "爲其嫌於无陽也"條，初辨惠棟校訂《雅雨堂叢書》本李鼎祚《李氏易傳》及其《周易述》，據荀爽說改"嫌於无陽"作"兼於陽"非是，至《經義述聞》三刻本（稿本）卷二"嫌於无陽"條，則改以"荀本爲長"。（五）不見於《經義述聞》三種刻本（稿本）主要有兩類：1. 王引之經義札記。"豫射厭也"條，釋《爾雅·釋詁》，今二刻本《爾雅述聞》《經義述聞》

三刻本均未收錄;2.王念孫《漢書》札記。"天子旗"條,似源自王念孫《漢書》札記,今王念孫《漢書雜志》未收,論《漢書·景十三王傳》"以軍功賜天子旗"脱"旌"字。

追記:初閲中國國家圖書館所藏《經義述聞》稿本,僅據膠捲,限於《經義述聞》初刻本、二刻本獲閲不易,未一一比核其具體條目,所作分類難稱精確。後《經義述聞》初刻本、二刻本影印行世,嘉惠學林,而張琦目驗《經義述聞》稿本原書,據其板框定《經義述聞》初刻本稿本爲四批,《經義述聞》稿本中又有二刻本稿本兩册,且詳細比核《經義述聞》十五卷本與《經義述聞》不分卷稿本條目之關係,(張琦:《經義述聞解題》,第14、25頁;《經義述聞十五卷本以前各本條目對照表》,蔣鵬翔、沈楠主編:《經義述聞》,桂林:廣西師範大學出版社,2020年,第1779—1825頁)尤爲精詳。

參考文獻

一、傳統文獻

陳昌齊：《淮南子正誤》，中國國家圖書館藏清嘉慶間刻《賜書堂全集》抄配本。

陳彭年撰，周祖謨校：《廣韵校本》，北京：中華書局，2004 年。

陳鱣：《簡莊文鈔》，清光緒十四年羊復刻本。

《楚辭》，中國國家圖書館藏王念孫校清初汲古閣刻本。

戴震：《戴東原集》，清乾隆五十七年經韵樓刻本。

丁履恒：《形聲類篇》，清光緒十五年陽湖楊葆彝刻《大亭山館叢書》本。

段玉裁：《經韵樓集》，上海：上海古籍出版社，2008 年。

段玉裁：《六書音均表》，清乾隆四十二年富順官廨序刻本；上海圖書館藏阮元校本；北京大學圖書館藏馬裕藻批校清同治十一年湖北鼎文書局刻本。

段玉裁：《説文解字注》，清嘉慶二十年經韵樓刻本。

顧炎武：《音學五書》，北京：中華書局，1982 年影印清光緒十一年思明觀稼樓刻本。

桂馥：《札樸》，清嘉慶十八年李宏信小李山房刻本。

李惇：《群經識小》，清道光間刻本。

李斗：《扬州畫舫錄》，北京：中華書局，1960 年。

李文藻：《南澗文集》，清光緒間刻《功順堂叢書》本。

梁蒲貴等修，朱延射纂：《(光緒)寶山縣志》卷九《人物志》，清光緒八年學海書院刻本。

韓非子：《韓非子》，中國國家圖書館藏王念孫批校明萬曆十年趙用賢管韓合刻本。

黄式三：《儆居集·雜著》,清光緒十四年刻《儆居遺書》本。

賈田祖：《稻孫詩集》,清乾隆四十九年刻本。

孔廣森：《詩聲類》,清乾隆五十七年孔廣廉謙益堂刻《顨軒孔氏所著書》本。

孔廣森：《詩聲分例》,清乾隆五十七年孔廣廉謙益堂刻《顨軒孔氏所著書》本。

江永：《古韵標準》,清咸豐元年汋陽陸建瀛刻《江氏韵書三種》本。

江永：《四聲切韵表》,清乾隆三十六年恩平縣衙刻《貸園叢書初集》本。

江沅：《説文解字音均表》,臺北：文海出版社 1974 年影印臺北故宫博物院藏本。

江有誥：《江氏音學十書》,清嘉慶道光間刻本;中國國家圖書館藏清嘉慶道光間刻本(王國維校跋)。

焦循：《里堂札記》,北京大學圖書館藏清抄本。

《清史列傳》,北京：中華書局,1987 年。

任大椿：《小學鉤沈》,清嘉慶二十二年汪廷珍刻本。

阮元修,陳昌齊等纂：《(道光)廣東通志》,清道光二年刻本。

阮元：《揅經室集》,清道光間阮氏文選樓刻本。

《山海經》,中國國家圖書館藏王念孫批校清康熙五十四年項絪群玉書堂刻本。

邵晉涵：《爾雅正義》,北京：中華書局,2017 年。

宋保：《諧聲補逸》,清嘉慶間志學堂刻本;《續修四庫全書》,第 247 册,上海：上海古籍出版社 2002 年影印南京圖書館藏宋保稿本。

王鳴盛撰,连鶴壽參校：《蛾術編》,清道光二十一年世楷堂寫刻本。

王念孫：《廣雅疏證》,清嘉慶四年刻本。

王念孫：《廣雅疏證補正》,民國十七年《殷禮在斯堂叢書》石印本。

王念孫：《王光禄遺文集》,清咸豐七年刻《高郵王氏家集》本。

王念孫：《高郵王氏父子論音韵文稿》,臺北傅斯年圖書館藏清抄本。

王念孫：《高郵王氏父子論均書剳》，中國國家圖書館藏日本昭和十
　　一年油印本。

王念孫：《王石臞先生文稿》《王念孫遺文》，收入《國家圖書館藏鈔稿
　　本乾嘉名人別集叢刊》，第 23 册，北京：國家圖書館出版社，
　　2010 年。

王念孫：《說文解字校勘記》，《續修四庫全書》，第 212 册，上海：上
　　海古籍出版社 2002 年影印遼寧省圖書館藏馬瑞辰種松書屋
　　抄本。

王念孫：《周秦諸子韵譜》一册、《西漢（〈楚辭〉中）韵譜》二册、《西漢
　　（〈文選〉中）韵譜》三册、《淮南子韵譜》一册、《易林韵譜》九册、《史
　　記漢書韵譜》二册、《詩經群經楚辭合韵譜》三册、《周秦諸子合韵
　　譜》三册、《兩漢合韵譜》三册、《逸周書穆天子傳戰國策合韵譜》一
　　册、《西漢（〈楚辭〉中）合韵譜》一册、《西漢（〈文選〉中）合韵譜》二
　　册、《新語素問易林合韵譜》四册、《易林合韵譜》（又題作《易林通
　　韵譜》）五册、《史記漢書合韵譜》三册，收入《王念孫手稿》，北京大
　　學圖書館藏稿本。

王念孫：《諧聲譜》，《高郵王石臞先生手稿》，北京大學圖書館藏
　　稿本。

王念孫：《疊韵轉語》，《高郵王石臞先生手稿》，北京大學圖書館藏
　　稿本。

王念孫：《經韵》，上海圖書館藏清抄本。

王念孫：《毛詩群經楚辭古韵譜》（即《詩經群經楚辭韵譜》），《高郵王
　　氏遺書》，民國十四年鉛印本。

王念孫：《讀書雜志》，清道光十一年刻本；《讀書雜志餘編》，清道光
　　十二年刻本；中國國家圖書館藏《漢書雜志》《墨子雜志》稿本。

王紹蘭：《許鄭學廬存稿》，清道光二十九年刻本。

王壽同：《觀其自養齋燼餘錄》，收入《王念孫手稿》，北京大學圖書館
　　藏稿本；中國國家圖書館藏民國間抄本。

王引之、王念孫：《經義述聞》，中國國家圖書館藏三種刻本稿本；北

京大學圖書館藏清嘉慶十年刻本;中國國家圖書館藏王引之增補
嘉慶十年刻本;北京大學圖書館藏清嘉慶二十二年綠柳山房序刻
本;中國國家圖書館藏《經義述聞》刻本(包括二刻本《爾雅述聞》、
《太歲考》試印本);清道光十年刻本。《經義述聞》初刻本、二刻本
已收入蔣鵬翔、沈楠主編:《經義述聞》,桂林:廣西師範大學出版
社,2020 年。《經義述聞》三種刻本稿本已收入劉玉才、陳紅彦主
編:《國家圖書館未刊稿本叢書・著作編》,南京:鳳凰出版社,
2021 年。

王引之:《經傳釋詞》,清嘉慶二十四年刻本。

王引之:《王文簡公遺文集》,清咸豐七年刻《高郵王氏家集》本。

王引之:《王文簡公遺文》,《國家圖書館藏鈔稿本乾嘉名人別集叢
刊》第 32 册,北京:國家圖書館出版社,2010 年。

許慎撰,徐鉉校定:《説文解字》,北京:中華書局,2015 年。

徐鍇:《説文解字繫傳》,北京:中華書局,1982 年。

楊宜崙修,夏之蓉、沈之本纂:《(嘉慶)高郵州志》,清嘉慶十八年
刻本。

曾國藩:《曾文正公家訓》,北京:世界書局,1948 年。

張鑒:《雷塘庵主弟子記》,清道光間琅嬛仙館刻本。

趙爾巽等:《清史稿》,北京:中華書局,1977 年。

朱錫庚:《椒花吟舫書目》,中國國家圖書館藏清抄本。

朱駿聲:《説文通訓定聲》,清道光二十八年序刻本。

左輝春等纂修:《(道光)續增高郵州志》,清道光二十三年刻本。

二、近人論著

北京圖書館編:《北京圖書館善本書目》(經部),北京:中華書局,
1959 年排印本。

北京圖書館編:《北京圖書館古籍善本書目》(經部),北京:書目文
獻出版社,1989 年。

陳鴻森:《阮元刊刻〈古韵廿一部〉相關故實辨正——兼論〈經義述

聞〉作者疑案》,《"中央研究院"歷史語言研究所集刊》2005 年第
　　76 本 3 分。

陳鴻森:《〈經傳釋詞〉作者疑義》,《傳統中國研究集刊》第 2 輯,上
　　海:上海人民出版社,2006 年。

陳先行等編:《中國古籍稿鈔校本圖錄(校本)》,上海:上海書店出
　　版社,2000 年。

陳先行、石菲編:《明清稿鈔校本鑒定》,上海:上海古籍出版社,
　　2009 年。

陳先行、郭立暄編:《上海圖書館善本題跋輯錄(附版本考)》,上海:
　　上海辭書出版社,2017 年。

陳新雄:《古音學發微》,臺北:文史哲出版社,1983 年。

陳新雄:《古音研究》,臺北:五南圖書出版股份有限公司,1999 年。

陳新雄:《江永古韵學説對段玉裁古韵分部之啟示》,《陳新雄語言學
　　論學集》,北京:中華書局,2010 年。

傅斯年圖書館善本書志編纂小組:《"中央研究院"歷史語言研究所
　　傅斯年圖書館善本書志·經部》,臺北:"中研院"歷史語言研究
　　所,2013 年。

傅增湘:《藏園群書經眼錄》,北京:中華書局,2009 年。

郭錫良:《漢字古音手册》(增訂本),北京:商務印書館,2010 年。

郭錫良:《談談張民權對萬光泰古音學未刊稿的發掘和評述》,華
　　學誠主編:《文獻語言學》2017 年第四輯,北京:中華書局,
　　2017 年。

郭錫良編著,雷瑭洵校訂:《漢字古音表稿》,北京:中華書局,
　　2020 年。

何九盈:《乾嘉時代的語言學》,《語言叢稿》,北京:商務印書館,
　　2006 年。

洪誠:《中國歷代語言文字學文選》,收入《洪誠文集》,南京:江蘇古
　　籍出版社,2000 年。

華學誠:《王念孫手校明本〈方言〉初步研究》,《華學誠古漢語論文

集》,北京:北京語言大學出版社,2012 年。

黃易青、王寧、曹述敬:《傳統古音學論著選注》,北京:商務印書館,
2018 年。

賴貴三編:《昭代經師手簡箋釋》,臺北:里仁書局,1999 年。

李桂秋:《錢鍾書爲錢基博"代筆"考》,王玉德主編,《錢基博學術研
究》,武漢:華中師範大學出版社,2008 年。

李洪崇:《智者的心路歷程——錢鍾書的生平與學術》,石家莊:河
北教育出版社,1995 年。

李添富:《宋保〈諧聲補逸〉"一聲之轉"條例與章君〈成均圖〉韻轉條
例比較研究》,張渭毅主編:《漢聲:漢語音韵學的繼承與創新》,
北京:中國文史出版社,2011 年。

李文:《論段玉裁的"古異平同入説"》,《古漢語研究》1997 年第
2 期。

李宗焜編:《景印解説高郵王氏父子手稿》,臺北:"中研院"歷史語言
研究所,2000 年。

李宗焜:《王念孫批校本〈呂氏春秋〉後案》,《出土文獻與傳世典籍的
詮釋——紀念譚朴森先生逝世兩周年國際學術研討會論文集》,
上海:上海古籍出版社,2010 年。

林慶勳:《王念孫與李方伯書析論——清代古音學重要文獻初探之
一》,《高雄師院學報》1987 年第 15 期。

林燾主編:《中國語音學史》,北京:語文出版社,2010 年。

劉盼遂輯:《王石臞文集補編》《高郵王氏父子年譜》,收入《段王學五
種》,民國二十五年北平來薰閣書店鉛印本。

劉思亮:《王念孫批校〈山海經〉初考——兼及〈河源紀略·辨訛〉纂
修者》,《文獻》2021 年第 3 期。

劉玉才:《異域隻眼——藤塚鄰的東亞學術交流研究述評》,《國際漢
學研究通訊》第 7 期,北京:北京大學出版社,2013 年。

陸宗達:《王石臞先生〈韻譜〉〈合韵譜〉遺稿跋》,國立北京大學《國學
季刊》1932 年第 3 卷第 1 期。

陸宗達：《王石臞先生〈韵譜〉〈合韵譜〉遺稿後記》，國立北京大學《國學季刊》1935 年第 5 卷第 2 期。

羅常培、周祖謨：《漢魏晉南北朝韵部演變研究》，北京：科學出版社，1958 年。

羅常培：《中國聲韵沿革表附説》，《羅常培文集》第六卷，濟南：山東教育出版社，2008 年。

羅振玉輯：《昭代經師手簡》，《昭代經師手簡二編》，民國七年景印本。

閔爾昌：《王石臞先生年譜》，民國十六年刻本。

錢超塵：《黃帝内經太素研究》，北京：人民衛生出版社，1998 年。

錢超塵：《王念孫〈素問合韵譜〉及依韵校勘》，北京師範大學民俗典籍文字研究中心編：《陸宗達先生百年誕辰紀念文集》，北京：中國廣播電視出版社，2005 年。

秦更年撰，秦蓁整理，吳格審定：《嬰闍題跋》，北京：中華書局，2019 年。

上海圖書館編：《上海圖書館善本題跋真蹟》第三册，上海：上海辭書出版社，2013 年。

孫玉文：《從出土文獻和長韵段等視角看上古聲調》，《字學咀華集》，北京：北京大學出版社，2020 年。

唐作藩：《論清代古音學的審音派》，《漢語史學習與研究》，北京：商務印書館，2001 年。

唐作藩：《上古漢語有五聲説——從〈詩經〉用韵看上古的聲調》，《語言學論叢》第 33 輯，北京：商務印書館，2006 年。

謝泳：《錢鍾書的"代筆"之作》，《趣味高於一切》，重慶：重慶出版社，2013 年。

許華峰：《王引之〈尚書訓詁〉的訓詁方法》，蔣秋華主編：《乾嘉學者的治經方法》上册，臺北："中研院"中國文哲研究所籌備處，2000 年。

許維遹：《吕氏春秋集釋》，民國二十四年北平國立清華大學出版事務所鉛印本。

許維遹：《郝蘭皋夫婦年譜》,《清華學報》1935 年第 10 卷第 1 期。

藤塚鄰：《清朝文化東傳の研究》,東京：國書刊行會,1975 年。

王國維：《高郵王懷祖先生訓詁音韵書稿序錄》,國立北京大學《國學季刊》1923 年第 1 卷第 3 期。

王國維：《觀堂集林》《觀堂別集》《補高郵王氏説文諧聲譜》,收入《海寧王静安先生遺書》,民國二十九年長沙商務印書館石印本。

王國維：《王國維全集》第十五卷,杭州／廣州：浙江教育出版社、廣東教育出版社,2009 年。

王力：《漢語音韵學》,北京：中華書局,1956 年。

王力：《清代古音學》,北京：中華書局,1992 年。

王寧：《善教者,使人繼其志——陸宗達先生口述歷史摘抄》,北京師範大學民俗典籍文字研究中心編：《陸宗達先生百年誕辰紀念文集》,北京：中國廣播電視出版社,2005 年。

王欣夫：《蛾術軒篋存善本書錄》,上海：上海古籍出版社,2002 年。

王顯：《清代學者在古韵分部研究上的貢獻》,中國社會科學院語言研究所古代漢語教研室編：《古漢語研究論文集》(二),北京：北京出版社,1984 年。

王獻唐輯：《顧黄書寮雜錄》,濟南：齊魯書社,1984 年。

于省吾：《雙劍誃古文雜釋》,《雙劍誃殷契駢枝三編》,北京：中華書局,2009 年。

余嘉錫：《跋王石臞父子手稿》,《余嘉錫論學雜著》,北京：中華書局,2007 年。

虞萬里：《王念孫〈廣雅疏證〉撰作因緣與旨要》,《史林》2015 年第 5 期。

張錦少：《王念孫古籍校本研究》,上海：上海古籍出版社,2014 年。

張民權：《清代前期古音學研究》,北京：北京廣播學院出版社,2002 年。

張民權：《萬光泰音韵學稿本整理與研究》,北京：社會科學文獻出版社,2017 年。

張其昀:《〈廣雅疏證〉導讀》,北京: 社會科學文獻出版社,2009 年。

張舜徽:《訒庵學術講論集》,長沙: 嶽麓書社,1992 年。

張舜徽:《愛晚廬隨筆》,武漢: 華中師範大學出版社,2005 年。

張雙棣:《淮南子用韵考》,北京: 商務印書館,2010 年。

張文彬:《高郵王氏父子學記》,臺北: 臺灣師範大學國文研究所
　　1978 年博士論文。

張文彬:《〈經義述聞〉作者之商榷——兼駁劉盼遂"《述聞》係王引之
　　竊名"之説》,《國文學報》1980 年第 9 期。

趙團員:《〈廣韵〉離析的若干問題——兼談〈漢字古音表稿〉的學術
　　價值》,華學誠主編:《文獻語言學》第七輯,北京: 中華書局,
　　2019 年。

趙曉慶:《北大藏〈王念孫手稿〉價值述略》,《文獻》2018 年第 2 期。

趙曉慶:《王念孫〈合韵譜〉〈古韵譜〉比較研究》,《漢語史學報》第 21
　　輯,上海: 上海教育出版社,2019 年。

趙曉慶:《北大藏王念孫〈合韵譜〉稿本二種考述》,《經學文獻研究集
　　刊》第 21 輯,上海: 上海書店出版社,2019 年。

趙曉慶:《傅斯年圖書館藏〈九經補韵〉稿本考略》,《文獻》2021 年第
　　4 期。

趙曉慶:《從〈虛詞譜〉到〈經傳釋詞〉——兼論〈經傳釋詞〉之成書及
　　編排問題》,《古漢語研究》2022 年第 1 期。

中國古籍善本書目編輯委員會編:《中國古籍善本書目(經部)》,上
　　海: 上海古籍出版社,1989 年。

中國科學院圖書館整理:《續修四庫全書總目提要》(經部),北京:
　　中華書局,1993 年。

周法高主編:《廣雅疏證引書索引》,香港: 中文大學出版社,
　　1978 年。

竺家寧:《聲韵學》,臺北: 五南圖書出版股份有限公司,1992 年。

朱希祖:《朱希祖日記》,北京: 中華書局,2012 年。

致　　謝

　　本稿所論，原爲多年前興趣所在，聊備覆瓿，承友人趙團員敦促成書，姑以彙整成稿，以問正於學林。憶往日在廈園求學之際，曾與友人徐森藝旁聽曾良老師講授訓詁學，曾老師博引段王小學成果，繪聲繪色，妙趣橫生，娓娓道來，引人入勝，不覺興趣油然而生，退而抱持盥誦段王之作。偶閱陳鴻森先生論《經義述聞》作者疑案之作，復向陳先生請益，後反復尋繹高郵王氏父子諸文稿，始悟王念孫古韻分部及《經義述聞》作者疑案仍有疑竇，遂率爾成稿。

　　不意邁入探索清代古音學史之途，苦其專深，文史殊途，自分畛域，文稿中相關章節承孫玉文、張渭毅、漆永祥、林慶勛、賴貴三、侯真平、趙伯雄、陳絜等先生悉心賜教，至爲銘感；具體問題又與友人趙團員往復討論，多所切劘，尤爲感荷。謹向以上諸位先生敬申菲謝。

　　限於疫情，調查相關古籍多所受限，承友人謝繼帥、袁晶靖及友生奚張巍迻錄相關內容，友生王忠鉑、張景行、李巖峰、王呈祥、儲常松等協助校訂文稿，特此申謝。

　　本稿復蒙孫玉文、漆永祥兩位先生賜序，賴貴三先生題簽，謹再鳴謝。本稿之策劃與編校，責任編輯周典富先生多所費心，謹此致謝。本稿之出版，承中國人民大學歷史學院出版經費支持，謹表謝忱。

趙永磊

2022 年 4 月 15 日於中國人民大學人文樓

圖書在版編目(CIP)數據

王念孫古韵分部研究(外一種)/趙永磊著. —上
海:上海教育出版社,2022.5
ISBN 978-7-5720-1311-9

Ⅰ.①王… Ⅱ.①趙… Ⅲ.①王念孫(1744-1832)
—古漢語—音韵學—研究 Ⅳ.①H113.6

中國版本圖書館 CIP 數據核字(2022)第 027785 號

封面題簽	賴貴三
策劃編輯	周典富
責任編輯	周典富
封面設計	陸 弦

王念孫古韵分部研究(外一種)
趙永磊 著

出版發行　上海教育出版社有限公司
官　　網　www.seph.com.cn
地　　址　上海市閔行區號景路 159 弄 C 座
郵　　編　201101
印　　刷　上海葉大印務發展有限公司
開　　本　889 * 1240　1/32　印張 7.25
字　　數　120 千字
版　　次　2022 年 5 月第 1 版
印　　次　2022 年 5 月第 1 次印刷
書　　號　ISBN 978-7-5720-1311-9/H·0043
定　　價　68.00 元

如發現質量問題，讀者可向本社調換　　電話:021 - 64373213